# 公文写作实操宝典

吴 江——著

海峡出版发行集团
海峡文艺出版社

**图书在版编目(CIP)数据**

公文写作实操宝典/吴江著. —福州:海峡文艺出版社,2023.12
ISBN 978-7-5550-3304-2

Ⅰ.①公… Ⅱ.①吴… Ⅲ.①公文—写作 Ⅳ.①H152.3

中国国家版本馆CIP数据核字(2023)第191989号

**公文写作实操宝典**

吴 江 著

**出版人** 林 滨
**责任编辑** 刘徐霖
**出版发行** 海峡文艺出版社
**经销** 福建新华发行(集团)有限责任公司
**社址** 福州市东水路76号14层
**发行部** 0591—87536797
**印刷** 福建新华联合印务集团有限公司
**厂址** 福州市晋安区福兴大道42号
**开本** 720毫米×1010毫米 1/16
**字数** 360千字
**印张** 26.25
**版次** 2023年12月第1版
**印次** 2023年12月第1次印刷
**书号** ISBN 978-7-5550-3304-2
**定价** 65.00元

# 序

刘水金

我与吴江同志相识，至今已近30年。记得2003年下半年，我调任宁德市政府办主任，吴江同志时任政府办综合一科科长，负责市政府主要领导综合文稿的撰写工作。这样，我们在工作上开始比较频繁往来，我不仅看到吴江同志在公文文稿写作和把关的用心尽心，也看到吴江同志与人相处的真诚善良。

前不久，他专门找我，邀请我为他刚刚完稿的《公文写作实操宝典》一书作序，我欣然应允。于是，我认真阅读了这部书稿，总的感觉是，这本书，没有华丽优美的语言，没有一般公文写作培训书籍的晦涩枯燥，是一位公文写作者的心路历程。最大优点是紧跟时代。及时呼应时代的发展变化，与时代同频共振，特别是政治站位，突出增强“四个意识”、坚定“四个自信”、做到“两个维护”，紧跟习近平新时代中国特色社会主义思想。最大特点是大道至简。就是将吴江同志23年来在市政府办综合文字岗位，为市政府主要领导撰写材料过程中的亲身经历，以“故事+案例”的形式呈现，让读者能够快速掌握公文写作的技巧。最大亮点是寓读于乐。吴江同志在近年来的授课过程中，深感有一本通俗易懂的公文写作教材，对听课的年轻人了解公文写作至关重要。因此，萌生将授课的讲义，改写成教材的想法。全书结合吴江同志近年来的授课经历，以其独特的语言风格和授课形式，突出公文写作实操过程的重点、难点和疑点问题，再现当年一幕幕写作场景，一个个精彩瞬间，仿佛让你历其景、经其境，从而让大家在轻松阅读中看得懂、记得住、用得上，堪称公文写作的实操宝典。

全书共分九章，即：第一章，写作大树从根造，阳光时间不可少；第二章，领导讲话重站位，谋篇布局宏图绘；第三章，宣传礼仪织云锦，用心揣磨出精品；第四章，汇报发言准实简，做法成效精华显；第五章，日常事务虽琐碎，短小精悍有技艺；第六章，报请商洽言简明，用语谦和须真诚；第七章，指导指令应权威，庄重严肃不可违；第八章，公布知照宜通俗，准确简洁利阅读；第九章，计划规章有依据，规范约束讲程序。以公文写作从根造为起点，分别介绍了各类领导讲话和方案、计划、总结、信息、简报、新闻稿、大事记、规章制度以及 15 个公文文种的写作方法。

读完整部作品，仿佛看完一部公文写作的教学大片。仅从标题诗一样的语言中，可以看到吴江同志独特的语言风格，似乎作者与读者一起经历过公文写作挑灯夜战“爬格子”的日子，理解了公文写作“三更不寐、四季受累”的难，更理解了完成公文写作任务后“清点战场、收拾案头”的乐。感受到吴江同志极力用自己公文写作的星星点点、日积月累的亲身经历和思考总结，奉献给读者，从而点燃起公文写作初学者的信心和憧憬，达到让更多的人了解和喜欢公文写作、投入和享受公文写作、传承和创新公文写作的目的。

# 目 录

第一章　写作大树从根造　阳光时间不可少 …… 1

第一节　打牢“根基” …… 1

第二节　承接“阳光” …… 20

第三节　给足“时间” …… 46

第二章　领导讲话重站位　谋篇布局宏图绘 …… 52

第一节　转换身份，奏好“三步曲” …… 53

第二节　讲究方法　走好“六步棋” …… 54

第三节　分门别类　唱好“五首歌” …… 65

第三章　宣传礼仪织云锦　用心揣磨出精品 …… 100

第一节　访谈署名类 …… 100

第二节　仪式节庆类 …… 108

第三节　贺电贺信类 …… 129

第四节　主持会议类 …… 134

第四章　汇报发言准实简　做法成效精华显 …… 149
第一节　综合类汇报 …… 149
第二节　专题类汇报 …… 156
第三节　检查类汇报 …… 161
第四节　整改类汇报 …… 164
第五节　灾情类汇报 …… 171
第六节　讨论类发言 …… 176
第七节　体会类发言 …… 179
第八节　表态类发言 …… 182
第九节　生活会发言 …… 190

第五章　日常事务虽琐碎　短小精悍有技艺 …… 194
第一节　通知类公文 …… 195
第二节　信息类公文 …… 209
第三节　简报类公文 …… 218
第四节　新闻类公文 …… 220
第五节　大事记类公文 …… 229

第六章　报请商洽言简明 用语谦和须真诚 …… 232
第一节　函类 …… 232
第二节　请示类 …… 240
第三节　报告类 …… 247
第四节　议案类 …… 269

第七章　指导指令应权威　庄重严肃不可违……272
第一节　会议纪要类……272
第二节　决议类……298
第三节　决定类……303
第四节　批复类……308
第五节　意见类……310
第六节　命令（令）类……314

第八章　公布知照宜通俗　准确简洁利阅读……318
第一节　通报类……318
第二节　通告类……329
第三节　公告类……335
第四节　公报类……339

第九章　计划规章有依据　规范约束讲程序……346
第一节　方案类……346
第二节　计划类……363
第三节　总结类……376
第四节　制度类……393

后　记……407

主要参考文献和书目……409

# 第一章 写作大树从根造 阳光时间不可少

公文写作，在办公室工作中占有十分重要的地位。而就集体和个人而言，检验其工作水平，主要看文字。无论你是在领导岗位、技术岗位，还是在一般工作岗位，都需要用文字的形式，判断和体现其理论素养、综合素质、协调能力。

举一个例子：20 世纪 90 年代，我在行署办公室综合科工作时，有位行署办主要领导跟我说，办公室的一位同志，已经工作很多年了，这次动议提拔，考虑再三，不管是综合科、业务科，还是信息科、秘书科、文电科，都不合适，就不知道放在什么岗位合适，后来终于想通了，主要原因是该同志基本没有做过文字工作，属于“文笔差”的一类人，所以没有适合他的岗位。由此说明，一个人在工作岗位的胜任程度，往往体现在写作能力上。文字是一个单位和一个人工作的生命线。

我常常在思考，春天里，种下一粒种子，秋天里如何收获累累硕果。其中，不但有内在的品质和内生的力量，还需要外在的土壤、阳光、雨露、养料和农民的辛勤耕作，进而方有秋天的收获。从公文写作的角度，如果我们把公文写作比为“写作树”，这树苗长成大树，势必需要根基、阳光、时间三要素。

## 第一节 打牢“根基”

什么是写作的根基，就是要认真学习、苦练本领，让过硬的写作素质成为自己立足和成长的根基。比如，受过专业训练的篮球运动员三步跳上篮，动作一气呵成，姿势优美；而未受过专业训练、业余的球员往往动作不太协调。我曾经在闽东技工学校（今天的宁德技师学院）任过实习科科长，我有一个体会，钳工的基本功，就必须从拿锉刀的姿势是否正确开始，这也是受过专业训练和非专业训练的区别。从中说明打牢写作根基的重要。至于如何打牢写作根基，我想至少包括收集积累、整理研究、勤写勤练等三个方面内容。

## 一、收集积累好比收种

以前，我们搜集写作素材，通常是剪刀加浆糊，现在是找“度娘”。我曾经积累了厚厚的几大本资料，分门别类装订成册。如何找“度娘”，是有技巧的。一般来说，需要输入关键词。比如，撰写政府副市长在生态环境工作会议上的讲话。通常输入的关键词就是生态环境、会议、副市长、讲话。不过，现在百度上基本要收费，我推荐秘途、老秘网、写作人生等微信公众号，里面有许多公文写作方面的文章，并介绍公文写作技巧，大家可以试试。

当然，多看文件，多读报纸，仍然是公文写作的基础课，至少有两个好处：一是通过学习和细心揣摩，掌握他人的写作经验和写作技巧。二是可以获取各种信息，积累各种类型的资料。所谓“天才在于积累”，说的就是这个道理。

我记得，山东德州有一份德州日报，经常全文刊载市委书记、市长的讲话稿，政府办综合科曾经订阅过这份报纸，我们从中受益匪浅。那一年，福建省委书记来 ×× 调研后，提出要加快 ×× 发展，市委书记交代我们写一篇评论员文章，我们参考了德州日报的相关文章，当晚就交稿送审定稿，刊登在次日的《×× 日报》头版上，引起很大反响，得到新闻界同行的好评，这篇文章还曾荣获福建新闻奖年度奖。

**案例一：**

### 肯定发展成绩

——论学习贯彻省委 ×× 书记 ×× 调研讲话精神

在 ×× 加快发展的关键时刻，省委 ×× 书记深入我市调研检查，指导工作，充分肯定了宁德近年来的发展变化。×× 说，×× 市这些年发展的指标与全省发展的步伐比较协调，成绩来之不易。特别是在面临许多困难的情况下，×× 的各级班子和广大干部群众仍然保持了较好的精神状态，奋发努力，保持了经济社会发展的良好势头。现在 ×× 的工作正在呈现新的生机，各项事业蓬勃发展。×× 的肯定，是对 ×× 工作的鼓励和鞭策，也是对我市各级干部的信任和期望。深入学习贯彻省委 ×× 书记的讲话精神，就是要把 ×× 对 ×× 的肯定和勉励，化作再接再厉、继续前进的动力，不断开创各项工作新局面，推动 ×× 新发展。

回顾 ×× 发展史，改革开放之初，我们的 GDP 只有 5 亿多，财政收入不足 5000 万元。就是在这样的低起点上，我们踏上了脱贫致富奔小康的梦想之旅。“穷则思变”，贫穷非但没有成为包袱，反而锻造了“滴水穿石”的闽东精神，化作了闽东人卧薪尝胆、居弱图强的不懈追求。工业立市、以港兴市、项目带动、人才强市……围绕建设 ×× 中心城市，我们在不断播撒希望的种子，不断创造发展的业绩。喜看今日 ××，福宁高速公路建成通车，城澳一类口岸通过国家验收，大唐火电、霞浦机场、温福铁路相继开工建设，×× 已经从山区走向沿海，发展的优势日益显现，发展的势头更加强劲，主要经济指标持续保持快速增长，去年全市 GDP 突破 300 亿元，人均 GDP 突破 1 万元，地方财政收入突破 10 亿元，全社会固定资产投资和规模以上工业总产值双双突破 100 亿元。我们正自豪地告别贫穷、阔步迈向全面小康社会。多年的艰辛付出正在转化为现实生产力，多年艰苦创业所积聚的能量正在裂变释放。×× 今天的发展，确实条件改善了，速度加快了，后劲更足了。

我们肯定成绩，是为了坚定信心。信心定乾坤。信心是力量的源泉，信心足了，前进步伐就坚定有力；信心不足，带来的是机遇丧失，导致的是目标落空。应该看到，×× 的发展有基础、有优势、有潜力。这些年所显示出来的指标和一些实际状况，都表明我市经济社会呈现出良好的发展势头。我们不但克服了不少原来认为难以克服的困难，而且一些深层次的矛盾和多年遗留下来的痼疾也正在逐步化解，更为重要的是积累了在困难中前进、在竞争中发展的经验。特别是××得天独厚的区位、港口和资源优势，随着大环境的改变，随着时间的推移，必将进一步挖掘和发挥出来，××的跨越发展指日可待。××的人民是勤劳勇敢的，××的干部是能干肯干的，××的前景是光明灿烂的。

我们肯定成绩，是为了振奋精神。精神是支柱。精神的力量是无穷的。良好的精神状态是战胜困难的法宝，是事业成功的保证。特别是在困难面前、逆境之中，精神和实力同样重要。纵观××这些年的发展，我们经历了不少风风雨雨，但是，我们的广大干部始终保持着良好的精神状态，没有因此犹豫观望、无所作为，我们的发展也从来没有因此放慢脚步、停滞不前。面对各种风浪考验，我们的各级干部和广大群众加快发展的信念始终没有动摇，大家仍然都在坚定不移地抓发展，为发展千方百计地服务，为发展踊跃地献计献策。正是凭借这种团结拼搏的精神和坚忍不拔的斗志，我们不仅战胜了一个又一个困难，干成了一件又一件大事，迎来了一个又一个胜利，而且开阔了眼界，考验了干部，磨砺了意志，增长了才干。在新的发展征程中，我们一定要继续保持团结奋斗、奋发有为的精神状态，盯紧发展而不影响发展，集中精力而不分散精力，自强不息而不妄自菲薄，抓住机遇，开拓进取，突破风险，破解难题，不断开辟加快发展的新天地。

我们肯定成绩，是为了鼓劲前行。干劲是动力。有干劲就有激情，有激情才能体现一种精神、一种责任、一种忠诚。成绩属于过去，实干成就未来。当前，××的发展既面临难得机遇，也面临严峻挑战，既是"重要战略机遇期"，也是"突出矛盾多发期"。困难和压力对我们来说并不陌生，多年来的发展几乎都是和考验结伴而行。越是困难当头、矛盾复杂，越要保持清醒的头脑，越要紧紧抓住发展、突出发展，围绕发展凝聚人心、鼓舞士气，始终保持干事创业的蓬勃朝气、开拓奋进的昂扬锐气和一心为民的浩然正气。特别是在决战"×五"计划的关键时期，全市上下、各行各业和每一位干部，都要进一步发挥聪明才智，进一步激发创业热情，进一步挖掘工作潜力，鼓足干劲，加油提速，奋力冲刺，为“× 五”计划画上圆满的句号，为“×× 五”发展铺垫良好的基础。

点　评：

一般来说，评论员文章代表的是当地党委的声音，如人民日报评论员文章，就是党中央的声音。闽东日报评论员文章，就是经市委主要领导审定的文章，代表市委的意图。

这份稿件，第一和第二两段讲述由来，为后续铺垫，第一段讲述省委书记来 ×× 调研充分肯定了我市发展取得的成绩，第二段讲述 ×× 发展确实是有目共睹的，也就是说有底气。正文部分有三层含义：一是我们肯定成绩，是为了坚定信心；二是我们肯定成绩，是为了振奋精神；三是我们肯定成绩，是为了鼓劲前行。既是段落的题目，又有许多出彩的地方。比如，这一段“信心定乾坤。信心是力量的源泉，信心足了，前进步伐就坚定有力；信心不足，带来的是机遇丧失，导致的是目标落空。”语言简洁，层层递进，富有感染力。值得我们学习借鉴。再比如，第一段落：“我们肯定成绩，是为了坚定信心。”可以分为三个小段落。先讲述导语即什么是信心，然后联系 ×× 实际，讲述为什么有信心。接下来，讲述只要进一步挖掘和发挥 ×× 的优势，×× 的发展指日可待。它的写作顺序是从大到小，从虚到实。再看第二小段落：“我们肯定成绩，是为了振奋精神”，按照刚才第一小段落的思路进行剖析，就会找出它们之间共同的写作规律，也是先讲述导语，什么是精神，即“精神是支柱。精神的力量是无穷的。良好的精神状态是战胜困难的法宝，是事业成功的保证。特别是在困难面前、逆境之中，精神和实力同样重要”，然后联系 ×× 实际讲述我们振奋精神，“不仅战胜了一个又一个困难，干成了一件又一件大事，迎来了一个又一个胜利，而且开阔了眼界，考验了干部，磨砺了意志，增长了才干”。最后讲述只要继续振奋精神，一定能开辟发展新天地。总结起来，每一小段的语言顺序是“导语 + 联系实际 + 表态”。

## 二、整理研究好比筛种

俗话说：“兵马未动，粮草先行。”毛主席也说过：“不打无准备之仗。”公文写作也不例外。提前收集积累资料的目的是为写作服务，预先建好完善的公文“资料库”，可为写作提供更为便捷的条件，也可在时间紧、任务急的情况下，迅速出手完成公文写作任务。

比如，每年防汛防台工作期间，台风警报一解除，市委、市政府就需要立即向省委、省政府报送防抗台风报告。之前，我们经常从资料库中，调出历年积累的相关报告，除了风情雨情水情留待气象、水文、水利等部门补充外，其余框架结构部分，则从原报告中改造而成，内容部分根据当前防抗情况，先行构思准备，动笔输入。这样台风一结束，我们的报告就基本出炉了。但请大家切记，千万不要照抄照搬过去的报告。

不管是在电脑设置专门的文件夹建库，还是在办公室书橱建库，收集资料一段时间后，都应该分门别类进行归类整理。总结我个人的写作经验，建议公文写作者要建好“三级资料库”。

### （一）建好“上级资料库”

按照“国家、省、省直部门政策文件”“上级领导讲话”“重要会议部署”“报刊摘录”等类别建库，当然，也可以根据本单位的实际，进行增减。同时，还要定期整理增加新政策、新文件、新资料，删除与中央、省、市精神，以及与当前政策法规不符、不协调甚至相抵触的内容。同时，建库后，还要及时学习、研究和更新，做到与时俱进。尤其是随着国内外形势的发展变化，国家的各项政策都会发生相应的变化，有许多新的提法、新的思路，都是我们需要补充学习和研究的内容。比如，“一带一路”“不忘初心、牢记使命”“三牛精神”都是新提法。再如，过去我们提扩大内需，2020 年，又有“外循环”“内循环”的新提法。

### （二）建好“同级资料库”

一方面，是本单位的资料库，应该包括这几项内容：“本单位历年综合性工作总结”“重点工作序时推进情况”“重要文件”“领导讲话”“会议纪要”等。

比如，××市政府主要领导讲话、主持词、汇报材料、纪要等资料汇编，是从1997年开始创建的，并且每年整理汇编一次。20多年过去了，这个传统依然不变，现在的市政府办综合协调科资料柜，还可以较为轻松地找到按年份整理好的各类资料。

另一方面，是兄弟单位的资料库。俗语说：“行行出状元。”兄弟单位同行撰写的公文其实有很多借鉴之处，我们在外出学习或参加会议时，需要有意识地收集各单位的工作汇报、经验介绍等等文字资料，及时存放在资料库中，以备不时之需。

（三）建好“下级资料库”

包括单位基本情况、重点工作进展动态及典型经验做法、面临的主要困难和问题等。特别是各县（市、区）各乡（镇）撰写的汇报材料、上报的请示和报告中，常有闪光点，一定要注意学习吸收。以前，我跟随市政府主要领导下乡调研时，就经常收集整理这方面的资料入库。过去，市政府主要领导刚到任时，市政府秘书长就会交代我们准备资料，其中就有各县的县情介绍及相关材料。这部分材料如果已经在资料库中，可以省下不少准备的时间。

## 三、勤写勤练好比播种

“说一百，道一千；光说不练，等于纸上谈兵。”我以为，勤写勤练必须练好“基本功”、写好“火柴盒”和修好“毛坯房”。

（一）练好“基本功”

通常从语言文字的基本功练习做起，打牢语言的根基。我们把记忆链接到小学阶段，当时，语文老师教我们作文有什么基本要求？归纳起来，就是用词准确、语言流畅、层次清楚、分段合理、结构得体。

市政府有一位副秘书长，之前，他和我同在一间办公室办公，而且，我们都毕业于数学专业。有一天，他问我：“你如何判断一句话是不是病句？”

我是这样回答的："是不是病句，关键是你念一遍的时候，会不会卡，会卡肯定是。如果流畅，应该不是病句。"接下来，我用一个案例来分析研究"用词准确、语言流畅、层次清楚、分段合理、结构得体"这20个字的具体内涵。

### 案例二：

## 市长就职讲话

各位代表、同志们：

今天，大会选举我为××市人民政府市长，这是各位代表对我的充分信任。此时此刻，我感到荣幸，也感到压力。因为，在你们的背后，是320多万××人民的深情重托和殷切期望。在这里，我向大家表示衷心的感谢！

我来××工作已经近7个月，这段时间，在同志们的帮助下，我边工作、边调研、边熟悉情况，做了一些职责范围内的工作，也接触了许多干部群众。我深深感到，××生机勃勃、充满希望，有很大的发展潜力；××的人民热情纯朴、勤劳智慧，有很大的创造力；××的干部矢志进取、求真务实，有很强的战斗力。半年多来，××的干部群众时时教育着我，发展的宏图伟业时时激励着我。特别是在这次人民代表大会上，我参加了各个代表团的讨论。在讨论中，代表们提出了许多很有见地、很有深度的意见和建议，那种深切关注××发展的拳拳之心溢于言表，使我受到了很大的鼓舞和鞭策。我为自己能够融入这片生机无限的热土，我为自己有机会成为××的一员，为××的建设与发展，贡献自己的绵薄之力，深感无上光荣！

新世纪的××，正迎来前所未有的发展良机，在机遇与挑战中，要做的事情很多，能做的事情很多，我对××的未来信心百倍。今天，人民代表把庄严的选票投给了我，市长的"接力棒"传到了我手中。对我来说，这是一个新的起点。使命神圣而庄严，责任重大而光荣。

赤诚为民平生志，何惧万里征程难。在党和人民的重托面前，我的选择只有一个，就是在市委的领导下，团结和带领市政府一班人，在浩荡的改革浪潮中携手共进，击潮扬帆，用 ×× 铿锵前进的步伐，表达我不辱使命的决心。当然，“人贵有自知之明。”我深知个人能力有限，但我相信事在人为，勤能补拙。只要紧紧依靠市委的坚强领导，依靠市五套班子的团结协作，依靠全市人民的智慧和力量，以“女娲补天”的斗志、“精卫填海”的韧劲和“弱鸟先飞、滴水穿石”的闽东精神，奋斗不息，积以时日，定能实现振兴 ×× 的宏愿。

强市必先治政。时代在发展，社会在进步，人民在盼望。我们的人民需要一个忧民所忧、乐民所乐的服务政府；我们的社会需要一个求真务实、廉洁高效的责任政府；我们的时代需要一个依法行政、公正严明的法治政府。以民为本，执政为民。这是人民政府的宗旨。我出生于农村，是农民的儿子，亲历群众的疾苦，深知人民的期待。作为市长，我将牢记“为民”宗旨，心系百姓疾苦，情牵万家冷暖，和广大群众同甘共苦，努力把群众的困难解决好，把群众的利益维护好，把群众积极性调动好，做到“为官一任、造福一方”“为官一地，建树一方”。公生威，廉生明。这是历久弥新的古训。我一定牢记“两个务必”，树立正确的权力观、价值观和利益观，明是非，知得失，坚持从领导班子做起，从自身做起，不为名利所惑，不为人情所困，正派做人，公道办事，做到“一身正气、一尘不染”。空谈误国，实干兴邦。这是人所共知的结论。我一定以身作则，求客观实际之真，务执政为民之实，坚持追求远大目标和做好当前工作的统一，坚持创新精神和科学态度的统一，实事求是，埋头苦干，不好大喜功、不急功近利，心无旁骛地为加快 ×× 发展贡献自己全部的智慧和力量。在这里，我真诚地希望各位代表和同志们，对我和市政府的工作给予更多的关心、更多的监督、更多的支持。

各位代表、同志们，钟灵毓秀的宁川大地，承载着 ×× 追求跨越的梦想；波涛汹涌的黄金海岸，牵引着 ×× 成就辉煌的希望。我们为

××光辉灿烂的历史而无比骄傲，我们为××生机无限的今天而充满激情，我们更必须为××绚丽辉煌的明天而不懈奋斗。现在，制约发展的坚冰已经打破，振兴××的曙光已经出现。蓄势待发的××，正扬帆启航。望前程繁花似锦，赴征途众志成城。我坚信，有历任领导打下的坚实基础，有德高望重的老领导、老同志的关心帮助，有市委的坚强领导，有市人大、政协的监督支持，有全市人民的共同努力，××的未来一定会绽放出更加耀眼夺目的光彩。谢谢大家！

××××年，时任代市长的×××，经市人民代表大会选举为市政府市长后，在大会上需要有一份表态发言。为了写好这篇表态稿，我们科室全员上阵，收集相关资料，研究探讨，分工协作，前后撰写近一周时间完成，送审后得到市长的充分肯定，算是我们比较满意的一篇精品。记得，原市政府秘书长×××就说过："在政府办写作任务十分繁重的情况下，篇篇出精品很难，但没有精品万万不行。只有精品，才可以证明实力。"全文共分五大段落，我们逐段解剖，分享一下当年的写作思路。

各位代表、同志们：

今天，大会选举我为××市人民政府市长，这是各位代表对我的充分信任。此时此刻，我感到荣幸，也感到压力。因为，在你们的背后，是320多万宁德人民的深情重托和殷切期望。在这里，我向大家表示衷心的感谢！

这一段，描写心情并表达感谢。逐句念下来，语句通顺，语言比较流畅。"荣幸和压力的背后，是重托和期望"，句与句之间逻辑性强，呈递进关系，或者说有因有果。

我来××工作已经近7个月，这段时间，在同志们的帮助下，我边工作、边调研、边熟悉情况，做了一些职责范围内的工作，也接触了许多干部群众。我深深感到，××生机勃勃、充满希望，有很大的发展潜力；×× 的人民热情纯朴、勤劳智慧，有很大的创造力；×× 的干部矢志进取、求真务实，有很强的战斗力。半年多来，×× 的干部群众时时教育着我，发展的宏图伟业时时激励着我。特别是在这次人民代表大会上，我参加了各个代表团的讨论。在讨论中，代表们提出了许多很有见地、很有深度的意见和建议，那种深切关注 ×× 发展的拳拳之心溢于言表，使我受到了很大的鼓舞和鞭策。我为自己能够融入这片生机无限的热土，我为自己有机会成为 ×× 的一员，为 ×× 的建设与发展，贡献自己的绵薄之力，深感无上光荣！

这一段落，阐述市长到 ×× 工作 7 个月的感受，共有三点："有很大的发展潜力、有很大的创造力、有很强的战斗力。"接下来，描述经过一段时间的接触和了解，为自己能融入，能成为 ×× 的一员，而感到无尚光荣。为下一个段落的写作，起到铺垫和衔接作用。

新世纪的 ××，正迎来前所未有的发展良机，在机遇与挑战中，要做的事情很多，能做的事情很多，我对 ×× 的未来信心百倍。今天，人民代表把庄严的选票投给了我，市长的"接力棒"传到了我手中。对我来说，这是一个新的起点。使命神圣而庄严，责任重大而光荣。赤诚为民平生志，何惧万里征程难。在党和人民的重托面前，我的选择只有一个，就是在市委的领导下，团结和带领市政府一班人，在浩荡的改革浪潮中携手共进，击潮扬帆，用 ×× 铿锵前进的步伐，表达我不辱使命的决心。当然，"人贵有自知之明。"我深知个人能力有限，但我相信事在人为，勤能补拙。只要紧紧依靠市委的坚强领导，依靠市五套班子的团结协作，依靠全市人民的智慧和力量，以"女娲补天"的斗志、"精卫填海"的韧劲和"弱鸟先飞、滴水穿石"的闽东精神，奋斗不息，积以时日，定能实现振兴 ×× 的宏愿。

这一段落，是一个总的表态，有几层含义：一是信心；二是责任；三是决心。然后强调信心来自市委，来自市五套班子，来自全市人民。虽然这一段落没有标题，但我们可以分解出几个含义，然后按这些含义去写就行了，相当于我们小学老师分析课文的段落大意。如果用了标题，朗读起来反而不会朗朗上口，可以说："此时无标胜有标。"

强市必先治政。时代在发展，社会在进步，人民在盼望。我们的人民需要一个忧民所忧、乐民所乐的服务政府；我们的社会需要一个求真务实、廉洁高效的责任政府；我们的时代需要一个依法行政、公正严明的法治政府。以民为本，执政为民。这是人民政府的宗旨。我出生于农村，是农民的儿子，亲历群众的疾苦，深知人民的期待。作为市长，我将牢记"为民"宗旨，心系百姓疾苦，情牵万家冷暖，和广大群众同甘共苦，努力把群众的困难解决好，把群众的利益维护好，把群众积极性调动好，做到"为官一任、造福一方""为官一地，建树一方"。公生威，廉生明。这是历久弥新的古训。我一定牢记"两个务必"，树立正确的权力观、价值观和利益观，明是非，知得失，坚持从领导班子做起，从自身做起，不为名利所惑，不为人情所困，正派做人，公道办事，做到"一身正气、一尘不染"。空谈误国，实干兴邦。这是人所共知的结论。我一定以身作则，求客观实际之真，务执政为民之实，坚持追求远大目标和做好当前工作的统一，坚持创新精神和科学态度的统一，实事求是，埋头苦干，不好大喜功、不急功近利，心无旁骛地为加快××发展贡献自己全部的智慧和力量。在这里，我真诚地希望各位代表和同志们，对我和市政府的工作给予更多的关心、更多的监督、更多的支持。

这一段落，是全文的重点，也是表态的具体化、形象化。借这个机会，请大家认真看一遍，然后找出这一段落共有几个小段落。

"强市必先治政。时代在发展，社会在进步，人民在盼望。我们的人民需要一个忧民所忧、乐民所乐的服务政府；我们的社会需要一个求真务实、廉洁高效的责任政府；我们的时代需要一个依法行政、公正严明的法治政府。”是这一段落的导语，用三个“政府”来强调，即“服务政府、责任政府、法治政府”。经过研究思考，大家应该可以分析出此处总共表达了三层含义，即“一是以民为本，执政为民；二是公生威，廉生明；三是空谈误国，实干兴邦”。这里，至少有两点启示：一是文章的段落都是由小点组成的，只要围绕小点展开就可以了；二是虽然有的文章，没有分点，但实际上有点可分。同时，需要说明的是，由于这篇文章的写作时间是 2004 年，时代背景已经发生很大变化，若按现在的写作要求，还要加上心中有党，绝对忠诚。这是砥砺奋进的源泉。接下来，阐述我将始终做到“一心向党”，深学笃行习近平新时代中国特色社会主义思想……

各位代表、同志们，钟灵毓秀的宁川大地，承载着 ×× 追求跨越的梦想；波涛汹涌的黄金海岸，牵引着 ×× 成就辉煌的希望。我们为 ×× 光辉灿烂的历史而无比骄傲，我们为 ×× 生机无限的今天而充满激情，我们更必须为 ×× 绚丽辉煌的明天而不懈奋斗。现在，制约发展的坚冰已经打破，振兴 ×× 的曙光已经出现。蓄势待发的 ××，正扬帆启航。望前程繁花似锦，赴征途众志成城。我坚信，有历任领导打下的坚实基础，有德高望重的老领导、老同志的关心帮助，有市委的坚强领导，有市人大、政协的监督支持，有全市人民的共同努力，×× 的未来一定会绽放出更加耀眼夺目的光彩。谢谢大家！

这一段落，是文章结尾，也是把整篇文章推向高潮的部分，俗称“豹尾”。“钟灵毓秀的宁川大地，承载着 ×× 追求跨越的梦想；波涛汹涌的黄金海岸，牵引着 ×× 成就辉煌的希望。”我记得这四句，当年是从报纸上的某段语言改造而成，应该说，富有诗意，也表达 ×× 未来的希望之所在。接下来，“我们为 ×× 光辉灿烂的历史而无比骄傲，我们为 ×× 生机无限的今天而充满激情，我们更必须为 ×× 绚丽辉煌的明天而不懈奋斗。”这三句用了“我们为，我们为，我们更必须为”排比的手法，念起来有一定的气势和节奏感，并且富有号召力和感染力。

“现在，制约发展的坚冰已经打破，振兴 ×× 的曙光已经出现。蓄势待发的 ××，正扬帆启航。望前程繁花似锦，赴征途众志成城。”这里，我们用诗一般的句式，提示我们必须看到 ×× 发展的有利条件，进一步增强对 ×× 未来发展的信心，也和前面相呼应。接下来的结尾：“×× 的未来一定会绽放出更加耀眼夺目的光彩。”就顺理成章，给人以振备，给人以力量。

这里顺便布置一道思考题：通过学习这一篇市长的表态发言，如果让你写一篇政府组成部门或者公司领导的任职发言，思路是否与市长的表态发言基本一致？答案留待第四章第八节举例说明。

（二）写好“火柴盒”

所谓“火柴盒”，就是从小处着手的文字材料，比如会议记录、情况简报、新闻报道、工作信息，包括公务员考试经常需要考的申论，都属于这一范畴。先说说申论文章的写法，我个人理解是提炼给定材料的观点，十分重要，而且至少要能提炼出三个以上的观点，通常一至两个观点显然太单薄。比如，2017 年国考有一道题目：

> 请深入理解给定材料结尾划线句子“只要我们能静下心来向水学习，我们的智慧和情操就一定能得到提高”，联系实际，自拟题目，写一篇文章。
>
> 给定材料：水，柔而能克刚，静而能映物，动而能变化，滋养万物而从不争夺。水有这么多的美德值得我们人类虚心地去学习和感悟，只要我们能静下心来向水学习，我们的智慧和情操就一定能得到提高。

在我的散文集《惠风静影》中，恰好有一篇文章《流水无主》，与这一给定材料类似，我稍加改造，将其作为范文，与大家共享。

## 践行水的精神

说到水的智慧和情操，让我顿生些许感触。因为我从小生活在福安穆阳古镇，穆阳溪环镇而过，而我家就在岸上住，时常与溪水有近距离接触的机会，对水有一种天然的亲近感。我理解践行水的精神，可以从“自由、平和、平凡、灵动”这四个方面去感悟。

水是自由的。水在密密的丛林中生成，穿行在高山峡谷的涧溪中，自由自在、无拘无束，宛若快乐的精灵。虽然“涧流赴海料无还”，甚至还没有到达目的地，就已奉献，但谁能说在这一过程中水没有快乐和希望呢。由此我联想到人生，面对功名利禄等身外之物，要想得通、看得开，走出心灵的禁锢，不要让心灵有太多的思想包袱。唯有如此，你才会主动作为、超越自我，放飞自由的翅膀，走向自由的天地，也会在成功的喜悦中，品味人生的快乐。

水是平和的。水有一种天然的亲和力。你看水，不管是来自雪山草地，还是来自森林峡谷，凡是流入河流的，就是河水；流入湖泊的，就是湖水；流入大海的，就是海水。在这一过程中，水无论遇到多少艰难险阻，滋养万物而从不争夺，始终以平和的心态，勇于面对和承担生活赋予的责任，没有因为融入江河湖海，而自暴自弃。我想人生也十分需要这种心态，当你失意时，同事、朋友误解时，不要以为世界一片灰暗，这时特别需要你鼓起生活的勇气，克服前进中的障碍，努力以积极的态度去迎接希望的曙光；当你得意和事业成功之时，更不要目中无人、得意忘形，要适时低下你高贵的头，以真诚的微笑融入生活，去感受平凡中的美丽，唯有如此，你才能拥有生活给予的快乐。

水是平凡的。无论是滋润涧边的小草，还是化作一朵浪花，水都十分普通、朴素和平凡，也没有高低贵贱之分。可是，谁能说水微不足道，滴水可以穿石，柔而能克刚；一滴水可以折射太阳的光辉，静而能映物；更何况有百川归海后的波澜壮阔、惊涛拍岸。生活中有很多人不愿意从事平凡的工作，总认为自己家世显赫，对工作眼高手低、挑三拣四。古往今来，多少平凡的人成就了伟大的事业。任何工作，只要用心，一切皆有可能，一样可以把他做到风生水起。你工作成就的大小，完全取决于你的用心程度和奉献精神。

水是灵动的。人们常说流水不腐，动而能变化。潺潺流水充满灵气和活力，因而我们在涧边、河边、海边，可以聆听水在欢歌，水在叮咚响，看到水跳下了山岗，走过了草地，推着、挤着、踏着生命的激情流向远方，在浪花里飞出欢乐的歌。这是一幅动态的画，一首空灵的诗，一本哲理的书。事实上，人的生命就像水，只有奔腾不息，才能保持活力；只有永远追寻、探索、奋进，才能创造美好的人生。

不管是个体，还是集体，如果能够理解水的自由，懂得水的平和，欣赏水的平凡，感知水的灵动，它一定是水的知音。这样的人必定可以营造如水的境界，放飞心灵的翅膀，享受生命的脉动。

从这篇文章中，我有几点体会：一是善于归纳提出观点，这里分别是“自由、平和、平凡、灵动”的观点。二是“水，柔而能克刚，静而能映物，动而能变化，滋养万物而从不争夺。”在写作过程中，注意分别在提出水是“自由、平和、平凡、灵动”的观点中体现。比如，“水，动而能变化”就体现在“水是灵动”这一点。三是我曾经与举办公务员考试培训班的同志交流，他认为公务员申论答题时，还需要融入乡镇或者社会实践方面的内容，也就是联系实际的内容。

再举一个案例：2019 年 3 月份，×× 经济开发区经过精心准备，举办了一期公文写作培训班，对象是开发区各部门单位从事公文写作的人员，共有 50 多人，开班仪式上，开发区的正处级领导亲临做开班动员讲话。我受邀担任主讲，共讲了四个半天。当介绍到刚才这一部分的时候，我布置了一道习题，请学员们根据开班动员的情况，简短写一篇信息上报。案例三和案例四是我根据学员们写的材料，稍做修改整成的两份材料，分别是信息稿和新闻稿，先请大家阅览一遍，然后我谈谈它们的区别，并提炼它们的写作基本要求。

### 案例三：

## ×× 开发区多措并举，确保公文写作培训取得实效

一是领导重视“站位高”。主要领导亲自把关方案，划拨经费，提出要求；分管领导亲自动员，安排部署，全程指导；党办主任亲自推动落实，主持开班仪式，严明培训纪律，确保培训“高起点、高站位”。二是内容丰富“干货多”。结合实际需求，围绕综合文字理论、会议纪要、信息文字、汇报材料、经验总结、领导讲话、调研文章等专题，精心设置培训课程，旨在系统提高学员文字综合水平。三是组织严密“诚意足”。力邀经验丰富的“笔杆子”担任授课教师；推荐选拔培训对象；利用周末组织教学；设立班委、学习小组，加强培训管理，提高培训效果。四是授课新颖“收获大”。运用“案例教学”“课堂模拟”“实地调研”“点评测验”等方式，提高教学针对性、趣味性、互动性和实效性，确保学员学有所悟、学有所获、学以致用。

### 案例四：

## 多措并举，着力提升开发区公文写作水平

——×× 开发区举办公文写作培训班

3 月 2 日上午，×× 经济开发区党工委在 ×× 举行公文写作培训班开班仪式，党工委正处级领导 ××× 出席开班仪式，并作了开班动员讲话，党工委办公室主任 ××× 主持开班仪式。开班仪式后，原市政府副秘书长 ××× 为培训班带来第一讲《公文写作的基础知识》，全区各部门（单位）办公室负责人或文秘工作人员共 40 多人参加培训。本次培训班，力求通过四大举措，着力让学员学有所获、学以致用，达到提高开发区公文写作水平的目的。

总的来看，这次培训班共有四个方面的收获：一是领导重视“站位高”。主要领导亲自把关方案，划拨经费，提出明确意见；分管领导亲自动员，安排部署，重点从提高认识、端正态度、珍惜机会、勤学勤思、遵守纪律、学用结合等方面作了强调；党办主任亲自推动落实，主持开班仪式，提出具体要求，确保培训“高起点、高站位”。二是内容丰富“干货多”。结合实际需求，围绕综合文字理论、会议纪要、信息文字、汇报材料、经验总结、领导讲话、调研文章等专题，精心设置培训课程，旨在系统提高学员文字综合水平。三是组织严密“诚意足”。力邀经验丰富的“笔杆子”担任授课教师；推荐选拔培训对象；利用周末组织教学；设立班委、学习小组，加强培训管理，提高培训效果。四是授课新颖“收获大”。运用“案例教学”“课堂模拟”“实地调研”“点评测验”等方式，提高教学针对性、趣味性、互动性和实效性，确保学员学有所悟、学有所获、学以致用。

**点　评：**

两篇文章都是 ×× 开发区公文写作培训班的内容，但写作方法上有明显的区别。

从标题上看，信息稿标题直叙直观，新闻稿不但有正标题，还有副标题，较为简洁灵活。

从内容上看，信息稿开门见山，直接进入主题，一般采用“一是……二是……三是……”的并列式结构。新闻稿由导语（俗称新闻由头）、背景、主体、结尾构成，一般包含“何时、何地、何事、何因、何果”五要素。比如这篇新闻稿，何时指 2019 年 3 月 2 日上午；何地指 ×× 开发区在 ×× 办班；何事指举办公文写作培训班；何因指为了提高开发区公文写作水平，何果指通过四大举措，确保培训班取得实效。这里特别要强调，导语和标题是相互呼应的，一般在导语中都有体现或者重复标题。但信息稿表现形式相对固定规范，只有四大举措，一般没有前面导语部分的何时、何地、何事、何因、何果，开门见山，直奔主题。

（三）修好“毛坯房”

一篇文章初稿完成后，一定要养成反复修改的习惯，也可以请公文写作水平高的同志帮助修改，从中汲取他们的经验。同时，大声朗读一遍，从中更容易发现病句和逻辑不清楚的地方。俗话说：“文章不厌百回改”“五篇文章写一遍，不如一篇文章改五遍。”讲的就是这个道理。

我居住的 ××× 小区物业服务中心曾经发过一个通知，我照抄如下，大家可以看看如何修改，比较妥当。

**通　知**

尊敬的业主：您好！

随着小区入住业主越来越多，也为规范小区安全管理，近期将对小区入户门厅及地下室入口门将开始使用门禁系统出入。请大家随身带好门禁卡，未办理门禁的业主到物业服务中心办理，已办理的业主请出行时自行刷卡进出，给您带来不便敬请谅解。

小区是大家的，安全管理人人有责。

××× 物业服务中心

201× 年 × 月 × 日

**点　评：**

一是按照通知格式要求，首行应该顶格写。二是通知就不写您好了，又不是写信。三是“随着小区入住业主越来越多，也为规范小区安全管理。”这是制发通知的原因，但是“随着小区入住业主越来越多”这句话，带来什么问题呢？外来人员日益增多。可以考虑改为“随着小区入住业主的不断增多，外来人员随意进出小区的现象日益严重。为进一步规范小区的安全管理，经小区业主委员会研究同意”。也可以直奔主题，直接写“为进一步规范小区的安全管理，严格禁止外来人员随意进出小区”。这里，“严格禁止外来人员随意进出小区”是目的，需要达到这样的效果。四是通知一般有时间要求。五是“小区是大家的，安全管理人人有责。”这句话，通常是宣传口号，没有必要在通知中出现。下面，就是改写后的通知。

**通　知**

尊敬的各位业主：

为进一步规范小区的安全管理，严格禁止外来人员随意进出小区。经小区业主委员会研究同意，从×月×日起，小区入户门厅及地下室入口将正式开始使用门禁卡系统出入。请未办理门禁卡的业主及时到物业服务中心办理，已办理的业主出行时，请随身携带好门禁卡，自行刷卡进出。给您带来不便之处，敬请谅解。

×××物业服务中心

201×年×月×日

## 第二节　承接“阳光”

一粒写作的种子，成长为参天大树，固然需要自身的努力，内在的力量。但是，如果种子脱离了大地、阳光、雨露、养分，就谈不上生根发芽、开花结果。这里的“阳光”，既指需要打开心门，承接阳光雨露，也指需要学习掌握各种公文写作的语言、规范、结构、技巧等。只有善于从大地、阳光、雨露中，提炼公文写作的知识，让它们转化成滋润自我、提升自我的“养分”，才能让我们茁壮成长。

从公文写作的角度，需要把握三个“善于”：善于接纳、善于感悟、善于改造。

## 一、善于接纳

打开心门，变被动为主动，是接纳的关键。在长期的公文写作实践和公文写作的授课过程中，有人问过我，公文写作如此枯燥无味，你为何乐此不疲？我曾经这样回答：我是宁德师专数学专业的毕业生，我们的老师说过，虽然数学枯燥无味，但身为数学系的学生，一定不能说数学枯燥，无论是在中小学阶段学习数学，还是在大学时期学习高等数学，我们都曾领略过平面几何、立体几何之美，领略过函数中的抛物线、双曲线之美，还有推理求证运算的魅力。若从公文写作的角度看，当我们倾注身心，完成一篇得到领导充分肯定的公文时，此时，你去看这些文字的排列组合，是最美的，可以说是一件艺术品。当我们交稿完成一篇精品公文，领导审查通过后，我们在收拾办公桌的案头材料时，心情是最愉悦的。确实公文并不枯燥，关键在于你观察的视角。只要你愿意打开心门，你就打开了一扇通往公文思想殿堂的大门，接下来的接纳，也就顺理成章。

**接纳什么？我们从纵横两个方向说说。**

第一，纵向上，我粗线条梳理了一下公文的历史。1899 年在河南安阳小屯村出土的殷墟甲骨文，是迄今发现的我国最早的公文，特点是一文一事，而这正是以后历代公文写作的一条基本原则。从商代后期到春秋战国时期分别出现了刻在青铜器上的“钟鼎文书”和以丝织品为书写材料的“缣帛文书”。到了秦汉时期，确立了上行文、下行文的区别和各自的文体，比如，上行文除了“奏”这一文种，又增加了章、表和驳议；下行文在制书、诏书基础上，增加了策书、戒书。三国两晋南北朝时期，古代公文写作理论基本形成，出现了不少脍炙人口的名篇。其中，诸葛亮的《出师表》，陆游称其为：“出师一表真名世，千载谁堪伯仲间。”我小时候，听我叔叔背《出师表》，仿佛一幅“长使英雄泪满襟”的情感大幕徐徐拉开。隋唐宋时期，是我国诗词的鼎盛时期，也是公文发展的高峰时期，这一时期，各种公文文体已基本完备，而且受唐诗宋词影响，各种体裁的名篇层出不穷，我们耳熟能详的有骆宾王的《讨武曌檄》，王安石的《答司马谏议书》等等。元明清时期，是我国公文发展的稳定时期，其显著特点是公文文体的分类更加详细，并开始出现烦琐。

谈到这里，我们放松一下，说说曾是宁德地方官员陆游和冯梦龙与公文有关的故事。南宋著名诗人，曾任宁德县主簿的陆游，他和唐婉的凄美爱情故事，至今仍让我们为之扼腕长叹。记得，那一年我带着各县市政府办从事综合文字的同行到浙江绍兴参观沈园，在细雨霏霏中，听着解说员情真意切地朗读《钗头凤》“红酥手，黄縢酒，满城春色宫墙柳。东风恶，欢情薄。一怀愁绪，几年离索。错、错、错。春如旧，人空瘦，泪痕红浥鲛绡透。桃花落，闲池阁。山盟虽在，锦书难托。莫、莫、莫！”此情此景，真是让人一声叹息，几丝愁绪。在沈园的陆游纪念馆，其年表上记载着陆游任宁德县主簿的时间（1158 年至 1159 年），陆游在宁德除了留下诗作外，作为主簿撰写的公文《宁德县重修城隍庙记》指出：“宁德为邑，带山负海。双岩、白鹤之岭，其高摩天，其险立壁，负者股栗，乘者心悼。”简洁的文字，其文采可见一斑。

再说说冯梦龙，是明末苏州府长洲县人。众所周知，他编著的《三言》，即《喻世明言》《警世通言》《醒世恒言》，奠定了其在明代文学史的地位。冯梦龙 61 岁时，从苏州到寿宁任知县，长达四年，即崇祯七年至十一年（1634 年—1638 年）。他在政务繁忙的余暇，编写了《寿宁待志》，曾写下“县在翠微处，浮云似锦棚。三峰南入幕，万树北遮城。地僻人难到，山多云易生。老梅标冷趣，我与尔同清”等诗文。当时，寿宁溺女陋习十分盛行，为此，冯梦龙亲自起草发布《禁溺女告示》。其《告示》中道：“为父者你自想，若不收女，你妻从何来；为母者你想，若不收女，你身从何而活。……如今好善的百姓，畜生还怕杀害，况且活活一条性命，置之死地，你心何安？”“今后各方各保，但有生女不肯收养，欲行淹杀或抛弃者，许两邻举首，本县拿男子重责三十，枷号一月。”因措施严厉，一时，全县上下为之肃然，溺女之习大有收敛。

现在，我们回过头来，谈谈辛亥革命以后的公文重大变革。南京临时政府于 1912 年颁发了中华民国第一个《公文程式条例》，废止了封建社会许多与时代不合拍的公文文种，其中白话文的兴起及新式标点符号，应该是这一时期的亮点，这也为公文的发展插上翅膀。特别是毛泽东主席曾担任中央秘书，负责起草公文、处理文件、会议记录等。瞿秋白拟写过我党历史上第一个理论性很强的公文处理文件，即中央秘书处的《文件处置办法》。伴随着抗日战争和解放战争的节节胜利，我党公文的种类和写作较之以前更为统一和规范。新中国成立以来，几经变革，中共中央办公厅、国务院办公厅多次制发《公文处理办法》，将我国的公文处理工作推向了一个崭新的发展阶段。这里，我就不一一陈述了。目前，党政机关公文处理工作，均以 2012 年 4 月 16 日，中共中央办公厅、国务院办公厅联合印发的《党政机关公文处理工作条例》为准。

第二，横向上，应该讨论什么话题呢？可以从两个方面讨论。 一是从百度或者书本上可以直接获取的公文知识。比如：公文的文种、格式和行文规则。二是需要在教与学中碰撞的公文写作基本原理。比如：公文写作的主题、材料、框架、语言、修改、表达方式等等。

前不久，我在撰写这本书的时候，偶然，看到著名学者余秋雨教授的一本书《北大授课》，这本北大课堂实录，对我的写作很有启发。师生之间通过闪问闪答，传播中国文化史。我也觉得，在课堂教学过程中，师生间的互动十分重要，余秋雨教授称之为生命与生命的碰撞。作为公文写作这门课程，我看了好几本培训教材，总的来说按部就班偏多，略显单调无味。所以，我比较推崇余秋雨教授这本《北大授课》的体例，问答之间，充满智慧，在轻松愉悦的阅读环境中，获取新知，岂不快哉！余秋雨教授在这本书的结尾强调："在电脑时代，课程中的一切资料性、记忆性、常识性的部分，学生自己就能讲得很好，因此不应该继续成为教学的主要内容。"联系公文写作的实际，刚才谈到的第一部分内容，即公文的文种、格式和行文规则，理应属于这一范畴，也可以自己从百度中获得。但是，并不是说大家不需要掌握这方面的内容，而是课下只要再深入研究学习，或者查阅《党政机关公文处理工作条例》相关内容，就可以自行掌握。

简单举例说明如下：

公文文种方面，标题没有发文机关，如《关于加强安全工作的通知》；错用文种，经常“请示”和“报告”,“函”和“通知”容易错用;自造文种，如“条例”“规定”“总结”“计划”“说明”等，经常会把这些不是公文文种的语句，作为公文文种直接行文。

公文格式方面，主要有主送机关、数字符号、字号字体不规范的问题。比如，主送单位要顶格写；数字一般情况下都应使用阿拉伯数字；字号标题用 2 号小标宋体字、正文用 3 号仿宋体字、小标题可用 3 号小标宋体字或者 3 号黑体字。

行文规则方面，重点要把握上行文、下行文、平行文的行文规则，比如上行文原则上主送一个上级机关，请示应当一事一文；普发性的下行文，可以有若干个主送机关；平行公文，主要有函、周知性和告知性的通知，写作上，基于行文机关的对等关系，语气不能有指示性的口吻。

至于公文写作的基本原理，包括公文写作的主题、材料、框架、语言、修改、表达方式等等。其中材料、修改部分前面已有专门介绍，而且在后续各类公文讲授过程中，还会涉及。这里，就主题、框架、语言、表达方式，结合我个人的公文写作经验，进行一下归纳总结。

1. 主题层面。就是我们小学语文讲述的中心思想。我想，公文的中心思想，首先，必须准确体现和传达党的路线、方针、政策，不能出现政治性错误。也就是说，从事公文写作的同志要有更高的政治站位，最根本的是要把习近平新时代中国特色社会主义思想学深悟透，善于运用马克思主义立场观点方法分析问题、解决问题，不断提高政治敏锐性。如果没有高的政治站位，也就没有更高层次的材料。其次，由于，公文主要是“受领导之命，代机关立言”，而不是起草人的个人行为。因此，主题必须符合领导意图。一般来说，领导交代的写作意图，有两种情况：一是直接交代，意图明确；二是交代的方式，有时不是直白显露的，就要靠写作人员，平时的积累和悟性。比如，原任市政府市长的×××，他任职第一天在全市领导干部大会上的讲话，直到他离任最后一次讲话，所有的文字材料，我都参与写作，这样，他的讲话意图，我就比较清楚。这位领导长期在省会城市工作，城市建设经验比较丰富，时间久了，在城市建设方面，他第一句讲什么内容，我大概知道他第二句话的内容。这样，把握领导的意图，就比较容易。还有就是要遵循一文一事的原则，主题集中，一般用一个主题贯穿全篇。比如，党的十九大报告，就一个主题："决胜全面建成小康，夺取新时代中国特色社会主义伟大胜利。"

概述起来，主题的方式有四种：标题揭旨、起句立旨、缘由引旨、呼应显旨。

从我个人体会，通常起句时，开门见山立旨，还是比较多。其余的立旨方式，随文种的不同而变化，这里先不详说，留待后面阐述。

我认为，开门见山，提出论点，不仅能抓住读者，引起注意，还能避免绕圈子，使论述集中。俄罗斯文学评论家别林斯基曾经说过："假如第一行落笔太远，那么这篇论文一定是废话连篇，离题万里；假如第一行落笔就接触事件，那么这篇文章就是好文章。"这个道理，同样适用于公文写作。如毛泽东主席的文章《我们的文艺是为什么人的》第三部分，一开始就明确提出"为什么人的问题，是一个根本的问题，原则的问题"这一论点。不仅观点鲜明，给人深刻的印象，而且还起到了统率下文，使论述集中的作用。

2. 框架层面。就是我们常说的文章结构，好比建筑工人盖房子，需要把之前收集的素材合理组织起来，使其构成一个有机的整体。一般来说"三段式"是公文的常用结构，即"是什么""为什么""怎么办"。"是什么"主要写思想认识；"为什么"主要写形势问题；"怎么办"主要写工作措施。比如，起草调研报告，一般要写调研中看到了什么、回来后想到了什么、下一步应该怎么干。虽然"三段式"是常用结构，但是"三段式"不是也不能成为文稿起草的通用模板。还应该依公文种类和内容的不同，有因人、因时、因事、因势而异的结构体式，如此才有公文在谋篇布局上的多姿多彩。

"单刀直入式"。就是直接切入主题和内容，主要分为"篇段合一式"和"多段列条式"。

“篇段合一式”。就是一篇公文，只有一段。适用的文种有：命令（令）、公告，内容简单的决定、决议、通告、函及批复、任免通知等。

**案例一：**

**关于临时停办部分业务的紧急通知**

尊敬的缴存单位和职工：

接住建部通知，住建部银行结算系统将于6月6日临时进行安全升级，6月6日当天仅受理同行提取业务（客户公积金缴存银行与提取收款的银行卡为同一银行的提取业务）。请需要办理提取业务的缴存职工提前做好相应安排，由于系统问题给您带来的不便，敬请谅解！

××市××××管理中心

2019年6月5日

“多段列条式”。就是把全文分成若干段，或三段、或四段、或更多，直接按顺序号展开，无单独的开头和结尾。其常用的文种有：内容集中单一，篇幅简短的法规性文件和领导讲话稿材料。

**案例二：**

**××省行政事业单位财务报销审批手续的若干规定**

第一条　为加强财务收支管理，规范财务报销审批手续，严肃财经纪律，根据《中华人民共和国会计法》和财政部《会计基础工作规范》等规定，制定本规定。

第二条　……

……

第十五条 本规定由 ×× 省财政厅负责解释。

第十六条 本规定自二〇一四年一月一日起施行。

“导语分条式”。用一段或者多段开场白后，然后分段分述，这是公文写作的常用手法，在公告、报告、决议、通报、通知、规划、纲要、领导讲话、汇报材料、会议纪要等大部分的文种中均有出现。这里我将它分为“撮要引入式”和“问题引入式”两种，分而述之。

所谓，“撮要引入式”，就是概述全文中心内容，引出全文后，分条阐述。

**案例三：**

在全市住房公积金管理工作会议上的讲话

×××

（2019 年 3 月 ×× 日）

今天，我们在这里召开 2019 年党建暨住房公积金管理工作会议，主要目的是回顾总结去年 ××××× 工作情况，安排部署今年的工作任务计划。刚才，××× 书记对今年党建工作、各分管领导对下一阶段工作做了部署，各办事处（营业部）要按照工作要求认真抓好贯彻落实。根据会议议程，接下来我强调三点意见。

一、总结经验，晒出成绩单

二、砥砺前行，立下军令状

三、真抓实干，再谱发展篇

这篇讲话稿，属于比较典型地简述会议主题和过程，然后直接强调三点意见的材料，希望大家从中学习研究借鉴。

所谓“问题引入式”，就是阐述情况，引出问题，然后解决问题的措施分点叙述，这也是我在多年写作过程中，经常使用的方法，常在领导讲话、汇报材料等公文文种中运用。

案例四：

在 ×× 市住房公积金管理委员会
2018 年第一次全体（扩大）会议上的讲话

×××

（2018 年 3 月 × 日）

同志们：

今天，我们召开市住房公积金管理委员会 2018 年第一次全体（扩大）会议，各位委员对 2017 年住房公积金贷款和提取有关规定等议题进行了认真讨论，审议通过了《2017 年工作情况及 2018 年工作计划》等几个文件，对今年住房公积金管理工作的总体思路、具体目标、重点工作做了部署，我完全同意。本次会议完成了全部议题，会议开得很好，希望各级有关部门和单位，认真抓好会议精神的贯彻落实。，

过去的一年，市住房公积金管理中心紧紧围绕市委市政府关于支持房地产市场健康发展的决策和部署，通过“压、放、消、降”四大举措贯彻落实“放管服”精神，取得了良好的经济效益和社会效益。一是获市委市政府肯定。市委 ××× 书记对此专门作了批示：“这是‘放管服’的实际行动，要确保落实到位”，市政府 ××× 市长也作了批示，市委督查室形成《督查通报》对改革经验进行推广，肯定了改革成果。二是受社会大众认可。《住房保障与住房公积金》报、中编办网站、《×× 日报》等媒体对四大举措进行专门报道，投诉件从上半年的 16 件减少为下半年的 2 件，企业负担减轻、获得感增强，群众真切感受到变化、满意率明显提高。三是创业务工作佳绩。全市累计归集住房公积金 163.76 亿元，累计发放个人住房公积金贷款 147.55 亿

元，共有 4883 个单位建立了住房公积金制度，缴存职工达到 23.1 万人，个贷使用率达到 98.31%。四是建立应急处置机制。针对新能源职工办理业务人数暴增、窗口业务大量积压的现象，及时采取应急措施，通过上线新能源公积金微信提取快速通道，构建了“不见面”审批办事模式，从根本上化解窗口拥堵问题。

但是随着资金规模与业务办理量增长迅速，住房公积金工作还存在一些问题和不足，资金流动性紧张问题凸显，归集扩面力度不够，部门信息共享工作亟需推进，风险防控工作还要进一步加强。下面，我强调几点意见。

一、以提高认识为基础，保障全体人民住有所居

二、以服务民生为目标，切实发挥住房保障作用

（一）积极落实政策，进一步规范房地产市场秩序

（二）抓好归集扩面，进一步推进公积金建缴工作

（三）严控资金风险，进一步降低贷款逾期率

（四）创优服务举措，进一步提升便民服务水平

（五）加强部门协作，进一步增强群众获得感

三、以加强党建为统领，扎实抓好行业队伍建设

（一）深化学习教育，进一步提高队伍素质

（二）强化窗口管理，进一步打造服务品牌

（三）加强廉政建设，进一步改进工作作风

同志们，住房公积金工作关系民生福祉，关系百姓安居。希望大家认真按照这次会议的要求，坚持房子是用来住的、不是用来炒的定位，不忘初心，牢记使命，同心同德，开拓创新，奋发作为，心怀民生，倾情服务，助力缴存职工成就安居梦想，用实际行动助推“开发×××、建设新××”奋斗目标。

谢谢大家！

“条款分列式”，即全篇分章，章下分条，条下分款，这是法律、章程、

条例、规定、规则、办法、细则等公文的基本结构。例如：

## ××省住房公积金管理暂行规定

第一章　总则

第一条　为建立和完善住房公积金制度，维护住房公积金所有者的合法权益，提高城镇职工购建住房的能力，根据国家有关规定，结合我省实际情况，制定本暂行规定。

第二条至第四条（略）

第二章　组织机构

第五条至第七条（略）

第八条

（一）至（四）（略）

第三章至第五章（略）

第六章　附则

3. 语言层面。在机关或者企业工作，免不了要写作，不但要会写公文，而且要会写一些类似散文的文章。就是能够在不同的语境中进退自如。我在工作中常看到这种现象：有的同志会写散文，写出来的散文，还在一些比赛中获奖，但是在公文写作方面，老是进入不了角色；有的同志会写公文，可是他写出来的散文，你会觉得像公文。我想，这些都和写作者能否把握语言的特征和规律，灵活运用语言有关。

在讨论如何运用公文语言写作之前，我必须多说几句，语言的基本功问题。一个人，在进入职场前，或者说在小学阶段，就应该打下一定的语言基础。比如，我曾经接触到一位年轻的同志，人品、工作态度，单位的同事都比较认可，上一级机关也想调用，但是由于其草拟的公文，错别字多、病句多，导致用人单位对他望而却步。我只好告诉他，改正这些，没有捷径可走，必须“而今迈步从头越”，从最基本的纠正错别字开始，购买一本类似纠正公文错别字大全的书，每天好好学习揣摩，日积月累，必有成效。

现在，我们进入公文写作语言的运作状态，先用一些实例来体会一下吧。

习近平总书记在《摆脱贫困》一书中，有一篇《闽东之光》的文章。近年来，宁德市以文为媒，广泛宣传闽东之光，取得了很好的效果。我觉得，这是一个很好的“借梯上楼”形式。这里，我选取《闽东之光》的一些段落，说说其语言的闪光之处。

一是用词准确有高度。比如，“什么是闽东之光呢？我想，闽东的锦绣河山就是一种光彩。闽东的灿烂文化传统就是一种光彩。闽东人民的自强不息、艰苦奋斗、善良质朴的精神就是一种光彩。”这些语言通俗易懂、生动自然，不但富有感染力，而且准确把握了闽东的闪光点。再如，“一个地区的文化建设内容很多，有一个重要的着眼点就是要弘扬地方的传统文化。对整个国家来说，中华民族的传统文化在民族的延续和发展中起到了积极的作用。在几千年的文明史中，我们已经树立了强烈的民族自信心，无论是在民族危亡，还是在民族昌盛时期，这种自信都是我们民族精神中最稳定的成分……”以当年（1990 年）就能从中华民族的传统文化中，提炼出民族自信，进而到文化自信，确实需要有思想的高度，让我们深深感受到习近平总书记一脉相承的政治信念、一如既往的家国情怀和一以贯之的价值追求。

二是语句严谨讲逻辑。比如，“在讲贫穷的同时，不要忘记讲闽东的光彩；在讲压力的同时，不要忘了讲动力。”就是层层递进的关系，而且有和风细雨的语言风格。再如“这就给我们提出了一个基本的要求——一定要把握住闽东的闪光之处：畲族文化是一个闪光点；闽东是老区，有长期的斗争历程，也是一个闪光点；闽东人民现在正在抓紧机遇，脱贫致富，这又是一个闪光点；闽东的山海交融，风景独特，这也是一个闪光点。”习近平总书记在阐释这些理念时，语言耳熟能详，说理娓娓道来，叙事生动形象，具有很强的号召力。

三是引经据典接地气。比如，习近平总书记在此文中选择了成语“王婆卖瓜，自卖自夸”，夸出闽东人的自信和光彩；选择了“言之无文，行而不远”，强调文化建设方式和手段的重要性；选择了苏轼的诗句，“不识庐山真面目，只缘身在此山中”，指出闽东人也不一定熟悉闽东，不一定知道家乡的可爱之处。让大家从这些经典中，了解历史，得到启迪，形成大众化、接地气的正能量。

4. 表达层面。公文的表达方式，就是作者运用语言文字的思想内容表达出来的方法和手段。常用的表达方式有三种，即叙述、议论和说明。

（1）叙述，就是陈述事件发生的“过程”，以叙事为主，开门见山说清楚事件的开始、经过、结果。作为公文与文学作品有很大的不同，它要忠实于事件真相，不允许渲染、夸张和想象。比如 ，文学作品描写云雾，可以采用上述渲染、夸张和想象的手法描写：“雾儿从云端打开柔情的心门，与草儿诉说深沉的风之声，与芦苇话说悠远的湖之曲，与姑娘细说缠绵的海之恋。然后又伸出纤纤的细指，抚过青青嫩草的叶片，吹开飘逸芦苇的心坎，理一理姑娘们被风儿搅散而显凌乱的刘海，又晃悠悠地到茫茫的云海之中。此时四望，真是一派塞外草原景色在江南小岛上的完美重现。”然而，在公文中，只能说：“这个海岛，有南国天山之称的万亩草场；有云雾缭绕，充满神秘色彩的大小天湖；有色彩斑斓、嶙峋峻峭的海蚀景观。”

（2）议论，就是以逻辑推理明辨是非，阐明道理。通常我们说的论点、论据和论证三要素，即是逻辑推理的过程。比如：“建设福建 ×× 汽车产业园，有利于方便汽车消费者。在产业园内集中汽车销售、上牌、维护、年检、停车等功能，将为市民提供一站式服务，符合国务院放管服要求，将有力促进 ×× 开发区便民服务水平的提升，是一个汽车形象工程，更是一项德政工程。”

（3）说明，就是把事物的形状、性质、成因、关系、功用等，解说或介绍清楚。我们在制订规划、法规性公文常用到说明。记得，市委党代会上通过的《决定》常常需要单独写出说明，然后由市委书记或者市长在会上阐明。举一个例子：关于着力构建宜业宜居新城镇的“大 ××”的说明。×× 山多地少，自然条件较差，经济发展又比较滞后，城市建设先天条件不足、功能不健全，中心城市建市时间短，基础设施滞后。2011 年我市城镇化率仅为49.2%，低于全省平均水平8.9个百分点、全国平均水平2.1个百分点，比全面小康目标值低10.8个百分点，居全省各设区市第七位。其中，中心城市城镇化率仅为60.3%，居全省各设区市第八位。随着国家加快推进城镇化进程，我市产业发展步伐加快，群众对幸福生活的向往和要求更加强烈，建设宜业宜居的城市显得尤为迫切和重要。为此，《决定》提出，中心城市要实施临海、环海、跨海“三步走”战略，逐步形成“一市多区多组团”的滨海生态宜业宜居新城市；县城要提高人口、产业集聚能力和综合承载能力，小城镇要加快综合改革发展试点步伐，大力推进新农村建设，实现中心城市更加强大、县域更加繁荣、乡村更加美丽，逐步形成城乡一体、特色鲜明、生态优美、分工有序、布局协调的城镇群体系。

这个案例的前半部分，阐明构建宜业宜居新城镇的“大××”的迫切性和重要性，主要从存在的问题引入，然后阐明国家、省市、老百姓迫切需要建设新城镇。后半部分，就是从《决定》中抄录。这是说明的通用写作方法。

## 二、善于感悟

古人云“知之贵在于化”，文章色彩如何，很大程度上取决于撰稿人悟性强弱。有悟性的人，可以由此及彼、由表及里、由点到面、由事到理地看问题，写出的文章深刻透彻，有厚重感。缺乏悟性，只能是领导交代什么就写什么，领导说到什么程度就写到什么程度，领会不透上级的意图，融不进去自己的想法，无从深入剖析、挖掘，这样写出来的东西自然就没有味道了。加强悟性锻炼，需要有哲学、逻辑学等相关理论作基础。

我曾经接到这样的一个写作任务，就是帮省××银行代拟一份向集团建议在××建立党建教育基地的汇报材料。接到任务后，我即带着写作小组的同志到市委办、市政府办了解收集相关素材，并初步讨论了材料的提纲，由写作小组的同志草拟初稿。以下是这份材料的初稿。

## 案例一：

### 关于建议在××建立总行党建教育基地的汇报材料

党的十九大提出，坚持党对一切工作的领导。习近平总书记也曾在全国金融工作会议上强调：必须加强党对金融工作的领导，要扎扎实实抓好企业党的建设，加强理想信念教育，加强党性教育，加强纪律教育，加强党风廉政建设。充分发挥党组织的政治核心作用、党支部的战斗堡垒作用和共产党员的先锋模范带头作用，对于凝聚银行全体职工的积极性和创造力、推进银行各项工作的健康有序发展有着积极的作用。

做好党建工作，党员教育是一个极为重要的环节。当前，党员教育工作正在向多元化方式转变，大多数党员认为，开展教育培训应该改变传统的“灌输式”教育模式，采用案例式、启发式、互动式和参观交流式教育模式。创办党性教育基地，是党员教育培训与实验示范结合的有效途径，有利于增强党员教育的实效性、趣味性和吸引力，有利于提高党组织的凝聚力和战斗力。

一、打造具有闽东特色党性教育基地的重要意义

宁德俗称闽东，地处福建省东北部，下辖一区、两市、六县和一个国家级经济技术开发区，土地面积1.34万平方公里，人口352万。宁德是习近平总书记曾经工作过的地方，是习近平新时代中国特色社会主义思想的重要萌发地。习近平总书记离开宁德后，始终把宁德当作自己魂牵梦绕的第二故乡，一直心系宁德发展、情系闽东人民，多次在重要场合谈及宁德。2019年8月4日，习近平总书记更是给宁德市寿宁县下党乡乡亲们回信，深情回忆了“三进下党”的场景，肯定了下党乡“天堑变通途、旧貌换新颜”的脱贫成效，并希望乡亲们继续发扬滴水穿石的精神，坚定信心、埋头苦干、久久为功，持续巩固脱贫成果，积极建设美好家园，努力走出一条具有闽东特色的乡村振

兴之路。近年来，中央和省领导多次到宁德调研，对宁德作出重要指示。国家部委及省厅也在宁德设立各类教育基地及示范点，并组织各地干群到宁德参观学习。可以说，宁德如今已受到全国范围的关注。××总行若在宁德设立党性教育基地，将成为宁德首个银行业党性教育基地，意义重大。

二、在宁德打造党性教育基地的独特优势

（一）政治优势

……

（二）配套优势

……

（三）生态优势

……

（四）产业优势

……

三、在宁德打造党性教育基地的初步构想

综上所述，宁德丰富的党性教育资源和完善的基础配套，将为××总行乃至集团在宁德打造党性教育基地提供保障。根据××总行教育需求及宁德教育资源，可初步构思“五个层面教育基地、七大特色教学模块、若干现场教学点”的党性教育模式。

（一）五个层面教育基地

……

（二）七大特色教学模块

……

（三）若干现场教学点

按照初步估计，宁德可作为××党性教育现场教学点的地方有60多个，以下仅列举几个具有代表性的地方作为参考：

1. 福鼎赤溪村（略）

2. 寿宁县下党乡（略）

3. 福安市廉村（略）

4. 福安市坦洋村（略）

5. 福安柏柱洋（略）

6. 蔡威事迹展陈馆（略）

7. 霍童支提山（略）

点　评：

收到初稿后，我认真浏览了一遍，进行了深入思考，感到初稿主要存在以下问题：一是导语部分比较突兀，一般来说，导语基本上是阐述这篇汇报材料的由来；二是重要性部分条理性不强、高度不够，与 ×× 集团的需求衔接不够；三是优势部分可操作性不强；四是初步构想写太多。为此，对材料的提纲部分，我重新进行了梳理，导语部分由事件的由来切入，然后形成如下的框架结构。

案例二：

## 关于希望在宁德建设 ×× 集团<br>习近平新时代中国特色社会主义思想教育培训基地的汇报材料

8 月 15 日，×× 银行福州分行行长 ××× 拜会宁德市委书记 ×××，宁德市委常委、宣传部长 ×××，并举行会谈。会谈中 ××× 和 ××× 分别介绍了双方的发展情况，就下一步开展多方面合作达成共识，为我行在宁德的经营发展创造了良好的环境和政策机遇。尤其是宁德市作为习近平总书记新时代思想重要的孕育地与发源地，双方希望在宁德市建立 ×× 集团习近平新时代中国特色社会主义思想教育培训基地（以下简称 ×× 培训基地），并由宁德市委常委、宣传部长 ×××，市委宣传部常务副部长 ××× 具体负责对接等相关工作。

现就该项目的重要性、必要性、可行性及初步思路，汇报如下：

一、建设具有闽东特色“×× 培训基地”的重要性和必要性

（一）有利于更好地学习贯彻习近平新时代中国特色社会主义思想，深刻理解其精神实质。

（二）有利于适应新时期党建教育培训的需要，提升 ×× 集团党员干部队伍素质。

（三）有利于打造 ×× 集团党建培训新模式，得到多方关注和支持。

（四）有利于依托宁德特色党建资源，精选各类专题课程。

（五）有利于深入现场考察，多层面挖掘教学元素。

二、建设具有闽东特色“×× 培训基地”的可行性

（一）师资力量雄厚，合作办学前景乐观。

（二）交通路网快速便捷，学员出行方便。

（三）生态环境保持优良，适合学员学习生活。

（四）新兴产业迅速崛起，有助于 ×× 集团拓展业务。

三、建设具有闽东特色“×× 培训基地”初步构想

综上所述，宁德丰富的党性教育资源和完善的基础配套，将为 ×× 集团在宁德建设“×× 培训基地”提供坚实的保障。特别是宁德市委、市政府高度重视，希望尽快引进该项目。市委已安排由宁德市委常委、宣传部长 ×××，市委宣传部常务副部长 ××× 具体负责对接外，还要求市自然资源局局长 ××× 在用地上给予大力支持。目前，××× 已在寻找合适的办学基地地块。我们意向，以宁德市区东侨新区范围内最为理想。

根据 ×× 集团教育需求及宁德教育资源，可初步构思“× 个层面教育基地、× 大特色教学模块、若干现场教学点”的党性教育模式。

（一）× 个层面教育基地。

（二）× 大特色教学模块。

（三）若干现场教学点。

点　评：

我们把上述框架与初稿做一下比较。导语部分，采用了省行行长拜会市委书记的内容，说清楚材料的由来。第一部分的提纲用了五个有利于来阐明重要性和必要性，与初稿讲述意义部分比较进行了深入挖掘、拼盘，将初稿中与重要性和必要性的相关内容放到第一部分阐述，既提升了材料的高度，又起到让 ×× 集团感到确实有必要在宁德建设党建培训基地。第二部分从师资、交通、环境、产业四个方面重点阐明该项目确实可行可操作。主要从初稿中的政治、配套、生态、产业四个优势改造而成。第三部分简明扼要提出项目的初步思路。

这份材料，我从上午 9 点开始修改，中午午休一个小时，改到下午 6 点基本完成，整整花了 8 个小时，送省行审稿后得到行长的充分肯定，但我觉得还有很多需要完善的地方。比如，有些地方有重复，第三部分的若干教学点可以用附件来处理，只点题目。这里，我把材料附后，作为此次教学的一个练习，大家可以按我刚才所讲的要求，进行修改，也可以按大家的理解，进行再创作，提出新的修改意见。

案例三：

## 关于希望在宁德建设 ×× 集团<br>习近平新时代中国特色社会主义思想教育培训基地的汇报材料

8 月 15 日，×× 银行福州分行行长 ××× 拜会宁德市委书记 ×××，宁德市委常委、宣传部长 ×××，并举行会谈。会谈中 ××× 和 ××× 分别介绍了双方的发展情况，就下一步开展多方面合作达成共识，为我行在宁德的经营发展创造了良好的环境和政策机遇。尤其是宁德市作为习近平总书记新时代思想重要的孕育地与发源地，双方希望在宁德市建立 ×× 集团习近平新时代中国特色社会主义思想教育培训基地（以下简称 ×× 培训基地），并由宁德市委常委、宣传部长 ×××，市委宣传部常务副部长 ××× 具体负责对接等相关工作。现就该项目的重要性、必要性、可行性及初步思路，汇报如下：

一、建设具有闽东特色“×× 培训基地”的重要性和必要性

（一）有利于更好地学习贯彻习近平新时代中国特色社会主义思想，深刻理解其精神实质。1988 年 5 月，习近平同志任宁德地委书记。在宁德工作的两年时间，习近平同志基本走遍了所有乡镇，其中“九赴寿宁、三进下党”，一直被传为佳话。面对闽东贫困落后的客观实际，他带领闽东人民艰苦创业，矢志摆脱贫困，不仅结束了闽东“一方水土养不活一方人”的历史，而且留下了“滴水穿石”精神、“弱鸟先飞”意识、“四下基层”制度等许多宝贵的精神财富。他在宁德的思想理念、观点方法，与十八大以来习近平总书记系列重要讲话和治国理政新理念新思想新战略一脉相承，而这些在宁德许多地方都有迹可循且都得到生动论证。在宁德建立“×× 培训基地”，有利于 ×× 集团员工追寻习近平总书记在宁德期间留下的“足迹”，更加全面、深入地开展“不忘初心、牢记使命”主题教育，深入学习贯彻习近平新时代中国特色社会主义思想以及其他党和国家的方针政策，提升党性修养和综合素质。

（二）有利于适应新时期党建教育培训的需要，提升 ×× 集团党员干部队伍素质。党的十九大提出，坚持党对一切工作的领导。习近平总书记在全国金融工作会议上强调：必须坚持党中央对金融工作的集中统一领导。要扎扎实实抓好企业党的建设，加强理想信念教育，加强党性教育，加强纪律教育，加强党风廉政建设。做好党建工作，党员教育是一个极为重要的环节。当前，党员教育工作正在向多元化方式转变，大多数党员认为，开展教育培训应该改变传统的“灌输式”教育模式，采用案例式、启发式、互动式和参观交流式教育模式。为此，在宁德创办“×× 培训基地”，是党员教育培训与实验示范结合的有效途径，有利于增强党员教育的实效性、趣味性和吸引力，有利于提高

党组织的凝聚力和战斗力。对于凝聚××集团全体职工的积极性和创造力，推进××集团各项工作的健康有序发展有着重要作用。

（三）有利于打造××集团党建培训新模式，得到多方关注和支持。宁德俗称闽东，地处福建省东北部，下辖一区、两市、六县和一个国家级经济技术开发区，土地面积1.34万平方公里，人口352万。宁德是习近平总书记曾经工作过的地方，是习近平新时代中国特色社会主义思想的重要萌发地。习近平总书记离开宁德后，始终把宁德当作自己魂牵梦绕的第二故乡，一直心系宁德发展、情系闽东人民，多次在重要场合谈及宁德。2019年8月4日，习近平总书记更是给宁德市寿宁县下党乡乡亲们回信，深情回忆了“三进下党”的场景，肯定了下党乡“天堑变通途、旧貌换新颜”的脱贫成效，并希望乡亲们继续发扬滴水穿石的精神，坚定信心、埋头苦干、久久为功，持续巩固脱贫成果，积极建设美好家园，努力走出一条具有闽东特色的乡村振兴之路。近年来，中央和省领导多次到宁德调研，对宁德作出重要指示。中央党校、国家行政学院、厦门大学等国家部委及省厅也在宁德设立各类教育基地及示范点，并组织各地干群到宁德参观学习。可以说，宁德如今已受到全国范围的关注。目前，尚无国家部委和央企在宁德建立党建培训基地。因此，作为率先在宁德建立“××培训基地”的××集团，其创造的宁德党建培训新模式，必将得到中央、国家各部委的高度关注和大力支持，从这个角度来说，意义十分重大。

（四）有利于依托宁德特色党建资源，精选各类专题课程。在宁德建立“××培训基地”，可与宁德市委党校、市行政学院、市社会主义学院联合，对习近平总书记在宁德工作期间的思想方法、领导艺术和工作作风等方面的文献资料和经典事例进行全面收集整理和挖掘利用，与××集团党性学习教育活动实际相结合，开发“滴水穿石”闽东精神、《摆脱贫困》与“扶贫开发”、军地深度融合发展、新兴产业发展、生态文明建设、畲族文化、新时代党建工作等各异且具有闽东特色的教学模块，结合丰富的教学资源，帮助××员工从宁德故事的视角出发深刻领会习近平总书记治党治军治国理政思想和方略，推动 ×× 员工在教育培训中深入学习贯彻习近平新时代中国特色社会主义思想。

（五）有利于深入现场考察，多层面挖掘教学元素。宁德具有党性教育、精准扶贫、廉政教育等多方面现场教学点60多个。一是以寿宁县下党乡、福安廉村、蔡威事迹展陈馆、福安柏柱洋苏区纪念遗址群为核心的党性教育、红色闽东现场教学点。二是以全国扶贫第一村福鼎赤溪村、全国小康建设明星村柏洋村为核心的精准扶贫现场教学点。三是以军民融合馆、精准扶贫展示馆、宁德市规划馆、三都军港为核心的军民融合和海洋经济现场教学点。四是以闽东畲族博物馆、中华畲族宫为核心的闽东之光和畲族文化现场教学点。五是以新能源、上汽为核心的服务实体教育基地。这些既各有内涵又相互关联的现场教学点，均可以融入 ×× 集团党建教学培训中，通过现场就近教学，为打造独具特色的“×× 培训基地”，实现从单一化的党性教育向多元化党性教育的转变。

二、建设具有闽东特色“×× 培训基地”的可行性

（一）师资力量雄厚，合作办学前景乐观。中共宁德市委党校创办于 1952 年 6 月，新校区位于宁德师范学院东侧，与“海上明珠”三都岛隔海相望，风景秀丽，环境优美，占地面积 100 亩，总建筑面积 3.67 万平方米，拥有综合教学楼、学员楼等相关教学设施。现有教授 1 人、副教授 18 人、讲师 16 人、助教 2 人。近年来，宁德市委党校对习近平总书记在宁德工作期间的思想方法、领导艺术和工作作风等方面的文献资料进行了全面收集整理和挖掘利用，促进总书记给宁德留下的这笔宝贵资政财富向干部教育培训资源转化，形成了一批理论成果，开发了“滴水穿石”闽东精神、《摆脱贫困》与“扶贫开发”、军地深度融合发展、海洋经济、生态文明建设、畲族文化、新时期党建工作等教学模块。宁德市委党校（市行政学院）先后被确定为福建省委党校（省行政学院）在全省第二个综合性教育教学基地、国家行政学院公仆意识教育现场教学点、厦门大学“宁德党员干部教育培训基地”、

中央党校党建部宁德基地，在抓好主体班教育培训的同时，共对外承接培训班219期，培训18357人次培训层次和规模创历史新高，对区域外的办学吸引力不断提升。因此，在现有条件下，充分利用宁德市委党校已有的教学设备和教学资源，与宁德市委党校在党性教育培训方面进行合作办学，是一条行之有效而又可行的路子。

（二）交通路网快速便捷，学员出行方便。宁德地处大陆黄金海岸线中段，北接温州、南连福州、西邻南平、东望台湾，具备“北承南联、西进东出”的区位优势。尤其是近年来，宁德大交通格局不断完善，沈海高速公路、宁武高速公路、温福铁路临港临城穿越，合福铁路穿境而过，衢宁铁路加快建设，全市县县通高速，漳湾码头正在连片开发、对外开放，逐步形成“一核六放射”的综合交通运输布局。如今，宁德不仅打通了四通八达的动车和客运班车，距离福州长乐机场也仅1小时20分钟车程，而且即将开工建设的宁德至福州及长乐机场城际铁路，将为全国各地前来学习培训的××员工提供极为便利的交通条件。同时，宁德如今落地有万达、沃尔玛、大润发等大型商业中心，也将为××员工提供便利的教育培训环境。

（三）生态环境保持优良，适合学员学习生活。宁德集山、海、川、岛、湖、林、洞于一体，拥有“海上仙都”太姥山、“亲水天堂”白水洋、“全国独有”鸳鸯溪、“名山奇峡”白云山、“海上天湖”三都澳、“华东第一瀑”九龙漈瀑布等一批国家级和省级风景名胜区，且境内四季分明、气侯宜人，生态环境和空气质量全优，是中国东南沿海休闲度假和生态旅游的胜地。不仅如此，如今，宁德乡村振兴事业亦如火如荼，涌现出下党村、赤溪村、龙潭村、半月里村、廉村等一大批具有闽东特色的乡村旅游点，对于久居城市的××员工而言，是一次走进乡村、感受基层、理解乡村振兴的绝好机会。

（四）新兴产业迅速崛起，有助于中信集团拓展业务。近年来，宁德全力培育锂电新能源、新能源汽车不锈钢新材料、铜材料等四大主导产业集群。锂电新能源产业先后引进时代一汽、邦普、厦钨等30多家配套企业，2020 年产值可达千亿规模；新能源汽车产业同步引进 30 家一级核心配套商企业纳入主流程一起规划建设，2020 年产值可达 500 亿元，二期全部达产后产值可超千亿元；不锈钢新材料产业已实现“全链条、全系列、全产品”覆盖发展，着力再造一个千亿产业集群；铜材料产业已对接引进正威集团上海福浦等一批铜精深加工项目，正加快向千亿产业集群迈进。在此基础上，宁德着力形成从镍、钴原材料提取到正极材料锂电池、新能源汽车制造以及汽车、动力电池回收利用全闭环的产业链。同时，目前四大主导产业已实现各县（市、区）全覆盖，形成全域共同支撑高质量发展落实赶超的生动局面，2020 年四大主导产业产值可望突破 3000 亿元；再通过五年努力，有望支撑全市工业总产值突破万亿大关。可以说，宁德实体经济正处在高速发展的阶段，浓缩了产业发展的绝大多数业态，无论是新兴产业“独角兽”，还是偏远地区的微小企业都极具代表性和地方特色，将有利于 ×× 员工全面了解实体经济的发展、特点、诉求等，进一步坚定服务实体经济发展的信心，更有利于 ×× 集团在此对接产业，提供金融服务。

三、建设具有闽东特色“×× 培训基地”初步构想

综上所述，宁德丰富的党性教育资源和完善的基础配套，将为 ×× 集团在宁德建设“×× 培训基地”提供坚实的保障。特别是宁德市委、市政府高度重视，希望尽快引进该项目。市委已安排由宁德市委常委、宣传部长 ×××，市委宣传部常务副部长 ××× 具体负责对接外，还要求市自然资源局局长 ××× 在用地上给予大力支持。目前，××× 已在寻找合适的办学基地地块。我们意向，以宁德市区东侨新区范围内最为理想。

根据 ×× 集团教育需求及宁德党建教育资源，可初步构思“五个层面教育基地、七大特色教学模块、若干现场教学点”的党性教育模式。

（一）五个层面教育基地。第一个层面是以三进下党乡的寿宁县下党乡为核心的党性教育基地。第二个层面是以全国扶贫第一村福鼎赤溪村为核心的精准扶贫教育基地。第三个层面是以福建省廉政教育基

地福安廉村为核心的廉政教育基地。第四个层面是以福安柏柱洋苏区纪念遗址群为核心的红色教育基地。第五个层面是以新能源、上汽为核心的服务实体教育基地。

（二）七大特色教学模块。开发“滴水穿石”闽东精神、《摆脱贫困》与“扶贫开发”、军地深度融合发展、新兴产业发展、生态文明建设、畲族文化、新时代党建工作等七个元素各异且具有闽东特色的教学模块

（三）若干现场教学点。按照初步估计，宁德可作为现场教学点的地方有60多个，以下仅列举几个具有代表性的地方作为参考：

1. 福鼎赤溪村（略）
2. 寿宁县下党乡（略）
3. 福安市廉村（略）
4. 福安市坦洋村（略）
5. 福安柏柱洋（略）
6. 蔡威事迹展陈馆（略）
7. 霍童支提山（略）

以上仅是我们的初步构想，我们希望下一步在集团总部的大力支持下，尽快成立项目前期工作小组，开展可行性研究等各项前期准备工作，力促该项目动工建设，这将是宁德350多万人民的福音。

## 三、善于改造

开篇时，我曾经讲过要学会找“度娘”，建立资料库。在此基础上，还要学会消化吸收这些材料中的精华，为我所用。我把它称为善于改造，但不是生搬硬套、全盘照抄。如果这样，就是抄袭。我们曾听说过某两个县的民主生活会的发言材料完全一样的情况，这是公文写作的大忌。那么如何改造呢？我想，至少有五种借鉴的方法。

（一）借鉴基调

在正式起草前，要善于把握好文稿的主题，从过去相类似的材料中寻找文章的基调，并与当前党和国家的方针政策相吻合。比如，起草全市农业农村工作会议的讲话，就可以借鉴全国全省农业农村工作会议的基调，去年市长在全市农业农村工作会议的讲话精神，今年农业农村工作面临的形势。比如，这几年，中央经济工作会议一直强调要坚持房子是用来住的，不是用来炒的定位，我们在起草材料过程中，就要按照中央这一定位要求，提出具体的落实措施。再比如，关于宁德市的发展战略。早年，习近平总书记在宁德工作时，提出“建设温福铁路、建设中心城市、开发三都澳”三大梦想。如今，不管是后来市委提出“环三都澳发展战略”“开发三都澳，建设新宁德”，还是“一二三”发展战略，其基调还是围绕开发三都澳的发展战略。

（二）借鉴框架

善于学习借鉴别人谋篇布局和框架结构特点。从别人的材料的表面，看到其深层次的构建框架秘诀，从中模仿，化为己用。比如，我们在撰写一篇全市企业家大会的讲话稿时，需要描述闽东商帮的特点，曾经借鉴过浙江省台州市提出的这四句话：“山的硬气、水的灵气、海的大气、人的和气”。由于台州与宁德相类似的地形地貌，造就了这两地有相似的人文地理环境，我们从中提炼出闽东人的特点：“有山的坚韧、有海的胸怀、有川的延绵”的材料框架。

（三）借鉴风格

不同文种，有不同的语言特点和表述风格，我们在学习公文写作的过程中，要时时注意学习掌握。我的一个同事，从高校毕业后，作为选调生到 ×× 乡镇工作两年，即被调到当地的县委办综合科工作，他告诉我，写作之余，他经常呆在办公室研究各种汇报材料、调研报告、总结讲话、会议纪要等的写作特点和风格，并进行归类整理，后来他调到市政府办工作，很快就适应新岗位的公文写作要求。比如，我们撰写讲话稿，大部分属于对下级部署工作，语言特点就是讲认识、讲道理、提要求，就不能写成汇报材料向上汇报的语气。

（四）借鉴观点

要善于从众多纷繁复杂的材料中，学习提炼出与时代同频的好观点。比如，“绿水青山就是金山银山”“要幸福就要奋斗”“社会主义是干出来的，新时代也是干出来的”，这些习近平总书记在讲话中提出的观点，我们都耳熟能详。再比如，我在撰写此段内容时，就借鉴了《秘书工作》杂志 2019 年第一期说到公文改稿的改“调门”、改架子、改词句的观点，我把它变成这一节内容的五个借鉴（基调、框架、风格、观点、句子）。

（五）借鉴句子

公文写作语言，既要生动鲜活，有血有肉，还要贴近实际、贴近人心。比如，之前在市长的就职讲话稿中有这几句：“钟灵毓秀的宁川大地，承载着 ×× 追求跨越的梦想；波涛汹涌的黄金海岸，牵引着 ×× 成就辉煌的希望”“赤诚为民平生志，何惧万里征程难。”就是从相关报纸资料中改造而来。

## 第三节　给足“时间”

一粒公文写作的种子，长成写作的能手、快手，不是一蹴而就的，而是需要时间和过程，更需要我们具有过人的耐心，沉下心来，精耕细作，学会让某个词语、某个句子，找到恰当的位置；能够耐得住“西风凋碧”的清冷，“独上高楼”的寂寞，持之以恒地锻造自己。当你找到一扇通往公文写作的窗口，进而有一块属于自己写作的百花园，这时候就有醍醐灌顶的顿悟和驰骋写作沃野的自如。所谓百炼才能成钢，就是这个道理。一般来说，文字新手到综合文字岗位，短的二三个月，长的需要一两年，这和本人是否善于思考、学习感悟有密切关系。

我在市政府办工作 23 年，其中有 21 年，负责市政府主要领导综合文字材料的撰写和把关工作，先后为七位专员市长服务。这 20 多年的风风雨雨，酸甜苦辣，都是修炼修行；如今回望，当岁月走远了，再回首，都是无比宝贵的精神财富。

## 一、而今迈步从头越

调到行署办之前，我已经在 ××× 学校任教 14 年，因此存在三大劣势：一是年纪大，已经 35 岁；二是数学专业毕业，没有中文系等文科专业的天然优势；三是没有办公室文秘工作经历。除了每年撰写个人或者班级工作总结，确实从未涉猎公文写作工作。就连行署办综合科与秘书科的区别，我都不清楚。对公文写作的格式，比如段落开头空两格、删除一段文字用什么符号这么简单的知识也没有掌握。我曾经在 1985 年首届教师节时，被省政府授予先进教育工作者称号，但我深知过往的辉煌已是过去式，必须“而今迈步从头越”。我于 1994 年 11 月正式调入地区经济研究中心工作，主要负责编发地区经济研究中心主办的刊物《闽东经济研究》。撰写的第一篇文稿是《正确导向改革，促进供销企业还贷还息》。 这是时任行署专员的 ××× 收到地区农行一份关于供销企业结欠农行贷款利息问题的调查报告后，批示我们就此问题进行调研，并提出对策建议。我把文章框架附后：

### 正确导向改革，促进供销企业还贷还息

——供销企业欠贷欠息情况调查与思考

地区经济研究中心调查组

为剖析我区供销企业欠贷欠息的原因，探索适合我区经济发展，促进银企双方共同提高的新路子。最近，地区经济研究中心根据行署 × 专员的批示，走访了地区农行、地区供销社，深入霞浦、寿宁、福安等县（市）农行、供销社的基层经营单位，进行了专题调查。调查结果表明：

一、供销企业结欠银行贷款是企业欠理，政府乏力，银行无奈

二、供销社拖欠银行贷款本息的原因是多方面的，最重要的原因是经营管理不善

三、出路在于引导供销企业改革朝着有利于增强其自身实力的方

向进行

四、对政府、农行的几点建议

1995年的上半年，我除了撰写上述文章外，大约撰写了《依靠科教，创立新的创汇农业支柱产业》《确立可持续发展战略，促进闽东社会经济协调发展》《狠抓企业文化建设，促进供销企业改革发展》《加快宁台农业合作交流步伐》等四篇调研课题论文，近4万字，并分别刊登在《闽东通讯》等市级刊物上。这一年的年末。有一天，综合科的一位副主任科员，如今是县里的主官，突然交代我一个任务：帮助整理行署与地区工会联席会议纪要。这场会议我没有参加，只提供了当时会议的原始纪录和汇报材料。接受任务后，我没有推辞，很快完成任务交稿。此后不久，行署办××主任就找我谈话，叫我去综合科报到。我也知道，以我这年纪，在行署办没有任何优势可言，只有一步一个脚印，脚踏实地，加班加点，才有可能脱颖而出。自此，我开始到行署办综合科工作，主要负责撰写行署专员的讲话、纪要等文稿。退休前，我到县里出差，遇到这位县里的主官，谈及当年写纪要的事，他说是主任叫他来考核我的，我有茅塞顿开之感。之所以说这个故事，是要告诉大家，公文写作从来没有捷径可走，唯有埋头钻研才有出路。

## 二、耐得住寂寞

天道酬勤，重在坚持，重在笔耕。一路走来，加班加点是常态，我们常常把聊天喝茶、陪伴家人小孩的时间都用在公文写作上。在市政府办综合科工作近10年，我基本上没有周六周天的概念，也没有节假日，每天晚上12点前能回家都要感谢上天的恩赐。加班到凌晨三四点，经常就在办公室凑合着打个盹，天快亮了，材料还要送审。曾经，我和颜××加班到下半夜了，躺在会议室椅子上睡觉，用窗帘当被盖。一路前行，也见证了宁德市发展的许多重要时刻。一行行文字、一篇篇文稿，从“小我”的文字工作经历，折射出宁德乃至国家“大我”的历史变迁。我曾亲历东侨新区为何从工业区改为商贸区、宁德撤地设市庆典、宁德至福鼎一级汽车专用线改为福宁高速公路及通车典礼、“开发三都澳、建设新宁德”的由来等等。这里，说说撤地设市前夜的一件往事。之前我已经连续几天加班赶材料，由于参会嘉宾需要逐一核实，当晚核对完撤地设市庆典大会市长的主持词，已是凌晨3点左右，我坐“老鼠车”回家。车行至市人行路口，准备左转进去往市政府宿舍时，市公安局方向有一部货车正沿着陡坡向下直冲，10年前这个路段尚未降坡，可能司机以为凌晨没有车辆，车速很快，加上细雨蒙蒙，能见度很低。当司机发现“老鼠车”左转时，紧急刹车已经来不及了。此时，司机只好向左急打方向盘，结果货车在闽东技校门口翻车，把技校门口的两棵行道树都压倒了。事后，我听技校的门卫说，当时，这辆车上的蔬菜和蛋都烂了。而我乘坐的这辆“老鼠车”也是侧翻在路中间靠左的位置。如果，货车直冲下来，后果不堪设想。那天晚上，市民政局的办公室主任骑摩托车跟在“老鼠车”后面，看到这惊险一幕，深有感触地说：“公文写作太辛苦了，而且还有意想不到的风险。”我当时虽然不觉得害怕，待回家洗漱完毕躺到床上，回想起刚才的这一幕，心扑通扑通直跳，真是胆战心惊。说这个事，不是要表扬我自己，而是告诉大家，在岗在位都是职责所在。记得2003年，曾经的综合科老科长调任古田任职，临行前还交代我不能半途而废，要守住阵地，坚持一路前行，方有未来。

### 三、一个好汉三个帮

一路走来，要感恩的人很多。我以为要紧密团结同事，积极向领导同事请教学习，与同事交流探讨、互帮互助，共同完成各类文字工作，这样才能建立良好的群众根基，所谓“一个好汉三个帮”就是这个道理。我常和同事们说：一起从事综合文字工作的同志，一些小矛盾小插曲，实属正常，如果在共事时是朋友，离开了一定是朋友。我记得，曾经分管过综合文字的领导有好几个人，比如，上世纪末，分管的领导和我一起改市长办公会议纪要就有四大习惯：一是纪要没有改完，不吃饭，经常加班到七八点才去就餐；二是非常认真，经常为了把领导在会议上的口语转换成书面语言，我们反复推敲；三是改纪要，一定要你坐他旁边，边讨论边修改，而且他怕热，喜欢空调直接朝身上吹，我又怕空调；四是边改纪要边抽烟，我不抽烟又怕烟。但是，作为办公室工作人员，应该是我们适应领导，而不是领导适应你。

### 四、研究式阅读

许多文稿，需要不断思考，并有效整理思路。2014年，我曾受命组织团队撰写一篇领导讲话稿。一方面，我先后请宁德的知名作家、打油诗高手、各县市区政府办分管综合文字工作的副主任，到宁德讨论研究。另一方面，就文稿需要的素材，组织力量收集省内外相关文稿、《福宁府志》《宁德地区文化志》《闽东企业家风采》《诗意福安》等等书籍，并认真进行系统研究，前后花费两个月，初稿出来后报省市一路绿灯，几乎未做太大改动。比如，文稿中有一段描述宁德的人文历史，分别从地域资源、文化传承、宁商群体看宁德，得出这样的结论："闽东山水如诗画，鱼米之乡物产丰；人文荟萃多才俊，文化多元延千年；改革开放兴商潮，闽东商帮走四方。"再比如，文稿中引用清知府李拔编撰《福宁府志》的典故诗句以及有关宁德的俗语："质实慷慨""福宁府、福宁府，吃穿不用苦""客来沾客边，客去断荤腥""男女安耕织，兄弟不分离"等等。这就是阅读借鉴思考产生的力量。

### 练习题：

一、请根据下面给出的材料，将其改写成一篇信息稿。

#### 我市推行"零负担"精准扶贫光明行动

创新精准扶贫救助新模式，以"零负担"为最大特点，帮助贫困白内障患者免费接受复明手术。2017年以来，深入摸排××市户籍的五保户、孤寡老人、重度残疾人、低保户等受助人数，免费提供筛查、接送、用餐、手术、护理、康复返程等服务，为贫困白内障患者打通精准扶贫的“最后一公里”。截至10月，先后组织定点医院医疗队深入××2区8县，覆盖800个行政村，行程40万公里，义诊筛查609场次，使用救助金170万元。现已复明850个贫困家庭对象，患者满意率达100%，受到广泛欢迎和高度评价，有效避免群众因病致贫返贫，为打赢脱贫攻坚战保驾护航。

二、请从本单位工作实际出发，任选一个主题，自拟题目，撰写一则300字左右的信息稿。（提示：主题可以是党建工作、产业发展、小城镇建设、文明单位创建、乡村振兴等等，而且比较典型。）

三、请找一篇人民日报或者福建日报译论员文章，按案例一的办法，分析文章的中心思想、段落大意、材料框架等等。

# 第二章　领导讲话重站位　谋篇布局宏图绘

沿着公文写作的路径，我们从公文写作的基础小道，刚刚进入公文写作的康庄大道，接下来的八大章公文写作讲义，是一片相对辽阔的芳草地，内容十分丰富，等着我们解读。我突然想起“顺应时代”这个词语。我们曾领略过马克思列宁主义、毛泽东思想、邓小平理论；写过“三个代表”重要思想、“科学发展观”，现在进入习近平新时代中国特色社会主义思想；我们也曾写过环三都澳发展战略、“开发三都澳、建设新宁德”的市委发展战略思路，现在进入市委“一二三”发展战略和打造宁德“产业、枢纽、新兴、山海、幸福之城”。从这个意义上说，写作的过程，就是顺应时代潮流的过程。作为公文写作者，要有更高的政治站位、更强的政治意识、更大的政治敏锐性和政治鉴别力。具体来说，写材料的大格局、大境界，需要始终与时代接轨，时时贯穿这样的理念，处处有这样的“标配”，尤其在材料的认识与结尾部分，要有这样的字眼。特别是领导讲话，更需要我们把政治站位、顺应时代，放在公文写作的首位。不能市委已经在提上述打造“五城”发展战略，你还在写过去的某战略。

这一章的领导讲话文稿，是我们工作中常见的文字材料，不论是党政机关领导，还是企业基层领导，只要做领导工作，都离不开讲话。领导讲话是各类公文中难度最大的、特殊的“命题作文”，也是文字人员必须熟悉和掌握的基本技能。我在政府办工作 23 年，主要负责撰写或把关领导讲话稿。由此可见，领导讲话稿不但涉及面广、种类多，而且时间紧、要求高，是一门综合文字的技术。为了方便大家学习，我把领导讲话稿大致分成部署、宣传、礼仪、汇报、发言、报告、总结等七大类，其中宣传、礼仪将在第三章介绍；汇报、发言类将在第四章介绍；报告、总结类将分别在第六、九章介绍。这一章主要介绍部署类的领导讲话。

## 第一节　转换身份，奏好“三步曲”

部署类讲话，属于下行文，即对一项或几项工作提出要求，核心内容是布置工作任务或工作措施，并使其更好的开展和落实。它在领导讲话稿中占有很大比重，具有态度鲜明、目的明确、语气坚定、针对性强等特点。比如，经济运行、重点项目推进、安全生产、民生问题等等，都是领导关注的工作，关心的问题，也是我们在撰写领导讲话稿中经常涉及的内容。

因此，我们要及时切换角色，站到领导的位置上思考、谋划。首先需要奏好“三步曲”。

### 一、进入领导角色

进入领导角色是写好领导讲话的前提。我的体会是，要写出高质量的领导讲话材料，最关键的是要转换角色。通常，对刚到政府办综合科工作的同志，我提的第一个要求，就是写材料的时候，你就是“市长”，要完全把自己摆到“市长”的位置上去思考、去谋划，进入“市长”的思想、内涵、风格和境界里面，真正做到“身在兵位，胸为帅谋”。否则，以科员、科长的角色，写出来的就不是市长的讲话稿。经常部门代拟的市长讲话稿，看来看去，老是觉得像部门领导的讲话稿，就是这个原因。当然，你为科长、局长、董事长、总经理撰写讲话稿，你就是相应的角色定位。也就是我们在撰写材料时，必须进行角色的转换。

### 二、把握领导意图

写材料把握领导意图最重要。不怕材料写不好，就怕领导不认同。每一位领导，都有自己的风格、特点和要求。有的领导讲话，喜欢旁征博引、引经据典；有的领导讲话，喜欢讲时势；有的领导讲话喜欢举例子；有的领导讲话，喜欢讲新观点和新语言。同一篇稿子，可能这个领导欣赏，另一位领导不认可。因此，要珍惜每一次与领导接触和沟通的机会。我去见领导的时候，经常带着笔记本，不管是领导的口头交代，还是提出的提纲和构思，都要及时把这些内容书面记录下来，以便在写作过程中，揣摩清楚领导的所想，做到谋领导所谋，为领导所为。比如，一个单位的正职和副职，他在讲话时，把握的意图是不一样的。正职需要宏观和格局，副职需要具体和执行。

### 三、运用领导语言

正确运用领导讲话时的特殊语言，具有事半功倍的作用。特别要注意领导平时的语言习惯和观点，努力做到全面、完整、准确、贴切。过去，我们经常参加领导主持和组织召开的各种会议和调研活动，尤其是遇到领导即兴讲话的场合，就需要及时记录领导的思想火花，这种火花一瞬间迸发，一定是把握领导意图、思想和观点最珍贵的素材，是写好领导讲话稿的航标。比如，领导在市长办公会议的即兴观点，我们记录下来运用到相应的讲话稿中，一般都能得到领导的认可，而且领导也觉得你是文字工作的有心人。比如，领导下基层调研，处理应急的突发事件（交通事故、农民工上访），经常用举一反三，引以为戒，作为讲话要点，就需要写作者灵活运用，既让听者受益，又可拓宽与会者的思路。我们写作者，尤其需要有所写，有所不写。

## 第二节　讲究方法　走好“六步棋”

从写作格式上看，部署类讲话，可分为标题、称谓、导言、主体、结尾五部分。

一是标题。就是在 ×××× 会议上的讲话。

二是称谓。就是在标题下方署领导名字，接下来换行后在括号内写上讲话时间，×××× 年 × 月 × 日。

三是导言。导言是文章的先导语言，是讲话稿的开头，类似于新闻报道中的导语。其内容可以是全文提要，也可以是概括介绍。

四是主体。主体部分是讲话稿的核心，可分为“上级指导精神”和“本地工作部署”两个部分。

五是结尾。结尾是讲话稿的收尾部分。一般表明讲话人对会议的看法、希望和祝愿，是对全篇讲话内容的总结、概括和升华。导言、主体，结尾这三个内容，我们在具体案例中再作详细介绍。

从写作方法上看，我觉得需要走好“六步棋”。

## 一、吃透精神站高位

要学习把握世情、国情、省情、市情，特别是和这场会议有关的中央、省、市相关会议精神和政策措施，并及时收集到位，使写作时的视野开阔、立意高远，能够从全局、前瞻、战略的高度看问题，确保写作时有更高的政治站位。

收集与这场会议相关的近年单位领导讲话稿、会议纪要，省内外相关会议领导讲话稿。一般我们都要求，与这项工作有关的单位或者本单位内设科室提供相关材料，从而摸清这项工作的基本现状、存在问题、下步打算，特别要从部门送来的材料中，掌握这项工作的热点、难点、重点问题。

比如，市妇联作为家庭教育的主管部门，在市家庭教育协会成立大会上，需要为市妇联领导准备讲话稿。一般我们需要了解学习习近平总书记关于家庭教育方面的讲话精神，全国妇联、省妇联以及《福建省家庭教育促进条例》有关的内容，这样写作时，才能做到胸有成竹。

## 二、研究消化再动笔

动笔之前，一定要静下心来，把收集的材料，认真研究消化。要研究领导的意图、要求和风格，了解领导讲话的顺序，是先讲、后讲、还是中间讲，先讲就带有引导性、示范性，后讲就应是侧重性、补充性、总结性。要了解参会的对象，把握听众的需求，以确定表达的方式和口吻。比如，家庭教育协会成立时，一般市妇联领导讲话，应该有祝贺、宏观性的认识、对协会工作要有几点希望等方面的内容。我们把案例放在本节的第六点，结合修改文稿，再作介绍。

## 三、谋篇布局定提纲

部署类讲话稿的特点，是容量大、篇幅长，听久了容易分散注意力。就像我们讲课，如果比较呆板，平铺直叙、冗长无味，听者容易在后半节昏昏欲睡。我常讲，从来没有讲课的人打瞌睡，经常是听课的人打瞌睡。怎么办？这就要在标题、观点、事例上做文章，特别要量体裁衣，搭一个醒目鲜明的好框架。

比如，重庆的一位县委书记在中央党校毕业典礼上的发言提纲就很有特色："我们要做心中有党的明白人，在岗位看态度；我们要做心中有责的开路人，在状态看效果；我们要做心中有戒的带头人，在路上看作风。"第一句标题就跳出了"加强理论学习""提高政治站位"的常用写法，给人耳目一新的感觉。由此可见，有一个好的标题，非常重要。通常，构思标题、框架、层次的时间，将近占了写作时间的一大半。有时候，我们为想出一个好标题，伤透了脑筋，真是"想你想到梦里头"。大约有几条路径：一是在网络报刊上找。比如，我曾经写过闽东人的特点："有山的坚韧、有海的胸怀、有川的延绵"，就是借鉴了台州人的特点："山的硬气、水的灵气、海的大气、人的和气。"二是在群众的口头语中找。比如，中办的一位笔杆子，在谈到如何写文章的标题:起草修改要学会"画老虎"、构思要学会"嚼甘蔗"、拟稿要学会"找感觉"。比喻形象生动，而且接地气。三是在增减组装句式中找。比如，科学决策谋思路、加强调度促发展、解放思想抓运作、统筹兼顾惠民生、转变作风树形象。前四个字和后三字，就是采用组装增减的办法，比较简单易学。

举一个提纲的案例：

### 在200× 年市政府第一次全体会议上的讲话提纲

一、新一届政府要有新形象

（一）精心谋事，树立有为形象。

（二）扎实干事，树立务实形象。

（三）为民做事，树立公仆形象。

（四）依法办事，树立诚信形象。

（五）合力共事，树立团结形象。

（六）谨慎行事，树立清廉形象。

二、新一年工作要有新突破

（一）集中精力突破重点。

（二）千方百计突破难点。

（三）为民尽责突破热点。

三、新任务落实要有新成效

（一）有更强的落实意识

（二）有更高的落实要求

（三）有更健全的落实机制

四、新形势面前要有新作风

（一）正学风

（二）严政风

（三）扬清风

**点　评：**

这份讲话提纲，是新一届政府成立后召开的第一次全体会议，所以题目处处体现新。比如，四大点题目“四个新”，第一大点的小点题目“树立六个形象”，句式是前面四个字，后面六个字；第二大点的小点题目“突破三个点”，句式是八个字；第三大点的小点题目“三个更”，句式也是八个字或九个字；第四大点的小点题目“正学风、严政风、扬清风”，句式是三个字。充分说明部署类会议的讲话提纲，要有新意，需要用到排比、对仗等形式，并在字数上讲究相对均等，这就要求我们在标题的提炼上下一番苦功。

再比如，安全生产工作会议上的讲话提纲

一、常打“预防针”，始终做到警钟长鸣
二、争做“排头兵”，筑牢安全生产底线
三、念好“紧箍咒”，强化安全责任担当

**点　评：**

一是注重使用生活中的口头语，“预防针”“排头兵”“紧箍咒”，作为初进公文写作之门的同志，需要借鉴学习。我在第五章第二节信息类材料以及其他材料中多次体现。二是安全生产工作，属于单项专题的会议，提纲也相对简单，大家可以举一反三，延伸拓展，类似的材料，可以参照拟写。

**四、起承转合要讲究**

部署类领导讲话，一般有这些内容。一是上级部署精神；二是做好这项工作的意义；三是去年或今年以来的工作情况；四是存在的主要问题；五是下一阶段的工作措施。谋篇布局的任务，就是把上述内容进行组合，列出提纲。起承转合的意思，就是要根据提纲，做好“起承转合”。“起”就是开头，比如，开门见山式：“我们这次会议的主要任务是，传达贯彻中央、省经济工作会议精神，回顾总结去年经济工作，研究部署今年各项任务。”回顾引入式：今年以来，在市委、市政府的正确领导下，全市上下认真抓好××工作，取得的一定成效等。“承”就是开始阐述观点。“转”就是这一点说完了，开始转折，转一个观点，有的讲话稿，虽然没有分点，但写作者进行转折的时候，要做到“天衣无缝”。比如：“以民为本，执政为民。”这是人民政府的宗旨。我将牢记“为民”宗旨，……做到“为官一任、造福一方”“为官一地，建树一方”。“公生威，廉生明。”这是历久弥新的古训。我一定牢记“两个务必”，……做到“一身正气、一尘不染”。“空谈误国，实干兴邦。”这是人所共知的结论。我一定以身作则，……心无旁骛地为加快××发展贡献自己全部的智慧和力量。可以看到三点之间的转折。“合”就是收尾，结束全文。

## 五、彰显特色写新意

写作过程，要因时、因地、因事、因人而异，特别要有独特的视角、独特的思路、独特的文采，防止一个格式、一个套路、一个框架，“放之四海而皆准”。我记得，我们最头痛的事情，就是碰到常规性的、惯例性的文稿，同一个议题要经常讲。比如，通常市委、市政府每季度要开一次经济形势分析会，有时候因工作需要，每个月开一次，经常出现指标、内容都没有太大变化的情况。可以说是老生常谈，写得不好，就会让人感觉“年年岁岁花相似”。如何做到不雷同、有新意，确实需要下一番苦功。当时我们在分析经济指标方面，按惯例都是先写工业、农业、商贸的成绩，后写存在的问题。后来，我们就用排比句来进行技术处理，把成效和问题合一点写。如：新兴产业和传统产业产值一升一降，固定资产投资和外贸出口一喜一忧。

## 六、严审细核出精品

讲话稿写出来后，要反复修改、仔细推敲、打磨提炼。我的体会是：一方面，需要及时核对数字、提法，确保这些内容，准确有出处、观点无歧义，也请统计等部门帮助核对数字。一般来说，中央、省、市领导讲过的，党报提过的观点，可以采用。如果没有把握，宁可不用。另一方面，召集文字工作人员，逐段逐句诵读，往往一念，就会发现其中的病句、错别字等等。当然，有时候也请高手帮助修改。比如，《政府工作报告》《计划工作报告》《财政工作报告》三份报告付印前，都要进行最后的校对，防止相互之间的数字打架。

案例：

## 在 ×× 市家庭教育协会成立暨第一次会员代表大会上的讲话（初稿）

尊敬的 ××× 博士、各位领导、同志们：

大家好！

在这秋风送爽，丹桂飘香的金秋十月，我市家庭教育协会今天正式成立了。这是我市家庭教育事业发展进程中的一件喜事、好事。它的成立对于进一步推进我市家庭教育理论研究，传播正确的家庭教育理念，普及科学的家庭教育知识和方法，提升家长素质，推动我市家庭教育事业更上一层楼都具有十分重要的意义。在此，我谨代表 ×× 市妇联向协会的成立表示热烈地祝贺！对长期以来关心和支持我市家庭教育事业发展的各位领导、各界人士表示诚挚的谢意！

下面，我就进一步做好家庭教育协会工作讲三点意见：

一、充分认识新形势下做好家庭教育工作的重要性和紧迫性

近年来，儿童优先、尊重儿童、儿童参与等理念已成为国际社会的共识，我国自古就有重视家庭教育的优良传统，“孟母三迁”“岳母刺字”等教子范例世代流传。随着经济社会的发展，家庭物质文化生活状况的改善，广大家长普遍提高了对孩子的期望值，凸现了家庭教育的地位和作用。但我们也清醒地看到，随着改革的深入、社会的发展、各种传媒的相互作用，家庭教育呈现出需求多元化、内容多样化、环境复杂化等趋势，家庭教育工作也面临着许多新情况、新矛盾和新问题。随着社会成分、组织形式、就业方式和分配方式的多样化发展，出现了流动家庭、空巢家庭、单亲家庭、重组家庭等多种类型的家庭。许多家长平时忙于工作，缺乏与子女的必要沟通，把考上大学作为孩子的唯一出路和成才标准，只重视孩子的智力投资，忽视孩子的道德教育和人格培养；只重视孩子的学习成绩，忽视孩子的能力锻炼，特

别是网络、手机等媒体的普及，在给人们提供便捷快速的信息和知识的同时带来了一些负面的影响，更是增加了家庭教育的难度。这些问题都在一定程度上影响着儿童的健康成长。我们一定要充分认识到做好家庭教育工作对促进儿童健康成长、促进家庭、社会和谐稳定的重要意义，进一步增强责任感、使命感和紧迫感，充分发挥好家庭教育协会的作用，提高家庭教育水平，已刻不容缓。

二、加强组织领导，充分发挥好家庭教育协会的作用

2016 年 12 月 12 日习近平总书记在会见第一届全国文明家庭代表时强调："希望大家注重家教，家庭是人生的第一个课堂，父母是孩子的第一任老师，广大家庭都要重言传、重身教，教知识、育品德，身体力行、耳濡目染，帮助孩子扣好人生的第一粒扣子，迈好人生的第一个台阶。"中国妇女"十二大"确定的今后五年妇联工作的创新发展，提出了"紧紧围绕立德树人、培养德、智、体、美、劳全面发展的社会主义建设者和接班人，进一步明确妇联开展家庭教育工作的定位和任务，同教育部门一起统筹协调社会资源，支持服务家庭教育，积极推进家庭教育立法进程，完善支持服务体系，广泛开展'书香飘万家'等亲子阅读活动,因地制宜开设母亲教育讲堂,引导家长为孩子讲好'人生第一课'，帮助孩子扣好人生第一粒扣子。"这些都为我们进一步做好家庭教育工作指明了方向，提出了新的更高的要求。家庭教育协会作为联系政府与社会、家长的桥梁和纽带，要充分利用家长学校等渠道，向家长宣传未成年人思想道德建设的重要意义、主要内容和基本要求，帮助家长树立正确的家庭教育理念。要采取多种形式促进家庭教育知识的传播与实践，充分发挥社会教育资源，推进家庭教育进农村、进社区、进机关、进企业、进学校。利用网络、展板、公众号等多个渠道开展宣传，使家庭教育知识传遍千家万户。

三、整合资源，加强合作，形成共同关注家庭教育的良好氛围

社会发展进步到今天，家庭教育不再是私人领域的事情，它需要社会方方面面的关注、扶持和参与。《福建省家庭教育促进条例》已于

今年10月1日起正式施行，《条例》对家庭尽责、学校指导、政府推动、社会协同等方面做了明确规定。我们要进一步争取政府的重视和支持，推动家庭教育纳入社会事业发展大局、纳入政府公共服务体系，从政策、资源、人力、经费等方面为家庭教育的持续健康发展提供强有力保障。要加强与各相关职能部门特别是教育部门的合作，找准工作的结合点、切入点，密切配合，在资源上共享，在优势上互补，在工作上联动，群策群力把家庭教育目标任务落到实处。探索家庭教育工作平台，创新工作新思路、新办法，促进家庭教育工作进一步发展。要充分依托建在社区、乡村的“家长学校”等工作阵地，切实加强对广大家长的家庭教育服务，引导家长提升科学教养能力，承担好教养子女的责任和义务。总之，我们只有认真履行职责，积极构建学校、家庭、社会紧密协作的教育网络，才能营造有利于儿童成长的良好环境。

同志们，家庭教育工作是一项功在当代、利在千秋的事业，今后，市妇联将一如既往积极支持我市家庭教育和家教协会的发展。希望你们要以习近平总书记关于“三个注重”为指导，严格遵守章程，坚持党的教育方针和政策，坚持在法律和政策允许的范围内开展活动。认真研究解决家庭教育中出现的突出问题，积极探索家庭教育的新趋势、新规律，突出重点，积极推进家庭教育理论和实践创新，规范运作，不断增强协会的凝聚力、影响力和创造力，为进一步开创我市家庭教育工作新局面做出积极的贡献。

**点　评：**

这一篇文稿，存在以下几个方面的主要问题：一是“放之四海而皆准”。除了在标题上看出是××市家庭教育协会成立，其余内容，根本看不出与××市有任何关联，说白了，这篇文稿放在任何市、县的家庭教育协会成立大会都可以。二是政治站位不够。第一大点家庭教育的重要性，没有把与中央的要求联系起来，却放在第二大点的开头部分介绍。三是跑题，答非所问。第二大点，加强组织领导，发挥家庭教育协会的作用。只有家庭教育重要性的内容，却没有看到加强组织领导的内容。作为市妇联，本身也是党政部门，不宜提出争取政府的支持："我们要进一步争取政府的重视和支持，推动家庭教育纳入社会事业发展大局、纳入政府公共服务体系，从政策、资源、人力、经费等方面为家庭教育的持续健康发展提供强有力保障。"四是初稿的逻辑性和条理性欠缺。第二和第三大点，都讲家庭教育协会要怎么做，却没有市妇联对家庭教育协会工作有几点具体要求。

基于上述问题，我们经过认真思考，对文稿的框架和内容，进行了比较大幅度的调整。比如，首先，框架用了紧迫感和责任感、凝聚力和影响力、制度化和规范化三大点，比较有特色。其次，开头语中家庭教育协会成立的意义和 ×× 家庭教育现状，放到第二段阐述。第一大点紧迫感和责任感的语序，按中央、省的顺序，纠正了逻辑性和条理性不强的问题。另外，对协会成立后的工作重点和自身建设，分别提出强化合作、创新思路、营造氛围和建立制度、规范运作、廉洁自律的希望要求，我们把它们放到第二大点和第三大点阐述，解决了希望要求不清晰的问题。框架稿附后，供大家研究借鉴。

## 在 ×× 市家庭教育协会成立暨第一次会员代表大会上的讲话（定稿）

尊敬的 ××× 博士、各位领导、同志们：

大家好！

在这秋风送爽，丹桂飘香的金秋十月，我市家庭教育协会今天正式成立了。这是我市家庭教育事业发展进程中的一件喜事、好事。在此，我谨代表 ×× 市妇联向协会的成立表示热烈的祝贺！对长期以来关心和支持我市家庭教育事业发展的各位领导、各界人士表示诚挚的谢意！

以习近平总书记为核心的党中央高度重视家庭教育在儿童成长过程中的重要基础作用。近年来，在市委、市政府的高度重视和全社会的共同努力下，全市家庭教育工作取得良好成效，全市建立各类家长学校××个，创建省级示范家长学校××所，市级示范家长学校××所。0-18岁儿童家长家庭教育知识的受教育率城区达×%以上，农村达×%以上。这些都有力促进了我市家庭教育工作的健康发展。今天，××市家庭教育协会的成立，可谓正逢其时，这对于进一步推进我市家庭教育理论研究，传播正确的家庭教育理念，普及科学的家庭教育知识和方法，提升家长素质，推动我市家庭教育事业更上一层楼都具有十分重要的意义。借此机会，我对市家庭教育协会工作提几点希望：

一、把握方向，增强做好家庭教育工作的紧迫感和责任感

家庭是人生的第一所“学校”，家庭教育是国民教育体系的基石。2016年12月12日习近平总书记在会见第一届全国文明家庭代表时强调：“希望大家注重家教，家庭是人生的第一个课堂，父母是孩子的第一任老师，广大家庭都要重言传、重身教，教知识、育品德，身体力行、耳濡目染，帮助孩子扣好人生的第一粒扣子，迈好人生的第一个台阶。”中国妇女“十二大”确定的今后五年妇联工作的创新发展，进一步明确了妇联开展家庭教育工作的定位和任务。《福建省家庭教育促进条例》已于今年10月1日起正式施行，《条例》对家庭尽责、学校指导、政府推动、社会协同等方面做了明确规定。这些都为我们进一步做好家庭教育工作指明了方向，提出了新的更高的要求。希望市家庭教育协会进一步增强责任感、使命感和紧迫感，充分发挥好家庭教育协会的作用，把培育和践行社会主义核心价值观融入家庭教育全过程，为促进儿童健康成长、促进家庭、社会和谐稳定做出应有的贡献。

二、突出重点，提高协会的凝聚力和影响力

当前，家庭教育呈现出需求多元化、内容多样化、环境复杂化等趋势，家庭教育工作也面临着许多新情况、新矛盾和新问题。特别是网络、手机等媒体的普及，在给人们提供便捷快速的信息和知识的同时带来了一些负面的影响，更是增加了家庭教育的难度。希望市家庭

教育协会以此为契机，突出重点，强化合作，创新思路，千方百计扩大协会的凝聚力和影响力。

（一）强化合作。

（二）创新思路。

（三）营造氛围。

三、依法依规，坚持协会工作制度化和规范化

（一）建立制度。

（二）规范运作。

（三）廉洁自律。

## 第三节 分门别类 唱好“五首歌”

对部署类的讲话稿，我们从讲话的场合、对象、用途、内容等等来划分，这里从讲话稿的内容，把它们分成综合、专题、动员、传达、其他五个类型，这样每类讲一个侧重点，可能容易让大家理解和掌握。

### 一、综合会议类

顾名思义，具有两个以上的议题内容，我们如何来谋篇布局，排兵布阵。分别举两个案例来说明。

**案例一：**

在全市经济工作会议上的讲话

×××

（201× 年 1 月 12 日）

同志们：

市委三届十五次全会刚刚闭幕，我们紧接着召开全市经济工作会

议，主要任务是贯彻落实党的十八届四中全会、省委九届十二次全会和中央、全省经济工作会议精神，按照市委全会要求，全面部署安排今年经济工作。等下，×××书记还要作全面部署，大家要认真抓好贯彻落实。

刚刚过去的201×年，面对复杂多变的宏观环境和经济下行压力，全市上下在市委的坚强领导下，认真贯彻落实中央和省委、省政府的一系列决策部署，凝心聚力、奋发进取，着力稳增长、调结构、促改革、惠民生，全市经济社会发展保持稳中有进的良好态势。预计全年生产总值1370亿元、增长11%左右；规上工业总产值2680亿元、增加值635亿元，分别增长15.6%、15.3%；公共财政总收入140.37亿元、增长11.6%，地方公共财政收入98.92亿元、增长11.5%；固定资产投资1170亿元、增长25%;出口总值36亿美元、增长27%,实际利用外资1.74亿美元、增长20%，社会消费品零售总额387亿元、增长12.5%，居民消费价格涨幅控制在2%以内，城镇居民人均可支配收入26350元、增长10%，农民人均可支配收入11294元、增长12.5%。

今年是全面深化改革的关键之年、全面推进依法治市的开局之年，也是“十二五”收官之年和“十三五”谋篇之年。中央经济工作会议明确指出，要辩证认识、准确把握、主动适应经济发展新常态，顺应经济增长从高速到中高速的转变，着力推动经济发展方式从规模速度型增长转向质量效率型增长，经济结构从增量扩能为主转向调整存量、做优增量并存的深度调整，积极培育新的增长点，实现经济发展动力的转变。全市上下要认真贯彻市委对今年经济工作的总体要求，保持战略定力，把握机遇，聚集能量，引领新常态，实现新突破，推进科学发展加快发展。要坚持发展速度与质量效益并重,统筹“好”与“快”的关系，做实项目、做实产业、做实收入，在“好”的基础上，实现持续地“快”。要坚持稳中求进与改革创新并行,树立“发展是第一要务，改革是第一出路”的理念,用改革的精神、思路和办法来激发市场活力，增强发展后劲，推进转型升级，促进民生改善，打造升级版产业和普惠化民生，保持“稳中有进、稳中向好”的发展态势。要坚持产城融合与生态文明并进，坚持以城促产、强产兴城、产城融合、协调发展，坚持生态优先、绿色转型、资源节约、循环发展，努力打造宜居城乡环境、绿色低碳产业。要坚持依法行政与转变作风并举，始终坚持在法治轨道上开展工作，依法全面履行政府职能，促进机构、职能、权限、程序、责任法定化；始终坚持走群众路线，持之以恒反“四风”、转作风，办好惠民实事，提高机关效能，优化政务环境。

市委确定，今年全市经济社会发展的主要预期目标是：生产总值增长11%，力争12%；规上工业总产值和增加值分别增长15%；公共财政总收入增长11%，地方公共财政收入增长10%；全社会固定资产投资增长25%；外贸出口增长20%，实际利用外资增长20%；社会消费品零售总额增长13%，居民消费价格总水平涨幅控制在3%以内；城乡居民人均可支配收入分别增长10%、12%；城镇登记失业率控制在4%以内；人口自然增长率控制在9.5‰以内；完成单位生产总值能耗、化学需氧量、二氧化硫、氨氮、氮氧化物等年度节能减排任务。

围绕今年发展目标，重点要抓好八个方面工作……

## 点　评：

这是一份年度工作部署会的讲话稿，一般年初的时候，每个机关企事业单位，都需要准备这种材料，对去年的工作进行回顾总结，对今年的工作进行部署。由于，书记等一下还要讲话，我们把握市长在全市经济工作会议讲话材料的总体方向时，一定要清楚站位，书记讲宏观形势，讲总体要求，市长作具体部署，而且不能与书记的讲话冲突。比如，公司董事长讲宏观、总经理讲具体部署是一样的道理。

这类稿件，有两种处理方式：一是三段式，回顾总结部分、部署今年工作、抓落实和年初工作。二是多项式，把去年总结和今年思路目标简单概括放到开头部分，然后对今年工作分点阐述。主要是总结部分，一把手一般会分点展开讲，我们这样处理就会避免与一把手讲话雷同。

我们分析一下开头部分的结构，第一段导语主要讲会议的任务；第二段简要回顾一年的工作及指标完成情况；第三段用“四个坚持”，即坚持发展速度与质量效益并重，坚持稳中求进与改革创新并行，坚持产城融合与生态文明并进，坚持依法行政与转变作风并举”，既写出了今年工作中需要把握的四个问题，这是写这种讲话材料容易出彩的地方，又非常巧妙地与一把手讲话稿的总体要求进行了呼应。第四段提出了今年的经济指标，这是市委确定的指标，必须强调，同时，也为后续部署今年工作进行衔接和铺垫。

至于部署今年的工作，讲话稿分成八大点来阐述，我选取有特色的两点解读一下。

一、优化投资导向，持续深化项目带动（略）

二、强化产业支撑，加快推进转型升级

推进科学发展加快发展，关键在产业，主体是企业。要坚持抓龙头、铸链条、建集群，加快存量改造，促进增量优化，努力打造 ×× 产业升级版。

**点　评：**

这一段，相当于一篇文章的导语，第一句讲意义；第二句提出打造 ×× 产业升级版总的要求，这也是一些讲话稿的基本套路，我希望大家学习借鉴。当然，也可以开门见山，直接切入，直奔主题。

接下来，围绕产业讲了三点，分别是：一是全力稳住工业大盘；二是加快发展第三产业；三是积极培育产业龙头，每一点又分了几个小点来阐述。这是非常典型的大点套小点，从中大家可以感悟两点：一是写大材料并不难，学会搭基本的框架最重要；二是每一点大胆写，不要跑题就行。比如，讲产业，你就写产业，把产业有关的二产三产纳进来就行。也许有的人会问，那一产怎么办？主要考虑一产是农业内容多，必须分点处置，有时候，也可以把一产放到一起写。

（一）全力稳住工业大盘。要着眼于工业提质扩量，加强运行调度，千方百计稳定工业增长态势。一要培育新增长点。对169个新增长点项目，要加强跟踪服务，促其尽快投产达产、发挥效益。重点要加快××核电3-4号机组、鼎信系列项目、鼎信400系超纯不锈钢、宏旺不锈钢冷轧、甬金不锈钢冷轧、浦众不锈钢制品、联德镍合金、天冠燃料乙醇、新能源科技锂电池扩能、榕屏化工扩建一期、古田铁王精密铸造三期、周宁三嘉棒材、寿宁电熔氧化锆系列产品、柘荣广生堂新药制剂、福鼎立新船舶修造、霞浦延亭风电、鲁花食用调和油等项目建设。二要强化创新驱动。对接省里即将出台的互联网与工业融合发展政策措施，实施一批“两化”融合示范项目，重点推进新能源汽车、高性能伺服电机的开发，加快壮大新能源、新材料、新医药产业，着力培育新产业、新业态。支持企业承担重大科技专项等创新项目，利用好“6•18”等平台，加快5个科技孵化器建设，促进科技成果产业化。实施新一轮技改提升工程，突出抓好100个投资3000万元以上重点技改项目，力争技改投资增长10%以上。三要提高服务企业水平。突出政策帮扶，全面落实现有政策，适时出台有效措施，继续实施“一企一策”“一业一策”，加大对重点企业、重点行业的扶持力度。强化运行调度，持续深化“三千”活动，实行一月一汇总一协调，及时帮助企业解决具体困难和问题。

（二）加快发展第三产业。第三产业是我市的短板，要实现今年经济增长目标，服务业发展必须要有新突破。一要抓房地产业。用足用好国家和省、市出台的房地产新政，强化土地供应和金融支持，力争完成房地产投资230亿元。鼓励开展多种形式促销活动，进一步释放刚性需求，促进房地产市场健康发展。二要抓旅游业。重点打造以世界地质公园为龙头的精品线路、以美丽乡村为主体的特色线路，大力培育自驾游、休闲游等新兴业态。加快推进卓达•屏南白水洋度假区、太姥山养生休闲基地、古田临水宫景区开发、寿宁闽台田园山庄、蕉城九都贵村自驾车营地等项目建设，完善吃住行游购娱设施。三要抓商贸物流业。着力推进各类批发市场、物流园区、商业综合体等项目建设，鼓励大型零售企业与金融机构合作开展信用消费业务，支持开展各类便民促销活动，加大消费维权力度，营造良好消费环境。深入研究互联网经济，大力发展电子商务，支持电商企业向农村延伸业务，促进更多宁德农副产品进入渤海商品交易所。四要抓新兴服务业。鼓励发展养老、家政、健康养生等业态，促进金融、物流、服务外包等生产性服务业在更高水平上与实体经济融合发展。特别要落实金融支持实体经济政策，支持各银行业金融机构拓展业务、创新产品，积极稳妥发展融资性担保机构。

（三）积极培育产业龙头（略）

三、注重培育特色，提高强农扶贫实效（略）

四、统筹城乡发展，扎实推进新型城镇化

城镇化是现代化的必由之路。要按照“人进城、建好城、管好城”的要求，扎实推进以中小城市和城镇为重点的新型城镇化。

**点　评：**

这一点的开头和第一大点开头一样讲意义、讲大的要求。

（一）突出规划提升（略）

（二）突出人口集聚（略）

（三）突出产城融合（略）

（四）突出环境整治。城市“三分建七分管”，在某种意义上，“管好城”比“人进城，建好城”更为困难。深入实施宜居环境建设行动计划，延伸拓展“点线面”攻坚和美丽乡村建设，提升城镇“三边三节点”整治水平，改善美化全市城乡环境面貌。持续推进“两违”综合治理，坚持露头就打、出土就拆，实行零容忍，实现零增长，完成拆违面积370万平方米。采取规划一步到位、分期实施改造的方式，加快棚户区、危旧房改造。完善常态化管理机制，积极整合城市资源，理清城市管理职责，推进城市管理综合执法。要聚焦群众反映强烈的突出问题，狠抓城市管理顽症治理，尤其是要加大力度整治“脏乱差”、交通秩序混乱、违章占道经营等城市不文明行为。

### 点　评

这个小点和前面的小点不太一样，没有分点，但我记得在本书开篇的第一章，就说到这个问题，即这里虽然没有分点，实际还是有分点的，你看第一段，讲城市建设管理的重要性，讲总的要求，即“三分建七分管”。另外，这种讲“总”的写法，起引领整个小点的作用，也有高度，因此比较常用。第二段讲深入实施宜居环境建设行动计划。第三段讲持续推进“两违”综合治理。第四段讲旧城改造。第五段讲完善常态化管理体制。第六段讲治理城市“脏乱差”。由此，我们还是以前的结论：写文章，必须把小学时老师曾经教我们的按段落、按逻辑关系，条理分明逐点描述的写作方法，放到这里来灵活运用。

五、深化改革开放，增强发展活力动力（略）

六、加强环境保护，着力建设美丽家园（略）

七、突出普惠公平，切实保障和改善民生（略）

八、科学谋篇布局，认真编制“十三五”规划（略）

借此机会，强调一下岁末年初的相关工作：一是抓好生产调度。组织好冬春农业生产、工业生产调度和项目施工安排，确保实现元月和首季“开门红”。二是抓好安全生产。突出抓好道路交通安全、消防安全和防范雨雪冰冻灾害工作。三是抓好“两违”整治。强化巡查监控，保持高压态势，坚决遏制春节期间抢建风。四是抓好民生保障。强化春运组织，保障城乡市场供应和食品安全，督促企业及时足额兑付职工特别是农民工工资，开展各类走访慰问活动，妥善安排好困难群众生活。五是抓好廉政建设。认真贯彻执行中央八项规定精神和省委、市委有关规定，不收不送，厉行节约，廉洁过节。

**点 评：**

由于，年初部署工作，一般都需要强调一下岁末年初的相关工作，而这一部分内容篇幅较小，谋篇布局时可以放到最后用一小段单独处理。

**案例二：**

## 在1—2月全市经济运行分析暨重点项目调度会上的讲话

×××

（201×年3月×日）

同志们：

春节长假刚过，就召集大家开会，研究分析1-2月全市经济运行和重点项目建设情况，安排部署下一阶段工作任务，目的就是希望大家迅速调整好心态、状态，全身心投入工作，集中精力抓生产、抓调度、抓项目、抓投资，确保实现首季“开门红”。×××书记对当前全市经济运行情况十分关注，要求节后尽快调度推动，一天也不能放松。刚才，市发改委、经信委和财政局通报了相关情况，分析形势和问题比较全面到位，提出的工作建议也很有针对性；各县（市、区）和××开发区管委会汇报了1-2月经济运行情况，反映的问题既有共性的，也有个性的，提出的措施也比较实在可行。希望大家真抓实干、苦干巧干，合力攻坚、狠抓落实。这里，我强调三点意见。

一、客观分析走势，保持清醒、坚定信心

总的来看，1-2月全市经济运行总体保持稳中有进的态势，主要特点是“开局平稳、有喜有忧”。

喜的方面：一是重点产业稳步增长。二是重点项目支撑有力。三是外资外贸快速增长。

忧的方面：一是实体经济仍较困难。二是增收形势不容乐观。三是部分项目滞后进度。

从1-2月运行态势看，与之前我们的预测分析基本一致，发展的外部环境更加复杂，经济发展面临的困难更多、压力更大，传导到经济基本面，表现为增速放缓、财政减收。对此，我们要正确认识、积极应对，充分发挥政府和市场“两只手”的作用。一方面，要坚持问题导向，政府要有效引导、支持和服务企业，增强企业发展信心，引导企业抓住机遇，扩大适销产能，调整结构，淘汰落后产能，促进转型升级；另一方面，通过市场的手，倒逼企业加快技改、优化重组，挖掘自身潜力，激发内生动力，遵循市场规律，适应新常态带来的新变化、新挑战，实现新发展。

二、盯紧目标任务，科学调度、力保序时

今天是3月2日，距离一季度末只有不到30天时间。以往这个会应该是在10号左右各项指标数据统计出来后开，但从一些先行指标和预计情况看，差距大、任务重，我们真有一种“坐不住”“等不起”的感觉，必须全力以赴抓调度、赶序时、追进度，保质保量完成目标任务。

（一）抓企业复工投产。企业有信心，政府更要做好服务，合力推动实体经济加快发展。一要帮助企业解决困难。二要支持企业转型升级。三要支持企业开拓市场。

（二）抓重点项目建设。一要抓好工业投资。二要抓好基础设施投资。三要抓好民生项目投资。四要抓好项目调度服务。五要加大招商力度。

（三）抓要素保障。一要努力破解资金瓶颈。二要保障用地用林用海需求。三要抓好环评审批。

（四）抓内需市场拓展。

（五）抓春耕农业生产。

（六）抓财税工作。一要强化收入组织。二要抓好财税优惠政策清理。三要加强支出管理。

（七）抓重点领域改革。一要推动军民融合深度发展取得实质性进展。二要加快转变政府职能。三要积极推进“镇级市”试点和省、市试点镇建设。四要深化医药卫生体制改革。五要稳妥推进农村改革。

三、加强组织领导，转变作风、提高效能

今年工作的目标要求、工作重点都已明确，现在的关键在抓落实。各级各部门要按照市委、市政府的部署安排，强化执行力，确保任务完成、目标实现。一要强化责任落实。二要强化服务保障。三要强化工作落实。四要强化社会稳控。

总之，希望各级各部门和全体干部要进一步振奋精神、鼓足干劲，咬住目标不放松，确保实现首季“开门红”，为完成全年目标任务奠定坚实基础。

**点　评：**

案例二，是市长在1—2月经济运行分析会暨重点项目调度会上的讲话。之所以举这个案例，主要是考虑到，很多机关企事业单位，经常有类似的月调度（月部署）、季调度（季部署）会。这个案例是比较典型的三段式结构，大家在写作过程中可以参考。导语部分，由于市长是后面讲话，所以除了讲开会的目的以外，还介绍了发言单位。第一大点，讲1—2月的经济运行情况，用“喜忧参半”来点题。第二大点，对冲刺第一季度的工作进行了具体部署，强调“八个抓”。第三大点，讲保障措施，强调“四个强化”。具体的写作方法，这里就不展开了。

**二、专题会议类**

专题会议类，一般指单项工作。就市政府而言，像财政、工业、商贸、教育、卫生健康、农业农村、城市建设等，都是单项工作。但就相对应的机关企事业单位，上述内容可能不算单项工作，我以为，机关企事业单位的内设业务科室负责的工作，才是单项工作。比如，林业局的森林防火、造林绿化、林权改革，公安局的治安、禁毒、刑侦等等，应属于单项工作的范畴。由此，召开的会议，我们姑且命名为专题会议。这样，方便大家在学习中寻找参照系。

说到旅游，大家都不陌生。随着生活水平的提高，出外旅游的人越来越多。这些年，我经常受邀给导游班的学员授课，主要讲授宁德的市情和发展战略，20多年的文字工作生涯，我学习了宁德市历史文化知识，见证了宁德发展的几个重要阶段，比如，开发三都澳、建设新宁德发展战略的形成过程，这些留待第四章讲汇报材料时再展开，这里卖个关子。我顺便说两个小故事。若干年前，我曾经接待过一位社会学方面的专家，他告诉我，当你第一次去异地旅游，需要了解这个地方地名的由来、它的民俗文化、特色饮食。比如宁德两字的由来？我们到洛阳，就要尝尝洛阳水席等等。还有一个小故事，有一次，省长到宁德调研，需要提供旅游方面的素材。我记得，当年我们能提供宁德旅游方面的情况，就是虽然旅游景点多，但交通不方便、宣传不到位。如今，随着交通基础设施的极大改变，宁德的旅游已是今非昔比。但适应这种新形势、新态势，确实需要再添一把柴、再加一把火。因此，市长牵头召开的全市旅游工作会议，也就顺理成章。接下来，我们分点分段解析一下。

### 案例三：

## 在市旅游产业发展领导小组成员暨全市旅游工作会议上的讲话

×××

（201×年3月23日，根据录音整理）

同志们：

今天下午，我们在这里召开市旅游产业发展领导小组成员暨全市旅游工作会议，主要目的是贯彻落实全国、全省旅游工作会议精神，回顾总结 201× 年全市旅游工作情况，安排部署今年工作任务。等下，××× 局长将作全面总结和工作部署，我们还专门邀请了北京巅峰智业旅游文化创意有限公司的 ××× 博士，就 ×× 市旅游产业如何创新提升进行专题辅导，机会难得，希望大家认真听讲、深入思考，对照 2015 年全市旅游工作要点，将今年旅游工作任务项目化、具体化，落到实处。这里，我先讲三点意见：

**点　评：**

案例三，是一份专题会议的讲话稿，从写作的角度，与综合类讲话稿并没有太大区别，只不过它涉及的是旅游行业方面的内容，相当于一个单位的单项工作，这样在写作过程中，相对比较具体。开头部分，与前面的案例二文字处理方法基本一样，逻辑顺序是先讲会议的目的，再讲会议的议程，与案例二不同的点是：这一份是市长先讲，案例二是市长后讲，因此，分别用“等下”“刚才”这样的语言来过渡。这是一个小技巧，希望大家掌握。接下来，讲了三点意见，一是总结成绩，研判形势，准确把握旅游产业发展新常态；二是抢抓机遇，乘势而上，全力推动宁德旅游新发展；三是加强领导，凝聚合力，激发旅游产业改革发展新动力。这里，请大家注意三点提纲的模式，前面各四个字，后面各一句话。有时候，前面各三个字或六个字都有。这种格式，比较常用，大家需要学习。此外，写小点的时候，最方便、最好用的是四个字，但是不容易出彩，初学公文写作，不妨先从上面的模式开始。

一、总结成绩，研判形势，准确把握旅游产业发展新常态

过去的一年，全市旅游系统认真贯彻落实市委、市政府工作部署，全力抓项目、抓配套、抓营销、抓环境，在经济下行压力下，实现了旅游产业的持续较快发展：一是旅游综合实力不断增强。（略）二是旅

游品牌影响力持续提升。（略）三是配套设施逐步完善。（略）四是发展氛围更加浓厚。（略）成绩来之不易，在此，我代表市政府，向全市旅游系统的同志们表示衷心的感谢！

看到成绩的同时，也要看到我市旅游产业总体发展水平还比较低，对旅游文化内涵的挖掘不够深，景区景点建设水平还不高，配套设施不完善，旅游接待能力和服务水平还有待提升，×× 旅游的品牌影响力还不够大，丰富的旅游资源还没有很好地转化为现实生产力和经济竞争力。这些既是不足，也是潜力，我们要正确认识，抓住重点，突破难点，加快发展，使旅游产业成为 ×× 的新兴支柱产业。

当前，我国经济发展已经步入新常态。我们要认真研究和把握新常态下旅游产业发展的规律、特征，研究旅游产业的新功能、新趋势和新目标，充分发挥旅游产业对适应新常态、引领新常态的重要作用。一要认识旅游产业新功能。（略）从发展方式看，（略）从发展目标看，（略）同时，旅游倡导健康生活、促进文化交流、增进各方友谊，是提高人民生活水平、构建和谐社会的重要抓手。二要把握旅游产业新趋势。主要体现在四个方面：一是旅游消费大众化。（略）二是旅游融合深入化。（略）三是旅游要素多样化。（略）四是旅游经营龙头化。（略）

**点　评：**

第一大点，共分三个自然段，虽然没有写标题，但它们之间的逻辑关系是非常紧密和清晰的。第一自然段总结过去一年全市旅游工作成效，开头用一小段阐述“全市旅游系统认真贯彻落实市委、市政府工作部署，全力抓项目、抓配套、抓营销、抓环境，在经济下行压力下，实现了旅游产业的持续较快发展”，然后总结四点成效。第二自然段讲存在问题，共六个问题，大家可以搜一下。第三自然段从上面的两个自然段中引出当前我市面临的形势，用新功能、新趋势、新目标来点题。我希望大家从中掌握如何处理总结和形势部分的文字特点，为我在第九章专门讲述总结材料的写法埋下伏笔。

二、抢抓机遇，乘势而上，全力推动××旅游新发展

近年来，旅游业发展得到各级党委、政府的高度重视，国务院先后出台了《国民旅游休闲纲要》和《关于促进旅游业改革发展的若干意见》，省委、省政府提出要推进旅游“全域化”，打响“清新福建”品牌。特别是我市赤溪村旅游扶贫工作得到国家和省里高度关注和大力支持，3月12日省政府在赤溪村召开全省美丽乡村建设暨乡村旅游工作现场会，×××副省长到会作了重要讲话，省住建厅×××厅长和旅游局×××局长作了指导性讲话，明确了美丽乡村建设和乡村旅游发展的指导意见和扶持措施，使我们深受启发和鼓舞。各级各部门要把思想和行动统一到国家和省市党委、政府的决策部署上来，抓住机遇，乘势而上，主动作为，全力推动我市旅游业转型升级、提质增效，力争2015年全市游客接待量增长18%以上、旅游总收入增长20%以上，不断提高我市在全省旅游接待量和收入中的比重。

（一）坚持高起点规划。发展旅游产业，要想多留赞叹、少留遗憾，必须要有高水平的规划做指导。《××市旅游产业创新提升规划》正在编制中，福安、古田、霞浦等地也在编制相关旅游规划，要上下衔接、抓好抓实。一要突出前瞻性。（略）二要突出可行性。（略）三要突出特色性。（略）

（二）加快融合式发展。要围绕旅游市场多元化、多样化需求，在发展传统观光旅游的同时，大力发展旅游新业态，着力打造一批健康养生、休闲度假、会展商务、乡村民宿等新型旅游业态和产品，推动文化旅游、农业旅游、工业旅游、商贸旅游以及旅游物流业、旅游信息业、旅游广告业等发展。要把推进旅游和文化融合发展作为重点，充分挖掘我市独有的红色文化、廉政文化、海洋文化、畲族文化、茶文化、廊桥文化、信俗文化等内涵，策划项目和卖点，在景区打造、宣传营销、设施配套、商品开发、接待服务等方面注入文化元素。要

继续实施“六个一工程”，利用传统技艺和现代技术，对历史文化遗迹和地方文化资源进行挖掘整理和创意开发，在注重原真形态展示的基础上，通过科学开发、编排策划，打造具有浓郁地方特色的文化旅游产品。

（三）推进全链条开发。以项目为抓手，围绕“吃住行游购娱”“商养学闲情奇”等要素，高品位、高水平开发各产业链条，做到吃有地方性、住有舒适性、行有趣味性、游有愉悦性、购有特色性、娱有参与性，并在商务、养生、研学、休闲、情感和探奇等新领域开发新项目、满足新需求、拓展新要素。今年全市共安排三大类111个旅游项目，各地要认真对接、抓紧推进。一要抓好“点”的打造。（略）二要抓好“线”的串联。（略）三要抓好“面”的覆盖。（略）

（四）加强软环境建设。旅游是典型的“口碑产业”，能否赢得游客、赢得市场，关键要打造良好的旅游软环境，提高旅游服务质量，以此增强宁德旅游的美誉度和竞争力。一要推进标准化工作。（略）二要提高信息化水平。（略）三要加强常态化监管。（略）

（五）提高大营销水平。旅游经济是“眼球经济”和“注意力经济”，宣传促销尤为重要。一要强化整体营销。（略）二要办好旅游活动。（略）三要抓好媒体促销。（略）

**点　评：**

第二大点是文章的重中之重，也涉及专项工作，如何部署的问题。我想有这几个特点，需要在研究材料时捕捉。

第一，从体例看，导语阐述完以后，分成五个点进行部署，即（一）坚持高起点规划。（二）加快融合式发展。（三）推进全链条开发。（四）加强软环境建设。（五）提高大营销水平。可以看到旅游规划、旅游产品、旅游要素、旅游环境、旅游营销，包含了旅游工作的方方面面。我们可以做这样的联想，实际上，这也是一个单位专项工作的方方面面。希望大家能够举一反三，悟深悟透悟精这一大点，可以将其作为专项类讲话稿的一个模板。

第二，从导语看，从党中央、国务院，省委、省政府，省厅的重视，引出我市旅游产业的发展目标，符合这类文章的基本要求，高度体现在重视程度，然后先有目标，才有办法展开部署。

第三，从规划看，无论是城市建设、农业农村工作，还是文明城市创建、生态环境建设等等工作，都离不开规划。这是各项工作尤其是产业发展、城市建设的前提条件，所以请注意写这类文章时，这是其中绕不开的话题，而且必须先说为快。因此，这里突出弹调前瞻性、可行性、特色性。

第四，从工作重点看，既有传统与新型旅游业态的融合，又有与周边地区的联合、旅游硬环境的建造；既有传统的“吃住行游购娱”旅游六要素，又有“商养学闲情奇”的六新要素，打造点线面旅游的结合；既有旅游软环境的营造，又有旅游营销活动的策划。应该说，这里对旅游的各项重点工作，都提出了明确要求。因此，提醒我们在撰写材料的过程中，务必要有大局意识，顾及各项工作的重点、难点、热点。

第五，从加快融合式发展这一点看，分别有三个小点，请大家从中找出来分别阐述了什么内容。

三、加强领导，凝聚合力，激发旅游产业改革发展新动力

旅游关联产业多、覆盖范围广，必须多部门联动、跨区域协调，持续拓展“大旅游、大产业、大市场”格局。

一要加强组织领导。（略）

二要突出改革创新。（略）

三要用好用足政策。（略）

同志们，发展旅游产业机遇难得、前景广阔。各级各部门和全市旅游系统要解放思想、开拓创新，以新思路谋划新发展、以大融合凝聚新合力，推动我市旅游产业发展上新台阶，为 ×× 科学发展、加快发展做出更大的贡献！

点 评：

第三大点，主要是讲保障机制，从加强领导、改革创新、用好政策三个方面阐述，这也是一般材料的套路，有时候只讲抓落实，希望大家在写材料过程中灵活掌握，唯其如此，方能以不变应万变。

## 三、动员会议类

在机关企事业单位的日常工作中，经常会接触到一些突击性、攻坚性的重点工作。比如，争创文明城市、清理规范海上养殖、城市环境综合整治等等，这时候，就需要召开动员部署会，动员相关人员广泛参与，形成强大的氛围。我觉得，这一类型的讲话稿，主要从讲认识方面着墨，突出重要性、紧迫性，然后提出具体的部署措施。

案例四和案例五分别是市长在全市创建省级卫生城市大会和行政审批制度改革动员大会上的讲话，我只讲第一大点的认识部分，其余只列或未列框架，主要是考虑到这些内容，在前面部分已经讲过，大同小异，不再重复。

案例四：

一、充分认识重要性和紧迫性

卫生城市是评价和反映一个城市整体发展水平和文明城市程度的综合性标志，只有具备了配套齐全的基础设施，整齐清洁的市容市貌、畅通有序的人流物流、规范优质的服务水平，城市才有凝聚力和吸引力，才有加快发展的基础和保障。一是从全省看。全省9个设区市中，只有××不是省级卫生城市，而且除莆田、龙岩、南平外，其他设区市都已升格为国家级卫生城市。可以说，创建省级卫生城市已经成为我们必须要干，必须干成的一件大事。二是从发展要求看。我们下大力气开展创建省级卫生城市活动，绝不仅仅只是为了争一份荣誉、争一个牌子，而是要通过创卫，更好找准城市建设与管理上的差距，进一步提升城市品位，营造适宜创业发展，适宜生活居住的生态城市环境，为加快 ×× 发展奠定良好的基础。三是从创卫指标上看。随着省级卫生城市创建工作的不断深入，验收标准越来越高，考核指标越来越细，稍有疏忽和闪失，某个方面工作不细致，检查验收中就可能会被扣分。四是从创卫基础上看。我市创卫基础仍较薄弱，城市基础设施不够健全，城区一些地方脏乱差现象严重；城中村和城乡结合部、背街小巷垃圾日产日清不够及时，市容环境卫生不容乐观，违章搭盖现象在一些地方仍然存在；城市特别是老城区交通秩序比较混乱，交通拥堵、机动车违章行驶、违章停放现象时有发生；早、夜市摊点占道经营，无证经营，小饮食店的“店前灶”问题较为突出；宣传工作不够深入，市民文明健康行为，还没有真正形成，认识创建、参与创建、支持创建的积极性还不高，创建氛围不浓厚，等等。对此，我们要高度重视，切实提高创建省级卫生城市重要性和紧迫性的认识，紧扣创卫薄弱环节，抓重点、攻难点，全力以赴推动创卫工作顺利开展。

二、切实把握创卫目标和工作重点。一要紧盯创卫考核目标。二要突出抓好专项整治。三要完善卫生基础设施。四要统筹整治村镇环境。五要广泛宣传发动群众。

三、坚决抓好责任落实和投入保障。一是责任要到位。二是投入要到位。三是督查要到位。

**点　评：**

一般来说，这种会议，市委书记都有参加，并讲话，所以在处理市长讲话稿的认识部分时，要注意避免与书记雷同，书记从中央、省里的更高站位多说，市长要从具体的要求切入，也可以不展开说认识，只在存在问题上下功夫。案例四，从全省、发展、指标、基础四个方面，讲了重要性和紧迫性，大家可以借鉴，并在撰写单位领导类似讲话稿时，按主讲人和次讲人的角度，把握材料的的撰写方向。

## 案例五：

一、进一步提高思想认识。行政审批制度改革是改革行政体制、转变政府职能的突破口和重要抓手，对于完善社会主义市场经济体制、促进经济社会发展、维护人民群众利益，都具有重要意义。首先，深化行政审批制度改革，是创新政府管理的必然要求。政府的权力源自人民，政府的职责是为人民服务，要牢固树立为人民服务的意识。当前，行政管理体制改革总体仍滞后于经济社会的发展，政府职能转变不够到位，行政缺位、越位、错位的现象仍然不同程度存在。必须通过深化行政审批制度改革，把不该由政府机关审批的事项坚决减下来，把企业的投资决策权和生产经营权真正交给企业，把应该由群众自治的事情交给群众自己依法办理，使政府从繁琐的微观事务中摆脱出来，转到宏观调控、制定规划、实施监督、强化服务上来。其次，深化行政审批制度改革，是优化发展环境的迫切需要。当前，国家对资源开发、节能减排和优惠政策的约束越来越紧，在这种形势下，服务环境越来越成为一个地区的品牌和竞争力，政府的行政效率已成为吸引外来投资的重要甚至是决定性因素。环境决定发展，服务创造优势，"公章盖不出生产力"，要提高政府工作人员的素质，亲力亲为，提升服务，优化软环境。面对区域竞争不断加剧的压力，我们必须通过深化行政审批制度改革，切实改善政务环境，提高行政效率，降低企业商务成本，吸引更多更好的生产要素集聚，促进全市经济更好更快发展。第三，深化行政审批制度改革，是打造法治政府的重要内容。行政审批是政府配置资源的一种手段，是法律赋予各级政府及部门的职责和权力。但个别工作人员利用职权吃拿卡要、推托顶慢，谋取不当利益，妨碍公平竞争，不仅影响了政府形象，而且损害了发展。必须通过深化行政审批制度改革，进一步规范行政审批行为，建立结构合理、配置科学、程序严密、制约有效的权力运行机制，让权力真正在阳光下运行，促进依法行政，提高工作效能，树立政府良好形象。

**点 评：**

行政审批工作，是政府的一项重要职能。一般来说，行政审批制度改革会议，市长是主讲人。因此，讲认识的写作方法，就会从层次比较高的方面切入：首先，深化行政审批制度改革，是创新政府管理的必然要求。其次，深化行政审批制度改革，是优化发展环境的迫切需要。第三，深化行政审批制度改革，是打造法治政府的重要内容。

必然要求、迫切需要、重要内容，这样的句式，也是写认识时常用的。认识主要是辩证说理，属于哲学范畴，通俗讲，就是我们中小学学习议论文的三要素：论点、论据、论证。论点是解决"需要证明什么"。比如，论点是深化行政审批制度改革，是创新政府管理的必然要求；论据是解决"用什么来证明"，比如，"政府的权力源自人民，政府的职责是为人民服务，要牢固树立为人民服务的意识。当前，行政管理体制改革总体仍滞后于经济社会的发展，政府职能转变不够到位，行政缺位、越位、错位的现象仍然不同程度存在。"论证是解决"怎样证明"。论证是用上述论据来证明论点的方法，这里用先讲道理、后摆事实。如果，先摆事实、后讲道理，即改成"当前，行政管理体制改革总体仍滞后于经济社会的发展，政府职能转变不够到位，行政缺位、越位、错位的现象仍然不同程度存在。政府的权力源自人民，政府的职责是为人民服务，要牢固树立为人民服务的意识。"语序变化了，逻辑关系就颠倒了，文章条理性就乱了，这是我们在论证过程中需要把握的。记住数学推理常用的一句话：句句有据、步步可证。

同时，后半段的结论是："必须通过深化行政审批制度改革，把不该由政府机关审批的事项坚决减下来，把企业的投资决策权和生产经营权真正交给企业，把应该由群众自治的事情交给群众自己依法办理，使政府从繁琐的微观事务中摆脱出来，转到宏观调控、制定规划、实施监督、强化服务上来。”阐述了必须怎么做，是呼应前面的论点。还要注意，结论尽量不要太长，多用必须、少用我们要，尤其是不能写具体的要求，否则就会与后面大点要讲的措施办法冲突。

## 四、传达会议类

传达中央、省、市有关会议精神，是文字工作者需要经常完成的工作。写到这里，我想起 2003 年非典期间的一件往事。当时，市长在福州开会，八点接到市长电话，九点半要在 ×× 开一场防控非典疫情的紧急会议。在这么短的时间内，要完成一篇讲话稿，真的是时间紧、任务急，最重要的是看你平时积累的公文写作功夫和资料。当时，我不会打字，也不会上网，更不懂得找度娘，先写稿再打字也来不及。应急自要有应急的超常规措施。唯一的途径，找党报上相关的防控非典疫情的报道，直接到打字室，站在计算机边上，一边口授一边让打字员录入，好在当时的打字员小黄打字速度很快。平常，我说她打字的声音和动作，就像弹钢琴一样，既快又好。总算在市长赶到市政府会议室时，把讲话稿交到市长手上，当然，这种稿件，一般稍显粗糙，领导也不会太责怪。我在这里，谈这件事，也是想借助找党报党媒或者度娘的办法，写好传达会议精神类的材料，希望对大家有所启迪和帮助。

一般来说，中央、省、市的会议精神，在相应的党报和融媒体包括手机微信上都有体现。因此，作为文字工作者，需要时时关注、时时收集，以备后用。比如，案例六，是传达学习省委十届八次全会精神，当领导布置我们写类似材料时，不管是手上有无会议文件，都要用上述办法收集相关新闻消息材料，然后撰写。材料框架基本上按照案例六的三段式搭建，即一是会议概况；二是会议主要精神；三是初步贯彻意见。

## 案例六：

### 在传达贯彻省委十届八次全会精神时的讲话提纲

×××

（201×年×月××日）

一、省委十届八次全会概况

×月××日，中共福建省委十届八次全会在福州召开。全会主要任务是，以习近平新时代中国特色社会主义思想为指导，深入学习贯彻习近平总书记在参加十三届全国人大二次会议福建代表团审议时的重要讲话和对福建工作的重要指示批示精神，对营造有利于创新创业创造的良好发展环境、探索海峡两岸融合发展新路、推进老区苏区脱贫奔小康和加强新时代党的建设等作出深入部署，动员全省干部群众牢记重托、奋力前行，坚持高质量发展落实赶超，谱写新时代新福建建设新篇章。

省委书记×××代表省委常委会向全会作报告。会议听取和讨论了省委书记×××所作的报告，审议通过了《中共福建省委关于深入学习贯彻习近平总书记在参加十三届全国人大二次会议福建代表团审议时重要讲话精神的决定》，讨论了《关于营造有利于创新创业创造良好发展环境的实施意见》《关于探索海峡两岸融合发展新路的实施意见》《关于做好革命老区中央苏区脱贫奔小康工作的实施意见》《关于全面推进新时代党的建设的实施意见》。表决通过了《中国共产党福建省第十届委员会第八次全体会议决议》。

省委副书记、省长×××，省委副书记××，省委常委×××、×××、×××、×××、×××、×××，省委委员、候补委员出席会议。

**点　评：**

这一大点是会议概况，分别写会议在什么地方开、会议的主要任务、会议的过程、谁做主报告，参加会议人员等等。如果在会议文件上找不到这些，就要上网查找后下载。

二、省委十届八次全会主要精神

会议的主要精神，体现在省委书记 ××× 的报告中：

××× 指出，习近平总书记在参加十三届全国人大二次会议福建代表团审议时的重要讲话，为新时代新福建建设赋予重大使命、带来重大机遇、注入重大动力，是指导新时代新福建建设的纲领性文献。全省各级党组织和广大党员干部要认真学习、深刻领会、全面贯彻，坚定自觉用以统一思想和行动，统揽新时代新福建建设，确保“四个意识”“四个自信”“两个维护”发自内心、成为自觉，确保新时代新福建建设始终沿着以习近平同志为核心的党中央指引的正确方向阔步前进，确保习近平总书记重要讲话精神不折不扣落深落细落实。

**点　评：**

这一段内容，一般来说，是在传达习近平总书记在参加十三届全国人大二次会议福建代表团审议时的重要讲话后，对如何学习贯彻做了强调，也是这次会议的主基调，大家在会议文件的传达部分或者媒体的会议指出部分都可以找到。

××× 强调，深入学习贯彻习近平总书记重要讲话精神，做好福建工作，总的要求是坚持以习近平新时代中国特色社会主义思想为指导，深入学习贯彻党的十九大精神，深入学习贯彻习近平总书记对福建工作的重要讲话、重要指示批示精神，统筹推进“五位一体”总体布局，协调推进“四个全面”战略布局，坚持稳中求进工作总基调，坚持新发展理念，坚持高质量发展落实赶超，进一步做好稳就业、稳金融、稳外贸、稳外资、稳投资、稳预期工作，统筹做好稳增长、促改革、调结构、惠民生、防风险、保稳定工作，扎实推进闽东北、闽西南协同发展区建设，努力在营造良好发展环境上再创佳绩，在推动两岸融合发展上作出示范，在建设开放型经济新体制上走在前头，谱写新时代新福建建设新篇章。

**点　评：**

这一部分，是会议的总体要求，在省委 ××× 书记的主报告或者媒体材料上直接下载。接下来的六点要求，是主报告的具体措施，内容肯定很多，如何进行精简，既能贯彻主要精神不走样，又能做到条理清晰、文字通顺，我们以其中的两个小点说明一下，其余不繁述。

××× 要求，要抓住关键点、努力求突破，推动新时代新福建建设迈出更加坚实步伐。一要革除体制机制障碍，在营造有利于创新创业创造的良好发展环境上取得新突破。坚定“再创佳绩”的信心决心，深入实施创新驱动发展战略，突出“松绑”“放活”提升创新活力，突出高效服务构筑创业高地，突出人才支撑激发创造活力，最大限度激发全社会创新创业创造动能，加快建设科技创新强省。

**点　评：**

这一句，“要抓住关键点、努力求突破，推动新时代新福建建设迈出更加坚实步伐。”一般是主报告中，这一大点的导语，接下来就是把主报告中的“三个突出”，即“突出“松绑”“放活”提升创新活力、突出高效服务构筑创业高地、突出人才支撑激发创造活力”三个小点放到一起，在写作时注意做好上下句之间的衔接，让语句顺畅就可以了。比如，结束语：最大限度激发全社会创新创业创造动能，加快建设科技创新强省。

二要全面落实各项政策措施，在帮助民营企业创新发展上取得新突破。增强服务意识，用心用情用力做好“加减乘除”法，加力扶持、提振信心，减税降费、降本减负，加快转型升级、放大“乘数效应”，破除壁垒、清除障碍，全力支持民营企业创新转型、做大做强，推动我省由民营经济大省向民营经济强省转变。

**点　评：**

增强服务意识，用心用情用力做好“加减乘除”法，这一句仍然是导语，加力扶持、提振信心，减税降费、降本减负，加快转型升级、放大“乘数效应”，破除壁垒、清除障碍，这四句是四个小点题目。全力支持民营企业创新转型、做大做强，推动我省由民营经济大省向民营经济强省转变，这一句是结束语。由此，可以看出写传达会议精神的常规套路。还有一种比较偷懒的办法，直接从媒体上下载会议精神，基本上，媒体的会议精神也是通过上述方法处理的，我们搬过来比较省事。若我们从这类新闻报道中找标题，大家应该知道如何找吧！如果还不会理解，留待我们在讲授新闻稿时再展开讲述，这里也埋下一个伏笔。

三要建设开放型经济新体制，在吸引优质生产要素集中集聚上取得新突破。（略）

四要探索海峡两岸融合发展新路，在建设台胞台企登陆的第一家园上取得新突破。（略）

五要扎实做好老区苏区脱贫奔小康工作，在老区苏区振兴发展上取得新突破。（略）

六要加快国家生态文明试验区建设，在推动生态省建设上取得新

突破。（略）

×××强调，各级党委（党组）要坚决扛起全面从严治党的政治责任、主体责任、第一责任，以党的政治建设为统领，全面落实新时代党的建设总要求，深化落实省委“五抓五看”“八个坚定不移”具体部署，不断提高党的建设质量，为新时代新福建建设提供坚强保证。

**点　评：**

上面这一小段，实际上是最后一大点的导语。

要强化政治领导，扎实开展“不忘初心、牢记使命”主题教育，始终在思想上政治上行动上同以习近平同志为核心的党中央保持高度一致。坚定政治信仰，持之以恒用习近平新时代中国特色社会主义思想武装头脑。突出政治标准，着力建设忠诚干净担当的高素质专业化干部队伍。增强政治功能，全面提升基层党组织组织力。保持政治定力，坚持不懈抓作风建设，集中整治形式主义、官僚主义。永葆政治本色，巩固发展反腐败斗争压倒性胜利。

**点　评：**

这里用“五个政治”连贯成一个段落，即强化政治领导、坚定政治信仰、突出政治标准、增强政治功能、永葆政治本色，也是主报告的五个段落的标题。

**在全会第二次全体会议上，×××强调（略）**

三、初步贯彻意见

这次省委全会，对学习贯彻习总书记在参加福建代表团审议时重要讲话精神进行了全面部署，充分彰显了省委高度的政治自觉和行动自觉。特别是×××的报告和5份文件，站位很高、立意很深、落点很实，为我们进一步贯彻落实总书记重要讲话精神、扎实推进高质量发展落实赶超指明了方向。全市各级各部门要切实把思想和行动统一到总书记重要讲话精神和省委全会精神上来，不折不扣抓好贯彻落实。考虑到过几天就要召开市委全会进行具体部署，这里，我简要强调几点初步贯彻意见。

一要学深悟透精神实质。对我们××来说，学习领会这次全会精神，不仅要准确把握习总书记重要讲话、×××书记报告和省委配套文件的深刻内涵和具体要求，还要深刻领悟习近平总书记对宁德的深厚情感和关心关爱，倍加珍惜总书记始终情系闽东、心系宁德这一最大福气，以最忠诚的政治态度、最强烈的使命担当、最务实的工作作风，坚定不移把学习贯彻习近平总书记重要讲话精神引向深入。

二要落细落实贯彻措施。这次全会提出的“六个新突破”部署要求和党的建设六个方面要求，是对总书记重要讲话精神的细化深化具体化。我们要把学习贯彻习近平总书记重要讲话精神与学习贯彻习近平总书记对宁德的重要批示指示结合起来，与学习贯彻省委全会精神结合起来，突出抓好营商环境、产业支撑、宁台融合发展、老区脱贫致富、生态环境保护等方面工作以及党的各方面建设工作，更好推动新时代新宁德建设，确保总书记重要讲话精神在宁德落地生根、开花结果。这些工作，各牵头领导和各有关部门一定要深入研究，抓实抓细，确保总书记讲话精神在宁德落地生根、取得实效。

三要做好市委全会筹备工作。市委过几天就要召开全会，时间很紧、任务很重，一定要认真筹备，确保高质量召开。特别是市委全会的几份文件，起草单位要衔接省里文件精神，并根据刚才大家的讨论意见抓紧修改完善。

**点　评：**

初步贯彻意见，体现领导落实动作是否迅速到位的标志，所以从学深悟透精神实质、落细落实贯彻措施、做好市委全会筹备工作这三个小题目上，也体现了市委的贯彻要求。希望对大家在撰写这一类型材料时有所帮助。

## 五、其他会议类

我觉得，还有好多类型的讲话稿，大同小异，需要大家在学习时触类旁通、举一反三。我把表彰会、庆功会、庆祝会、纪念会、调研会、学习会、座谈会等等，分到其他类。这里，分别举两个案例的提纲给大家学习时参考。

### 案例七：

#### 在市政府党组理论学习中心组学习会上的讲话提纲

×××

（201×年×月××日）

刚才，我们学习了中办两份文件和省委×××书记、新华社×××副社长分别发表在《人民日报》和《瞭望新闻周刊》上的署名文章。这四份学习材料，对于我们贯彻落实党的十八届三中、四中全会和习总书记在中纪委十八届五次全会、省部级专题研讨班上的重要讲话精神，具有重要的指导意义。作为政府党组成员和政府系统的领导干部，必须要认真学习好、领会好、贯彻好，做到内化于心、外化于行。这里，我提三点要求，也是与大家共勉：

一要当好“领头羊”。风成于上，俗化于下。无论是廉洁从政、依法行政还是深化改革，领导干部都肩负着重要责任，都是习总书记所说的“关键少数”，必须当好“领头羊”，发挥旗帜和标杆作用。在廉洁从政上（略）。在依法行政上（略）。在深化改革上（略）。

二要掌好“方向盘”。做任何事，方向都很重要，方向失之毫厘，结果往往谬之千里。因此，在推进廉洁从政、依法行政和深化改革时，必须始终遵循基本要求，把准前进方向。推进廉洁从政，最根本的是

（略）；推进依法行政，最首要的是（略）；推进深化改革，最关键的是（略）。

三要牵好“牛鼻子”。抓廉政、抓法治、抓改革，工作任务都很繁重，要按照中央和省、市要求，结合各个时期的实际，选准切入点，把准着力点，促进全局突破。廉洁从政方面（略）。依法行政方面（略）。深化改革方面（略）。

**点　评：**

在我们的日常工作中，学习会结束时，领导通常有一个讲话，这篇讲话稿是市长在学习中心组学习会上的讲话，有三个方面，值得我们学习借鉴。一是导语的写作特点，直接切入，用刚才我们学习了什么内容，接下来讲意义，然后就学习贯彻提三点要求。这种写作手法，需要大家学习。二是大点提纲。当好“领头羊”、掌好“方向盘”、牵好“牛鼻子”。它的特点是借用生活常用语，学习时需要引起注意。三是小点提纲。第一大点的小点分别是：在廉洁从政上，在依法行政上，在深化改革上。第二大点的小点分别是：推进廉洁从政，最根本的是；推进依法行政，最首要的是；推进深化改革，最关键的是。第三大点的小点是：廉洁从政方面，依法行政方面，深化改革方面。它的特点是在什么上，最什么，什么方面，我们在处理文章的内部结构时，常用这种写作方法，请大家掌握。

**案例八：**

## 在××区综治（平安建设）工作调研座谈会上的讲话

×××

（2015年9月11日）

同志们：

下午，我们参观了××区海上警务区和“海上枫桥”联合执法服务中心等4个基层单位,刚才又听了 ×× 区综治(平安建设)工作汇报,总的感觉,×× 区在抓综治基层基础、深化平安建设、创新社会治理等方面,做了大量工作,进行了大胆创新,工作有成效、有特色、有亮点,“海上枫桥”实践经验得到了省综治委的肯定和推广,并在全省“三化一龙头”现场会作典型发言。×× 区的经验做法值得各地认真学习借鉴,市综治委要认真总结并在全市推广。

近年来,我市政法综治战线认真贯彻落实省、市决策部署,紧紧围绕(略)。这些成绩的取得,是市委、市政府高度重视、坚强领导的结果,是各成员单位扎实工作、通力合作的结果,也是全市广大从事综治和平安建设工作者共同努力的结果,在此,向大家的辛勤工作表示衷心的感谢!

随着我市经济社会加快发展,社会各类矛盾多发(略),综治维稳工作任务艰巨繁重。我们要站在全局和战略的高度,牢固树立“平安是最基本的民生需求”的理念,统筹好发展第一要务与维稳第一责任的关系,坚持运用法治思维和法治方式,切实履行职责,加强协同配合,全面推进平安 ×× 建设。这里,我讲四点意见:

一、运用法治方式,提升治理水平。习近平总书记在党的十八届四中全会上指出,“法律是治国之重器,法治是国家治理体系和治理能力的重要依托”。(略)

二、强化预警预防,维护社会稳定。社会矛盾往往有一个从萌芽到成势、从量变到质变的过程。检验平安建设成效,很重要的一个方面就是看能否有效预防化解社会矛盾。要科学研判信访形势。(略)要突出贴近靠前服务。(略)各级政法综治机关要充分发挥保障社会治安主力军作用。(略)同时,要进一步做好防范民间借贷、债务纠纷和安全生产等工作。(略)

三、推动重心下移,夯实基层基础。(略)

四、坚持齐抓共管,强化工作落实。(略)

**点 评：**

案例八，是调研座谈会讲话，特点是篇幅一般不能太长，要求写出调研过程，然后肯定基层近年来的工作成效，在分析研究形势基础上，提出四点要求。这里只点出第二大点的大体内容，大家可以研究一下它分成几块内容来讲，以达到内化于心、外化于形的目的。

**练习题：**

一、请根据贵单位的主要职责和职能或企业经营情况，写出单位或企业主要领导在新的一年工作部署会上的讲话提纲。

二、请根据市长在市政府全体会议上的讲话稿，结合部署类讲话稿的学习内容，分析提出这份讲话稿的写作特点。提示可以从材料的导语、框架结构、段落大意中点评提炼。

## 在201×年市政府第一次全体会议上的讲话

×××

（201×年1月11日，根据录音整理）

同志们：

今天，市“两会”胜利闭幕。“两会”期间，《政府工作报告》和计划、财政报告得到了代表和委员们的一致好评，报告作得好，关键是工作做得好。过去的一年，在市委的坚强领导下，全市各级各部门及广大干部群众奋发努力、拼搏进取、攻坚克难，工作可圈可点，成绩十分骄人，办成了许多过去想办而没办成的事情，实现了许多过去想实现却没有实现的愿望。一是“宁德速度”频频刷新。（略）二是“宁德制造”加速崛起。（略）三是“宁德模式”丰富拓展。（略）四是“宁德形象”充分展现。（略）这些成绩来之不易，回想去年以来我们一起团结拼搏的经历，倍感振奋，在此，我代表市政府班子，向各级各部门的辛勤付出表示衷心的感谢。

前不久，市委经济工作会议对201×年经济工作进行了全面部署，刚刚闭幕的市四届人大四次会议也已审议通过了《政府工作报告》，新一年的目标任务已经明确，关键就是如何在市委的领导下抓好落实。今天我们紧接着召开市政府第一次全体会议，就是要贯彻落实市委四届七次、八次全会、市委经济工作会议和市“两会”精神，动员全市各级各部门切实统一思想、提高站位，提振精神、狠抓落实，再加把劲比一比、拼一拼，不断刷新“宁德速度”、不断强化“宁德制造”、不断丰富“宁德模式”、不断提升“宁德形象”，确保年度各项目标任务完成得更好些，向全市人民交上一份满意答卷。下面，我讲三点意见。

一、认清形势、提高站位，以昂扬斗志突出“落实”

从宏观经济环境看，……

从落实赶超任务看，……

从人民群众期望看，……

分析经济发展形势和自身存在问题，是为了增加我们的忧患意识，各级各部门要自觉站位新时代大坐标，咬住赶超目标，呼应民生关切，进一步增强等不起的紧迫感、慢不得的危机感、坐不住的责任感，提振干事创业的精气神，以良好的状态突出抓落实，把抓落实作为领导干部抓工作的出发点和落脚点，从年初开始就以冲刺攻坚的状态去推动工作、抓好落实、再创佳绩。

二、围绕目标、深化细化，以创新举措推动“落实”

（一）全年目标要紧盯牢。今年战鼓已经擂响，气只可鼓不可泄。各地各部门都不能随意降低目标，更不能轻易放弃目标，必须咬定目标不放松，拿出一鼓作气、势如破竹的气魄和劲头，深度挖掘存量潜力，努力拓展增量空间，推进现有项目快建设、早见效，招商引资快行动、早落地，努力跳起来“摘果实”，确保今年主要经济指标完成得更好一些，明年与全省一道顺利实现赶超目标。

（二）工作任务要项目化。领导干部都要强化项目意识，用项目来凝聚人心，用项目来组装人财物，用项目来配置资源，用项目来检验干部的实绩。一要主动认领。市政府办对《政府工作报告》进行了梳理分解，形成160项子任务，并明确了牵头单位、协办单位。刚才已分发到各位手上，这是发展硬任务，大家要主动认领、对号入座，“谁家的孩子谁抱走。”二要细化任务。任务领回去要进一步研究细化，提出每项任务具体推进计划，找好每个指标的支撑路径和新增长点，落实落细到每一个具体项目上，具体到每个细节、安排到每个节点、传导到每个部门、压实到每个人头，推动以旬保月、以月保季、以季保年。三要重点突破。在全面把握、统筹谋划、整体推进的同时，要善于抓住重点领域和关键环节，聚焦工作重点难点，找准切入点和突破口，挂图作战、紧盯不放，不见成效不收兵，以重点区域、重点项目、重点工作的大突破来带动全局的大发展。

（三）推动工作要到一线。一要到项目建设工地去抓落实。（略）二要到企业厂区车间去抓落实。（略）三要到农村田头户头去抓落实。（略）四要到民生项目一线去抓落实。（略）

（四）政策措施要见成效。“政策不睡觉、落地见成效。”我们出台过不少政策，但还有很多没有落实，主要是因为政策大家不知道和政策不好用，导致政策效益大打折扣。我们要转变作风，不搞一本一本的政策，就搞“一张纸”的政策，简单明了、对路管用，企业需要什么我们就给什么，企业需要什么帮助我们就给什么样的帮助。同时，政策要好操作、能执行，提高政策应用的便利性，否则企业跑得满头大汗也没享受到一个政策，这样的政策不但没有用，还有反作用，这种事坚决不能干。

三、夯实责任、强化督查，以实际成效检验“落实”

（一）主动担当不退缩。一要增强担当勇气。去年，针对上汽宁德基地项目的特殊性，我们加大审批创新力度，出台了一系列审批制度的改革创新举措，包括模拟审批、规划审批改革、招标备案改革等措施办法，三个月内就完成了规划审批、土地报批、林业审批、海域报批等43项要素保障工作。这充分展示了我们干部在困难面前敢于担当的勇气和作为。我们要发扬这种精神，增强担当勇气，强化迎难而上的担当意识，在矛盾面前敢抓敢管、敢于碰硬，在风险面前敢作敢为、敢于创新，把各项工作放眼于全省第一、全国第一、甚至全球第一去抓，不断追求高定位、高标准、高质量的发展成果。二要提升担当能力。时代在变、环境在变，知识迭代提速，各级领导干部一定要有本领恐慌意识，不断加强专业学习和调查研究，拓展对产业、金融、外贸、规划、建设等专业知识的学习，熟练掌握各项政策法规，练就“几把刷子”，既要当好领导，又要成为某些行业、某些方面的行家里手，不断提高领导和驾驭经济工作的本领和能力。三要展示担当形象。政府是由各个部门组成，每个部门都敢于担当、善于担当，政府在企业和群众心中才有担当的形象。今年市县政府机构改革工作已进入实质性阶段，新组建新调整的部门要围绕转变政府职能这一改革核心目标，立足新起点新征程，不断改进工作作风、提升服务效能，突显新担当、体现新作为、争创新业绩、展示新形象，让群众、企业切身感受到机构改革带来的新变化。

（二）合力攻坚不懈怠。一要强化本级责任。宁德撤地设市近20年了，个别市直部门思想上仍然保留着地区办事思维。我们要进一步厘清市县、市区职责，市直部门不能只做“中转站”“二传手”，该市里做的绝不能当“甩手掌柜”，该分解落实到县（市、区）的，必须分解落实、层层落实，一级为一级负责，一级负责一级。二要强化左右协调。我们都是一个战斗团队，不能说哪个单位大、哪个单位小，哪个单位重要、哪个单位不重要，分解工作任务排在第一位的就是牵头单位，后面的协办单位必须服从牵头单位统一协调、联合攻坚、形成合力。特别是对涉及多个部门的事项，能几句话口头解决的、能坐下来讨论的就不要再文来文往。市效能办要把这方面办事效率列入重点检查内容，切实促进政府整体执行力提升。三要强化上下联动。对上对下都要用心认真，对上要主动对接联系，汇报工作明确，让上级部门听得明白；对下不要“藏着掖着”，发布指令明确，让下级部门听得清楚，才能确保工作顺畅、效率最高、效果最大。

（三）严督严考不放松。一要以督查问效作为工作“助推器”。市政府督查室、效能办要及时收集各地各部门细化分解的任务计划表，制定过程“督察表”和年终“对账单”，从一开始就介入，实施全程跟踪督查，盯住不落实的事和不落实的部门，抓住不落实的领导和不落实的人，强化“问题倒逼、时间倒排、责任倒查”，落实督查、约谈、问责等措施，确保《报告》确定的各项目标任务事事有人管、项项有人抓、件件有着落。二要以年终考核作为成效“指挥棒”。要认真落实激励广大干部新时代新担当新作为政策措施，健全完善科学评价工作实绩机制，把干部在改革发展中解决突出矛盾问题、敢于探索创新的成效作为重要考核依据，真正让干部有多大担当就有多大舞台。同时，要坚决纠正督查检查考核名目繁多、频率过高、多头重复等问题，特别是不要动不动就请企业“一把手”来，让干部和企业家从一些无谓的事务中解脱出来。三要以群众满意作为考核“风向标”。政府工作就是为人民服务，人民群众最直接感受到政府干了什么、最清楚政府工作干得怎么样、最有权力评价政府工作干得好不好。要探索建立民意导向考核评价体系，让人民群众来检验、来评价、来监督政府工作，促进政府各项工作更有成效，更好地得到群众的理解和支持。

最后，我再强调一下当前重点工作：一要抓首季“开门红”。（略）二要抓招商工作。（略）三要抓冬春农业。（略）四要抓安全稳定。（略）五要抓市场供应。（略）六要抓访贫问苦。（略）七要抓廉洁过年。（略）

总之，我们要坚持在市委的坚强领导下，坚持高质量发展落实赶超，全面实施“一二三”发展战略，赶前抓早、真抓实干，把政府工作报告一个一个指标、一项一项任务、一条一条举措落到实处，以实实在在的工作成效，接受党和人民群众检阅。

# 第三章　宣传礼仪织云锦　用心揣磨出精品

先说几句感慨的话：虽然登山登顶时，有“一览众山小”的豪迈，但抵达山顶的时光往往是短暂而不持久的，最永恒的时光，永远都在路上；最美丽的风景，永远是自己努力向上的足音。所以，下一章，再出发，应该是撰写此书的使命。况且，这一章的仪式、节庆、贺电、贺信、致辞、主持词，从字眼上看，闪耀着喜庆的光芒。或许，写作的沿途有荆棘、栅栏，但跨越、跨栏的成功，就是最美的篇章。

宣传礼仪类讲话，顾名思义，是指领导在论坛、招商大会、项目开竣工仪式上或在广播电视报纸网络等媒体场合上的讲话稿，目的是宣传本地区位、经济、社会、文化、历史以及地理环境、自然资源等各方面的情况。我将其归纳为访谈署名类、仪式节庆类、贺电贺信类、主持会议类，这一类材料的特点是：一是诚挚热情，富有文采，富有激情；二是简明扼要，通俗易懂，措词严谨。因此，需要有一些文学的色彩，将其编织成云锦，让阅读者有共鸣的快意。

## 第一节　访谈署名类

多年前，我协助分管市政府门户网站时，曾经办过《政务访谈》栏目，当时的市长专程前来参加启动仪式，我们也经常邀请部门领导做客栏目，接受访谈，这样就需要准备介绍部门职能和工作的访谈材料。这种访谈就相当于我们在中小学阶段，老师布置的问答题，一问一答显智慧。

### 一、采访类

事实上，撰写记者采访领导文章的任务，难度不是太大，属于问答式的命题作文。其中的市情简介，在很多场合需要用到，曾有一位领导多次和我们谈到，希望做一个有特色，又可以通用的××市情介绍，但由于访谈的内容不同，场景不同，导致侧重点不同，就要进行筛选取舍，很难有统一的模板。比如，上级领导来访的场合，就常用“老、少、边、岛、贫”和“山、海、川、岛、湖”。在推介旅游资源或者招商引资的场合，就常用“历史悠久置县早、山海川岛资源丰、水深港阔岸线长、山青水秀景观好、交通便捷区位优”。现在随着宁德经济社会发展发生翻天覆地的变化，写法上也发生了很大的变化。接下来我们介绍的案例一是市委书记在新闻发布会的采访提纲，其中的市情简介，就很有特色，我从网络上将其下载，与大家一起分享分析，并就其余内容进行点评。

**案例一：**

## 福建省庆祝中华人民共和国成立<br>70周年系列主题新闻发布会宁德专场实录

×××

（20×× 年 × 月 ×× 日）

女士们、先生们，各位媒体朋友：

大家好！

很高兴在这里和大家见面。首先，我谨代表中共宁德市委、宁德市人民政府和352万宁德人民，向大家长期以来对宁德的关心支持表示衷心感谢！宁德俗称闽东，是一座宁安德福之城，也是全省最年轻的城市。最让我们感到自豪的是，宁德是习近平总书记曾经工作过的地方，是习近平新时代中国特色社会主义思想的重要萌发地。对宁德，这里我用几句话作个简要的概括。

第一句，宁德因“山海交融”而生。宁德三面环山、东面临海，境内海域面积和大陆海岸线均约占全省的1/3左右，坐拥“世界不多、中国仅有”的东方大港—三都澳，是一片不可多得的山海福地。

第二句，宁德因“闽东之光”而荣。山的伟岸、海的奔放，孕育了多姿多彩又极具特色的红色文化、畲族文化、廊桥文化、海洋文化等，被习总书记形象概括为“闽东之光”。

第三句，宁德因“风景独特”而美。拥有太姥山、白水洋、白云山、九龙漈四个核心景区构成的世界地质公园，生态环境和空气质量保持全优，森林覆盖率达68.65%，是福建沿海最“绿”的城市。

第四句，宁德因“滴水穿石”而兴。习总书记当年在宁德倡导的“弱鸟先飞、滴水穿石”的闽东精神，浸润着闽东大地，已经成为闽东人民的精神特质，不断引领宁德发展迈上新的台阶。

**点　评：**

介绍宁德市情的时候，案例一用了四句话概括：宁德因“山海交融”而生、宁德因“闽东之光”而荣、宁德因“风景独特”而美、宁德因“滴水穿石”而兴。改变了市情简介的固有写法，有新意、有情感、有温度，犹如一股清新之风扑面而来。

新中国成立70年来，在党中央、国务院和省委、省政府的正确领导下，宁德历届党委、政府团结带领广大干部群众顽强拼搏、克难奋进，唱响了“弱鸟先飞、滴水穿石”的奋斗赞歌，经济社会各项事业发生了翻天覆地的变化。一是综合实力变强，丰满了“弱鸟的羽翼”。（略）二是人民生活变富，踏上了“幸福小康路”。（略）三是产业结构变优，奏响了“经济大合唱”。（略）四是城乡面貌变美，实现了“旧貌换新颜”。（略）

**点　评：**

这一段，新中国成立70年来的变化，用了“弱鸟的羽翼”“幸福小康路”“经济大合唱”“旧貌换新颜”这四句俗语来描述，通俗易懂，容易让听者接受这样的信息。我们在写作中也特别需要汲取这种文字营养。

70年发展历程中，让全体闽东人民最引以为傲的是，1988年5月到1990年5月习总书记曾主政宁德。在宁德工作期间，总书记以“摆脱贫困”为工作主线，带领闽东人民艰苦创业，掀开了闽东发展史上的崭新一页，给我们留下了极其宝贵的思想财富、理论财富和精神财富。离开宁德后，总书记依然情系闽东，不仅嘱咐我们“多上几个大项目，多抱几个‘金娃娃’，加快跨越式发展”，而且先后就精准脱贫、军民融合、三都澳开发等具体工作给我们作出许多重要指示批示，并多次在重大场合提起宁德。特别是今年以来，总书记在全国两会参加福建代表团审议时，又深情回忆起在宁德工作期间的点滴往事；8月4日，总书记还专门给下党乡亲们回信，向下党乡实现脱贫表示祝贺，并勉励我们“努力走出一条具有闽东特色的乡村振兴之路”。总书记对宁德的特殊情谊，是全体闽东人民无上的荣光和最大的福气；总书记对宁德的厚望重托，是指引我们推动各项事业发展的不竭动力。下党乡1988年以来的30多年，是宁德发展质效最好、城乡面貌变化最大、民生改善最快的时期。30多年来，全市GDP、工业总产值、财政总收入、农民人均可支配收入分别年均增长12.3%、21.4%、17.5%、13.2%。如果说这种巨变背后有什么“密码”？根本就在于我们坚定不移沿着习总书记为闽东发展指引的方向，滴水穿石、久久为功，感恩奋进、坚定前行。

一、我们牢记总书记嘱托，把脱贫攻坚作为头等大事，续写了“摆脱贫困”新篇章（略）

二、我们牢记总书记嘱托，抱好“金娃娃”、发展大产业，迈上了高质量发展落实赶超新征程（略）

三、我们牢记总书记嘱托，坚持开发与保护并重，构筑了宁德绿色发展新优势（略）

四、我们牢记总书记嘱托，不断完善基础设施配套，打通了发展优势转换新通道（略）

五、我们牢记总书记嘱托，始终“同群众保持密切的血肉联系”，增进了人民群众新福祉（略）

各位媒体朋友，70 年滴水穿石，70 载沧桑巨变。“闽东事，天下理”。宁德 70 年的发展变化，从一个区域充分展示了中国共产党领导的政治优势，充分彰显了中国特色社会主义的制度优势，充分印证了习近平新时代中国特色社会主义思想的实践伟力。我们有幸生活在这个伟大的新时代，有幸战斗在习总书记曾经工作过的地方，有幸得到总书记深情殷切的关怀，宁德干部群众发自内心最深处感恩总书记、爱戴总书记。我们一定进一步树牢“四个意识”、坚定“四个自信”、做到“两个维护”，始终高举习近平新时代中国特色社会主义思想伟大旗帜，不忘初心、牢记使命，深入实施“一二三”发展战略，努力开创高质量落实赶超新局面、谱写新时代宁德发展新篇章，以优异的成绩迎接新中国成立 70 周年！

谢谢！

**点　评：**

接下来，共有三个方面内容。第一部分，主要讲述习近平总书记对闽东的关心和嘱托，为下面分五点阐述牢记习近平总书记嘱托，需要怎么做，留下铺垫。第二部分，分别用新篇章、新征程、新优势、新通道、新福祉等“五个新”介绍市委、市政府这几年的发展历程，取得的丰硕成果，让人印象深刻。第三部分，宁德的发展变化，充分印证习近平新时代中国特色社会主义思想的实践伟力，回应了上面的介绍。

总之，采访稿的写作过程，是不断打破常规、推陈出新的过程。只有花更多的时间精力，在立意、框架、语言上进行创意创新，才能有更多的精品问世。

## 二、会谈类

会谈类的讲话稿 ，与前述的采访类案例，基本相似，有句古诗说："年年岁岁花相似，岁岁年年人不同"。撰写公文，不同的人的写法，各有各的不同，但原理是相通的。

从案例二看，第一段的欢迎和第五段的希望是类似的。不同的是，第二段介绍宁德的简要市情时，说到最让宁德人民引以自豪的是：1988 至 1990 年，习近平同志曾在宁德工作。2010 年 9 月，习近平同志回宁德视察时深情地说，宁德是他"魂牵梦绕的第二故乡"。习近平同志在宁德工作期间，面对当时闽东落后的面貌和群众脱贫致富的期盼，他首倡"滴水穿石"精神，号召闽东人民矢志不渝地苦干实干、加快发展、摆脱贫困。20 多年来，这种精神已经成为闽东精神的核心，成为推进宁德科学发展、加快发展的力量源泉。这也是创作《滴水穿石》的重要原因。接下来，第三段引出筹备这项工作的过程。第四段表达对专家加盟的信心。

### 案例二：

### 会见《滴水穿石》剧目创作组时的致辞

××

（20×× 年 × 月 ×× 日）

尊敬的黄 ×× 团长，尊敬的各位专家、各位老师：

今天，我们很高兴地迎来了《滴水穿石》剧目策划创作组的各位专家和老师。在此，我谨代表宁德市委、市政府，代表市委 ××× 书记，向黄团长一行表示热烈的欢迎和衷心的感谢！

宁德俗称闽东，地处福建东北部沿海，这里山海兼备、交通便捷、资源丰富、风光旖旎、人文荟萃，是一座正在崛起的新兴港口城市，也是福建省最具潜力和活力的新增长区域。最让闽东人感到骄傲和自豪的是，1988 至 1990 年，习近平同志曾在宁德工作。2010 年 9 月，习近平同志回宁德视察时深情地说，宁德是他“魂牵梦绕的第二故乡”。习近平同志在宁德工作期间，面对当时闽东落后的面貌和群众脱贫致富的期盼，他首倡“滴水穿石”精神，号召闽东人民矢志不渝地苦干实干、加快发展、摆脱贫困。20 多年来，这种精神已经成为闽东精神的核心，成为推进宁德科学发展、加快发展的力量源泉。

为了生动宣扬和诠释“滴水穿石”的闽东精神，艺术表现宁德人民承载梦想、抢抓机遇，全面建设“×× 大宁德”的生动实践和显著成效，市委决定创排舞台剧目《滴水穿石》，并由市委常委、宣传部长 ××× 同志牵头统筹，多次组织本市舞台艺术专家委员会成员专题切磋商议。为进一步提升艺术水准，打造文艺精品，经过 ××× 同志的沟通联系，得与贵团队达成合作共识，助力策划创作《滴水穿石》剧目，这是宁德文化发展的福音，我们的荣幸。

黄 ×× 先生是我国著名戏剧导演艺术家、编剧，是新世纪导演的杰出代表，所编导的舞台艺术作品大气恢宏、雄浑凝重、才情满溢、睿智灵性，具有鲜明的艺术特色。我们坚信有黄 ×× 团长领衔的创作团队加盟，一定能够把《滴水穿石》剧目打造成一台高度凝练闽东文化精髓、生动展示宁德良好形象的高品味、高水准、有内涵、有特色的艺术珍品。

我们诚挚希望创作团队在宁德多走走、多看看，深入了解和感受宁德的地域文化、自然风光、民俗风情和发展变化，对宁德文化的繁荣发展多提宝贵意见和建议。我们衷心期盼与黄 ×× 先生及团队有更多的合作机会，把更多优秀的闽东文化精品搬上全国和国际舞台，不断提高宁德的知名度和美誉度。

预祝创作组在宁德采风期间愉快、顺利！祝创作组的各位专家、老师身体健康、万事如意！

谢谢大家。

## 三、署名类

说到署名类公文的写作，我仅以领导在报纸刊载的文章作为案例，可能有失偏颇，但就其示范性而言，应该是有借鉴意义的。现在经常有消防日、土地日、水利日、环境日，需要撰写诸如此类的文章，以凸显领导对此项工作的重视，比如案例三。但其写作特点，确实比较简单，基本上是导语阐述节日的由来，后续阐述市委、市政府的重视程度，然后对这项工作提出总的要求，继而提出需要社会各界参与支持的事项。

### 案例三：

**大力推进生态文明　努力打造绿色宁德**

——纪念“6·5”世界环境日

××市人民政府市长×××

今天是第44个世界环境日，也是我国新环保法实施后的首个“环境日”。联合国环境规划署确定今年世界环境日主题是“可持续消费和生产”，国家环保部确定中国主题为“践行绿色生活”，旨在倡导全社会进一步增强环境意识、节约意识、生态意识，选择低碳、节俭的绿色生活方式和消费模式，形成人人、事事、时时崇尚生态文明的社会新风尚。

市委、市政府始终高度重视生态文明建设，积极强化污染源头管控和综合整治，大力弘扬绿色生态文化，深入开展系列生态示范创建，全市生态环境质量总体优良，空气、水等主要环境质量指数继续位居全省前列。但也要清醒地看到，我市保护与发展的矛盾仍然比较突出，节能减排形势依然严峻，促进经济与环境、人与自然协调发展还需要我们长期不懈的艰苦努力。

今年是“十二五”收官之年，也是新环保法实施第一年。党中央、国务院下发了《关于加快推进生态文明建设的意见》，进一步对生态文明建设做出总体决策部署。我们要牢固树立尊重自然、顺应自然、保护自然的理念，坚持“绿水青山就是金山银山”，进一步加强环境保护和生态建设，努力打造绿水青山、碧海蓝天的美好家园，不断提高生态文明建设水平。

凝聚绿色宁德共识。（略）

强化生态环境整治。（略）

践行绿色发展之路。（略）

生态文明建设事关民生福祉，事关未来发展，事关“六新大 ××”和全面建成小康社会梦想的实现。让我们共同行动起来，以高度的思想自觉、行动自觉，推进 ×× 科学发展、加快发展，让 ×× 的天更蓝、山更青、水更绿，实现宁德永续发展。

**点　评：**

导语部分，两层意思；一是节日的由来；二是市委、市政府如何重视。主体部分，推进生态文明，需要遵守的“凝聚绿色宁德共识、强化生态环境整治、践行绿色发展之路”三点要求。结尾部分，号召性的语言。因此，我认为，对这类文章，大家只要把握好文章的主体基调和方向，应该不是太难的事。重点在于不啰嗦，逻辑条理清晰、态度旗帜鲜明即可。

## 第二节　仪式节庆类

仪式节庆包含的内容，比较丰富，通常一些大会的开幕词、闭幕词，庆典大会的欢迎词，一些重要项目的开竣工典礼的讲话，都属于这一范畴。这里，我将仪式节庆类致辞，简单分为六类。一是颁奖仪式致辞；二是开幕式致辞；三是签约仪式致辞；四是开工竣工仪式致辞；五是文艺晚会致辞；六是新年新春贺词。这六类基本上都有“祝贺、肯定、希望”。我们不妨以案例的形式，分而述之。

## 一、颁奖仪式致辞

有一次，我受邀参加寿宁县的第七届斗茶赛颁奖仪式，听到县委书记文采四溢、激情飞扬的致辞，特地找县委书记要来这篇致辞稿，作为案例。第一段的内容，主要表达感谢、祝贺、问候，与第一节三个案例的导语类似。接下来，我们分段分析。

### 案例一：

### 在第七届斗茶赛颁奖仪式上的致辞

×××

（201× 年 6 月 ×× 日）

尊敬的 ××× 主席、各位领导、各位来宾，女士们、先生们、朋友们：

盛夏时节，山风送爽。一年一度的“寿宁高山茶”斗茶赛，经过一天的紧张角逐，即将隆重颁奖。在此，我谨代表中共寿宁县委、寿宁县人民政府和大赛组委会，向莅临指导的各位领导、各位来宾和媒体朋友表示衷心的感谢！向获奖的企业表示热烈的祝贺！向为成功举办本届斗茶赛付出辛勤劳动的全体评审员和工作人员致以诚挚的问候！

好山好水出好茶，一芽一叶吐芳华。茶是大自然赐予寿宁这片红土地最美的绿色珍宝。千百年来，勤劳纯朴的寿宁人民于烂石之间、于砂砾之上、于云雾之颠，披荆斩棘、整饬茶园，种植茶树、传承技艺，成就了一个普惠民生的支柱产业。全县茶园面积 15 万亩，先后获得“全国重点产茶县”“全国十大生态产茶县”“中国名茶之乡”称号。一棵茶树，养厚了一方水土，造福了这方百姓！

一片茶叶，一个故事，无数传奇。明代文学家冯梦龙宦寿期间留下了“九峰山上紫茶殊，香漫甘回嫩厚舒；他日堂中酬客友，仙茗盛誉满姑苏”的动人诗篇；而茶界泰斗张天福先生因缘际遇，与寿宁结缘，与寿宁茶叶结缘，在一个也叫龙虎山的地方，度过了9年时光，潜心钻研、传授技艺、造福当地，倡导“俭、清、和、静”茶道精神，留下了一段芳香传奇，我们敬奉他为“茶仙”。可以说，寿宁高山茶的每一抹绿色背后，凝结的是一种情怀、一个梦想、一颗匠心、一份坚守。

**点　评：**

第二段以“好山好水出好茶，一芽一叶吐芳华”和第三段以“一片茶叶，一个故事，无数传奇”，作为段落开头，引人入胜，起到了画龙点睛的作用。第二段内容，分别用排比句“于烂石之间、于砂砾之上、于云雾之颠”，而且典出陆羽《茶经》，阐述寿宁高山出好茶的由来，道出了寿宁人民的勤劳，用“一棵茶树，养厚了一方水土，造福了这方百姓”作段落结束语；第三段以“明代文学家冯梦龙的动人诗篇，茶界泰斗张天福先生因缘际遇，与寿宁结缘，与寿宁茶叶结缘”，从历史文化人文的角度，为寿宁茶叶的传奇留下注脚。最后以“寿宁高山茶的每一抹绿色背后，凝结的是一种情怀、一个梦想、一颗匠心、一份坚守”，作为段落小结。一方面，拉近了致辞者与听者的距离；另一方面，拉升了寿宁的文化高度，起到宣传寿宁的重要作用，而且有别于一般介绍地域概况的写法，为致辞增色不少。

习近平总书记在闽工作期间，曾九到寿宁、三进下党，寄予我们“唱好山歌、摆脱贫困、加快发展”的殷切嘱托，至今依然记得那“下乡的味道”。靠山吃山，就要唱好山歌。一年一届的斗茶赛，既是对“寿宁高山茶”产业发展的一次全面检阅，也是以茶会友的一次盛会。本届斗茶赛由海峡两岸茶业交流协会和寿宁县人民政府共同主办，以“天香仙韵、唯你知音”为主题，节庆活动高潮迭起、异彩纷呈。全县广大茶人坚持传承与创新同步，技艺与文化共振，展示了“寿宁高山茶”最新成果，传播了“寿宁高山茶”文化，弘扬了张天福茶学思想，同时收获了品牌效应、经济效益和社会效益，必将成为“寿宁高山茶”发展史的又一重要里程碑。

各位领导、各位来宾，女士们、先生们、朋友们，盛会落幕，余韵犹在。一份美好茶缘，让我们相聚寿宁；一份绿色情怀，让我们延续情谊九到寿宁、三进下党。真诚希望各位领导、各位嘉宾一如既往地关心支持、宣传推介“寿宁高山茶”。我们一定会持续把茶叶作为第一产业来打造，做强品牌、保证品质、改良品种，以茶兴业、以茶惠民，用实打实的努力，为老区人民托起全面小康和乡村振兴的绿色梦想。

南方有佳木，寿宁高山茶。饮一盏高山茶，养生益寿；品一缕高山韵，清心康宁。何为寿宁高山茶？品自在，香；悟其妙，仙。天香仙韵，唯你知音。

谢谢大家！

**点　评：**

以习近平总书记曾经“九到寿宁、三进下党”为切入点，无形中让我们知道“下乡的味道”在寿宁乃至全省全国的影响，这样就为“寿宁高山茶”的传播，提供了更深厚的土壤。不管是文学艺术，还是公文写作，唯有真情，方有里程碑式的意义。特别是最后一段，“一份美好茶缘，让我们相聚寿宁；一份绿色情怀，让我们延续情谊九到寿宁、三进下党。”延续的是一段习近平总书记对寿宁乃至宁德的一段真情实感。世间唯有不变的是乡愁、故乡情，还有难以言说的不是故乡胜似故乡的情谊。这里的文字表述，给我们带来一段情深意切的感受，这种难以忘怀的文字表现形式，是我们需要弘扬光大的内容。

在这样的时刻，我需要推荐时任国务院副总理刘延东同志在中华文化论坛上的演讲，题目是：《伟大的民族创造伟大的文化，伟大的文化推进伟大的复兴》。这是一篇非常好的演讲稿，仅文章的排比形式，就足以证实我的判断。我摘录其中的一小段，大家可以从各种修辞手法的交替使用中，深刻领悟文章篇幅精短、妙语连珠的感受。比如，“自从文明的曙光初照神州，中华各民族的祖先就在这片古老而辽阔的土地上繁衍生息。经过五千多年的迁徙、演化和融合，形成了多元一体、不可分割的中华民族，创造了独具特色、灿烂辉煌的中华文化。影响深远的诸子学说，浩如烟海的历史古籍，气象万千的诗词歌赋，匠心独运的书画雕塑，泽被后世的四大发明……这些都令世人推崇备至，惊叹不已。中华文化具有海纳百川、地承万物的气魄，历来以博大的胸襟面向世界，因兼容并蓄而丰富多彩，因推陈出新而永葆活力，因特色鲜明而远播四方，成为世界四大古文明的仅存硕果。中华民族以自己非凡的智慧和创造力，为人类文明进步作出了不可磨灭的重大贡献。”如果大家有时间，不妨看看整篇文章的写作风格，想必对你的公文写作有极大的帮助。我听说，该文已入选许多海外中文学校的范文。

## 二、开幕式致辞

招商大会年年开，早年叫投资洽谈会，后来统一改称电机电器博览会。我在市政府办工作 20 多年，每年都要参与招商会的文字起草工作，一般情况下，市政府市长通常负责主持，市委书记负责致辞，除特殊情况，书记不在家，改由市长致辞。这一份致辞稿大概就是这种情况，所以，才有一句话，受市委书记 ××× 委托，我代表市四套班子和 340 万宁德人民，对客人表示热烈欢迎。案例二，虽然有五个段落，但还是按照“欢迎感谢、市情和基本情况、热情邀请”三个方面展开叙述，我们逐一分析：

## 案例二：

### 在第×届海峡两岸电机电器博览会暨第十×届宁德投资洽谈会开幕式上的致辞

×××

（20××年×月××日）

尊敬的中国国际贸易促进会×××副会长，尊敬的各位领导、各位嘉宾，女士们、先生们、朋友们：

今天，闽东大地，山水欢歌，高朋云集。来自海内外企业界2300多名嘉宾相聚宁德，出席第三届海峡两岸电机电器博览会暨第十三届宁德投资洽谈会，与我们共商合作，共谋发展。在此，受市委×××书记委托，我谨代表宁德市四套班子和340万热情好客的闽东人民，向莅临本次盛会的各位领导、各位嘉宾、各界朋友表示热烈的欢迎和衷心的感谢！

宁德地处福建省东北部沿海，是一座正在崛起的海湾新城。独特的区位优势、便捷的海陆交通、丰富的岸线资源、天然的深水良港、优美的生态环境，使宁德不断焕发出新的、巨大的发展潜力和活力，经济发展速度连续多年走在全省前列。当前，我们正按照福建省委、省政府对宁德提出的加快发展成为“福建新增长极”的要求，大力推进环三都澳区域发展战略，力促经济社会实现新的更快的发展。

电机电器是宁德传统优势产业，20××年，全行业实现产值400亿元，企业1000多家，从业人员20多万人，成为中国中小电机重要的出口基地、中国百佳产业集群之一，中小型电机产量及出口量均占全国同类产品的三分之一。电机电子也是台湾最重要的产业之一，产值和出口均占台湾工业的“半壁江山”，其研发实力、企业现代化管理水平、高端产品市场占有率一直走在世界前沿。福建省委、省政府高度重视和支持闽东电机电器产业加快发展，5月15日专门出台了九个方面措施，支持闽东电机电器加快培育成为千亿产业集群，这些措施和政策，条条都是干货，件件都有“真金白银”，给闽东广大电机电器企业予极大的鼓舞和鞭策，闽东电机电器产业发展进入了一个新的机遇期。我们期待借助一年一度的海博会平台，推动我市企业积极参与对外合作交流，借鉴先进地区经验，加快自身转型升级，尤其是推动宁台两地企业发挥各自优势，深化互利合作，实现共同发展。

各位来宾、各位朋友，当前宁德已经进入一个蓄势待发、加快发展的黄金时期。今年以来，已有56个大项目、好项目落户，总投资440亿元。这次投洽会上还将有119个项目签约，总投资400亿元。我们衷心希望在本次盛会上，能够与更多的有识之士共享商机、共谋发展、共创大业，也热忱欢迎大家多到宁德参观考察、洽谈合作、投资兴业，对宁德发展提出宝贵意见。

祝第三届海峡两岸电机电器博览会、第十三届宁德投资洽谈会圆满成功！祝各位领导、各位嘉宾、各位朋友身体健康、家庭幸福、事业辉煌、万事如意！

谢谢大家！

### 点　评：

第一段落，“今天，闽东大地，山水欢歌，高朋云集。来自海内外企业界2300多名嘉宾相聚宁德，出席第三届海峡两岸电机电器博览会暨第十三届宁德投资洽谈会，与我们共商合作，共谋发展。在此，受市委×××书记委托，我谨代表宁德市四套班子和340万热情好客的闽东人民，向莅临本次盛会的各位领导、各位嘉宾、各界朋友表示热烈的欢迎和衷心的感谢！”段落大意是高朋云集，表示欢迎和感谢。写作的时候嘉宾相聚宁德，主人的热情好客，需要充分体现。

第二段落，简要介绍宁德市情，以一小段排比句告之：“宁德地处福建省东北部沿海，是一座正在崛起的海湾新城。独特的区位优势、便捷的海陆交通、丰富的岸线资源、天然的深水良港、优美的生态环境，使宁德不断焕发出新的、巨大的发展潜力和活力，经济发展速度连续多年走在全省前列。”接下来告诉来宾，宁德正在做的事情，就是加快发展成为“福建新增长极”，大力推进环三都澳发展战略。

第三段落，介绍电机电器产业发展情况，三层意思：一是产业发展现状；二是省委、省政府高度重视，从政策上给予大力支持；三是我们的期待。

第四段落，近年来，项目落地的情况，然后推介项目，“我们衷心希望在本次盛会上，能够与更多的有识之士共享商机、共谋发展、共创大业，也热忱欢迎大家多到宁德参观考察、洽谈合作、投资兴业，对宁德发展提出宝贵意见。”

第五段落，表达祝愿！

总之，只要我们顺着这样的思路，把给定的素材和往年的类似文章，朝着“欢迎感谢、市情和基本情况、热情邀请”的方向理一理，加上适当的模仿并改造，而不全盘照抄，就不愁写不出来。可谓“文章千古事，修行靠自己”。

## 三、签约仪式致辞

有了案例二作为基础，案例三的写作思路，就不难找出来。这里，我们可以先停下脚步，看看案例三与案例二的共同点和不同点。

共同点：第一段落，表达欢迎和感谢，基本一样；第二段落和第四段落，介绍宁德市的发展情况和投资环境。第五段落，仍然是欢迎客商来宁德投资兴业。

不同点是：案例二的第三段落，介绍电机电器产业情况，案例三的第三段落，展望佛山与宁德的合作前景。“可以说，两地虽然相距较远，但发展方向相近、产业特点相关，经济互补性强，合作潜力大、前景广。”

虽然，这两个案例没有分点的题目，但还是有写作提纲和思路的，希望借梯上楼，以此提高大家谋篇布局的能力。

## 案例三：

### 在宁德（珠三角）投资环境说明会暨项目签约仪式上的致辞

××

（20××年××月××日）

尊敬的各位领导、各位来宾，女士们、先生们、朋友们：

大家好！

党的十八届三中全会刚刚胜利闭幕，今天，我们带着真诚合作、互利共赢的良好愿望，来到千年古城、岭南明珠——佛山，与各位新老朋友欢聚一堂、畅叙友谊、共谋发展。首先，我谨代表宁德市委、市政府，向各位领导、各位嘉宾、各位朋友，表示热烈的欢迎和衷心的感谢！

宁德俗称闽东，位于福建省东北部，是海峡西岸经济区正在崛起的一座新兴港口城市，也是福建省最具发展活力的城市之一。近年来，全市上下秉承习近平同志当年大力倡导的“弱鸟先飞”的拼搏意识、“滴水穿石”的闽东精神、“四下基层”的工作作风，按照2010年总书记回宁德视察时，对我们提出的“多上几个大项目、多抱几个‘金娃娃’、加快跨越式发展”的嘱托，承载梦想，激情创业，推动各项事业又好又快发展，各项主要经济指标增幅持续位居全省前列，其中规模以上工业总产值和增加值增幅已连续8年位居全省首位。去年，全市顺利实现地区生产总值超千亿、财政总收入超百亿、城镇居民人均可支配收入超2万元、农民人均纯收入向万元迈进的“千百万”目标。在此基础上，我们结合贯彻落实党的十八大精神，作出建设“×××××”的决策部署，确定了到20××年底与福建省同步全面建成小康社会的奋斗目标。在这一思路目标引领下，全市经济社会发展呈现“稳中有进、稳中加快、稳中向好”的态势。今年1—10月，省里评估的11项指标中，我市10项指标增幅位居全省前列，其中7项增幅位居首位。特别是我们坚持招大商、招好商、招有核心竞争力的商，上半年就超额完成全年千亿招商目标，目前还有一批大企业、大集团、大项目在跟进对接。可以说，今天的宁德，已成为国内外客商投资、创业、发展的一方热土。

佛山作为广东省第三大城市和中国古代四大名镇之一，是“珠三角经济圈”的重要组成部分、中国经济发展最快的地区之一，也是华南乃至全国最大的有色金属、金属材料加工生产基地、集散地之一。尤其佛山是我国金属材料供应链的重要结点城市、贸易中心和出口桥头堡，具有强大的市场辐射力和带动作用。而宁德在“十二五”期间将以不锈钢产业为龙头，着力打造冶金新材料千亿产业集群。可以说，两地虽然相距较远，但发展方向相近、产业特点相关，经济互补性强，合作潜力大、前景广。

当前，宁德正处在潜力释放、活力迸发、动力增强的上升周期，已成为各界有识之士投资兴业的理想之地。一是机遇难得。党中央、国务院和福建省委、省政府高度重视宁德发展，特别是党的十八大召开后，宁德倍受各方关注，加快发展的政策环境、舆论环境、外部环境都在发生积极而深刻的变化，机遇叠加、影响扩大、动力增强的多重效应不断显现。二是优势众多。宁德有优越的地理区位、便捷的立体交通、丰富的自然资源、扎实的产业基础、强劲的重大项目和独特的政策扶持等六大优势，综合起来就是宁德的后发优势。在发达地区资源、要素、环境约束日益趋紧的情况下，这种后发优势愈发凸显、尤为珍贵。可以说，宁德已成为目前我国东南沿海资源要素最富集的地区。三是政策优惠。我市先后出台了鼓励总部经济发展、促进民营经济发展、加快建筑业企业转型升级、金融支持实体经济发展等一系列政策措施，并大力推行“五个一”、首席责任人、一线工作法等工作机制，采取容缺预审、并联会审、集中共审等做法，全力保障项目建设，真诚服务投资业主。四是商机无限。当前，“×××××”建设正如火如荼推进，特别是随着国家支持海西力度的加大、福建省扶持宁德政策措施的全面落实，包括一批重点产业集群的规划布局、一批重大项目的落地建设，宁德步入了新一轮大开发、大建设、大发展的重要时期，也为各界人士创新创业创造提供了新的平台和广阔空间。

各位嘉宾、朋友们，把握今天的选择，才能成就明天的事业。我们欣喜地看到，今天又有一批大项目、好项目将在这里成功签约，这既是大家看好宁德的战略选择，也是我们与大家合作发展的新起点。我们热情欢迎大家来宁德参观考察、深入洽谈，在更多领域开展务实合作。同时，也希望通过你们，带动和影响更多的朋友来宁德旅游观光、投资兴业，与我们携手共创合作双赢的美好未来。

最后，衷心祝愿各位领导、各位嘉宾身体健康、家庭幸福、事业发达！

谢谢大家！

案例四，是市政府与省建行战略合作框架协议签约仪式上的致辞，我想这种类型的致辞，在机关企事业单位的日常工作中，还是比较经常遇到的。所以，它的写作要领，也有必要掌握一下。标题和开头的称呼，大家从本书开始至现在，应该清楚了，后面的内容，我多花些笔墨。第一小段的欢迎和感谢，和前述的致辞，基本一致，有时候在开篇时也可以加上喜庆的情景描述，以领导的习惯为准。比如：阳春三月，莺飞草长。满园春色，高朋云集。在这万木葱茏、生机盎然的初夏美好时节等等。第二小段充分肯定省建行对 ×× 建设的支持和帮助。第三段，当前 ×× 面临的发展形势，既是 ×× 发展的新机遇，又为省建行在 ×× 拓展业务，提供了空间。第四段，表达真诚合作的愿望及 ×× 市委、市政府履约的决心。

## 案例四：

### 在 ×× 市人民政府与建行福建省分行战略合作框架协议签约仪式上的致辞

×××

（20×× 年 × 月 ×× 日）

尊敬的 ××× 行长，各位来宾，女士们、先生们：

今天，我们很高兴在这里举行 ×× 市政府与建行福建省分行战略合作框架协议签约仪式。在此，我谨代表 ×× 市委、市政府，代表市委 ××× 书记，向双方战略合作框架协议的签约表示热烈祝贺！对建行福建省分行长期以来对 ×× 建设发展的大力支持表示衷心的感谢！

作为内地银行中最具竞争力品牌的商业银行，建设银行自上个世纪 50 年代成立以来，为国家经济建设发展作出了重要贡献。长期以来，建设银行福建省分行对 ×× 厚爱有加，总是有求必应，特别是在这两年国家实施稳健的货币政策、资金形势非常紧张的情况下，建设银行福建省分行更是为我们雪中送炭，在重点项目建设、支柱产业培育、中小企业成长等方面给予 ×× 很大的支持，有力促进了 ×× 的建设发展。

当前，×× 正处在大投资、大开发、大建设、大发展的黄金时期。国务院把环三都澳区域列为海西九个集中发展区之一，省委、省政府提出要把 ×× 打造成为福建新的增长极，并配套一系列政策措施给予培育和扶持。我们正着力推进“三群”联动、“三化”并举、“三维”对接，积极招引大项目、好项目，加快培育电机电器、不锈钢、能源、钢铁等 4 个千亿产业集群。这些都为建行福建分行在 ×× 拓展业务、壮大规模、提高效益提供广阔的发展空间。

此次战略合作框架协议的签署，标志着 ×× 与建行福建省分行的合作迈上了新的台阶。真诚希望建行福建省分行以这次战略合作框架协议签署为契机，进一步加大信贷资金投放力度，在重点项目、城市建设、民生工程、产业升级、中小微企业等领域给予××更大力度的支持。我们将认真履行战略合作框架协议中所承担的责任和义务，有效整合各方资源，搭建政银企对接平台，为双方互动共赢营造良好的金融生态环境。

祝我们的合作圆满成功！

祝建设银行福建省分行事业蒸蒸日上！

谢谢大家！

## 四、开工竣工致辞

项目的开竣工仪式，通常都需要撰写致辞。我们以案例五和案例六来说明这一类稿件的特点，案例五的第一段，项目开工总是喜庆的，一般先表达祝贺和感谢。第二段，先讲市委、市政府对三都澳开发和建设高度重视，接下来说项目实施的重要性，比如："对于进一步提高××港吞吐能力，推动××港口经济又好又快发展，具有十分重要的意义。"然后，分别对参建单位和来宾提出希望。最后是代表市委、市政府表态。第三段，就是祝愿的语言了。总之，这份致辞比较简明扼要，作为开工典礼上的致辞，是恰当的。

**案例五：**

### 在××港三都澳港区城澳作业区<br>1号、2号泊位工程开工典礼上的致辞

××× 

（20××年×月××日）

尊敬的各位领导、各位来宾，同志们、朋友们：

上午好！

今天是 ×× 港三都澳港区城澳作业区 1 号、2 号泊位工程开工建设的大喜日子，这是 ×× 港口码头建设史上的一件大事。借此机会，我谨代表中共 ×× 市委、×× 市人民政府，向工程开工建设表示热烈的祝贺，向莅临开工仪式的各位领导、各位来宾表示热烈的欢迎和衷心的感谢！

×× 三都澳是世界少有的天然良港，拥有得天独厚的港口岸线资源，是建设大型港口和国际中转港的理想港址。×× 市委、市政府历来高度重视三都澳的开放、开发、建设，科学谋划港口事业发展，着力加快港口基础及配套设施建设，港口发展的层次和水平不断提升。三都澳港区城澳作业区 1 号、2 号泊位工程，是省重点交通基础设施项目，它的开工建设将促进我市港口基础设施的完善，对于进一步提高 ×× 港吞吐能力，推动 ×× 港口经济又好又快发展，具有十分重要的意义。希望全体参建人员发扬“肯吃苦、能作战”的精神，进一步优化施工组织设计，加快工程建设进度，高标准、高质量地完成施工任务，确保工程早日竣工。同时，也希望各位领导、各位来宾一如既往地关心和支持 ×× 的发展，继续支持和指导 ×× 交通基础设施项目规划与建设。我们也将一如既往地支持和服务港口设施建设，努力营造最良好的政策环境、最优质的建设环境，共同打造国际一流的集装箱运输港口，使 ×× 成为东部沿海重要的物流集散中心。

预祝 ×× 港三都澳港区城澳作业区 1 号、2 号泊位工程开工仪式取得圆满成功！祝各位领导、各位来宾身体健康、工作顺利、万事如意！

谢谢大家！

## 案例六：

### 在××县城区自来水第二水源工程开工仪式上的致辞

×××

（20××年×月××日）

尊敬的各位领导、各位来宾，同志们：

今天，我们在这里隆重举行××县城区自来水第二水源工程开工仪式，这是两天来我市与全省同步集中开工的第三个重大水利项目。在此，我谨代表××市委、市政府，代表市委×××书记，对项目的开工表示热烈祝贺！向参加开工仪式的各位领导、各位来宾表示热烈的欢迎，并向大家长期以来对宁德水利事业发展的关心支持表示衷心的感谢！

水是生命之源、生产之要、生态之基，加快水利改革发展，事关农业农村发展，事关经济社会发展全局。市委、市政府历来高度重视民生水利事业发展，特别是去年以来，进一步加大了水利基础设施建设力度，一批重大水利项目相继开工，目前全市在建重大水利项目12个、总投资16.5亿元。××县城区自来水第二水源工程是省委、省政府和省委组织部、省水利厅、省水利投资集团全力支持寿宁老区发展的重点项目，投资规模大、社会效益好，项目的建成将有效缓解寿宁城市化、工业化进程中的缺水难题，进一步改善当地群众生产生活用水条件，为××山区经济社会发展提供更加有力的支撑。

项目的开工只是建设的起点。希望省水投集团加快推进项目建设步伐，确保项目如期竣工、早日投产。××县委、县政府和市直有关部门要全力以赴做好各项要素保障，确保项目建设按计划顺利推进。项目承建单位、监理单位要精心组织、严格管理，高起点、高标准、高质量推进项目建设，把项目建成精品工程，建成让××百姓受益的民心工程、德政工程。同时，我们也衷心希望各级领导、各界朋友一

如既往地关心支持 ×× 各项事业建设，关心支持 ×× 老区和山区经济社会发展，给予我们更多的关爱和帮助。

祝开工仪式圆满成功！祝各位领导、各位来宾身体健康、万事如意！

谢谢！

**点　评：**

为什么在这里再举一个案例呢？主要考虑多举一些实例，多做一些横向比较，可以加深大家对致辞类稿件撰写方法的理解。我们比较案例五和案例六后，从中不难看出，第一段都写欢迎和感谢。

第二段强调市委、市政府对项目的重视以及项目的重要性。案例六，从宏观上说水的重要，“水是生命之源、生产之要、生态之基，加快水利改革发展，事关农业农村发展，事关经济社会发展全局。”写到“市委、市政府历来高度重视民生水利事业发展，特别是去年以来，进一步加大了水利基础设施建设力度，一批重大水利项目相继开工，目前全市在建重大水利项目 12 个、总投资 16.5 亿元。”再写到项目是由谁投资的：“×× 县城区自来水第二水源工程是省委、省政府和省委组织部、省水利厅、省水利投资集团全力支持 ×× 老区发展的重点项目，投资规模大、社会效益好。”最后强调项目实施的意义：“项目的建成将有效缓解 ×× 城市化、工业化进程中的缺水难题，进一步改善当地群众生产生活用水条件，为 ×× 山区经济社会发展提供更加有力的支撑。”从中，我们可以看出来，撰写过程始终遵循从大到小的原则，这也是公文写作的一个特点，与散文诗歌的写作特点有很大的不同。

第三段，提出希望，我们将其与案例五比较，除了对参建单位和来宾提出希望，还对 ×× 县委、县政府提出要求，这是基于项目在 ×× 建设的原因。

## 五、文艺晚会致辞

前面，我们用六个案例，对致辞进行了梳理，有一个共性的感受是：用欢迎、肯定、期望表达，形成新的期待。以下案例七，属于“欢迎感谢、肯定意义、希望表态”。虽然具体的写作方法略有不同，但目标达成是一致的。且听我作一番点评。

我到住房公积金管理中心工作，虽然仅两年零三个月多，但坚持每年都举办一场文艺晚会，节目基本是中心员工们自编自导自演的，社会反响较好。尤其是，小品“我和丈母娘的距离，只差一套房”，更是成为2018年宁德公积金的经典宣传语。我以为，通过举办晚会，对于宣传党的路线方针政策，特别是公积金政策，增强单位员工的凝聚力和战斗力，具有重要作用。下面这份致辞，就是中心综合科的同事们帮助写的，我的任务是在台上念念。念完一个月后，我就正式退休了，离开了近四十年的工作岗位。因此，可以说，这也是我离开工作岗位前最后一次上台致辞。

### 案例七：

在“筑梦新时代 领航公积金”文艺晚会上的致辞

×××

（2019年5月11日）

尊敬的各位领导、各位来宾，同志们，朋友们：

大家晚上好！

激情五月，青春飞扬。今天，我们欢聚在这里共同庆祝新中国成立70周年、纪念五四运动100周年，隆重举行“筑梦新时代 领航公积金”2019年文艺晚会。在此，我谨代表住房公积金全体干部职工，向莅临今天晚会的各位领导表示热烈的欢迎！向长期以来关心、支持、关注住房公积金事业的朋友表示衷心的感谢！向每一位住房公积金工作人员的辛勤付出致以诚挚的敬意！

风雨砥砺，岁月如歌。过去一年，我们坚持房子是用来住的、不是用来炒的定位，不忘初心，牢记使命，以“八个新”为目标，持续开展“双拓”“清逾守信”等“3+2”活动，用公积金文化塑造行业灵魂，总体工作呈现出“十大亮点”，广受缴存职工的大力点赞！

莫愁前路，乘风破浪。新的一年，我们肩负“住有所居”的光荣使命，让我们深入贯彻习近平新时代中国特色社会主义思想和党的十九大精神，围绕市委“一二三”发展战略，实施“五个三”目标任务，在简化流程上下功夫，在提高效率上下功夫，在提升服务上下功夫，奋力谱写住房公积金高质量发展新乐章！

最后，预祝晚会取得圆满成功！谢谢大家！

**点　评：**

案例七，共有三个小段。第一段，仍然是前面说的祝贺+欢迎+感谢，而庆祝新中国成立70周年、纪念五四运动100周年，是我在修改时加上去的，因为，我们写任何公文，都必须和讲政治挂帅，与时代同频。第二段，简单回顾中心过去一年的成效，只有肯定成绩，才能更好地前行。虽然只有这么一小段：“过去一年，我们坚持房子是用来住的、不是用来炒的定位，不忘初心，牢记使命，以“八个新”为目标，持续开展“双拓”“清逾守信”等“3+2”活动，用公积金文化塑造行业灵魂，总体工作呈现出“十大亮点”，广受缴存职工的大力点赞！”但不管是政治站位，还是工作成绩，语言的组织比较凝练。第三小段是表态，我们要怎么做，特别是要有“深入贯彻习近平新时代中国特色社会主义思想和党的十九大精神，围绕市委‘一二三’发展战略”，这样才能和第一小段呼应。当然，“预祝晚会取得圆满成功！谢谢大家！”也不能忘了。

## 六、新年新春贺词

迎接新年钟声敲响，如今有多种方式，但是当年我在福安康厝乡牛岭尾村插队时，大概只有一种，就是听收音机。记得，1977 年元旦的前一天，公社照例给每位知青送慰问品，新年是每人 1 斤猪肉，于是我们三位知青搞了一次小小的聚餐，过了一次有意义的元旦。喝着家酿的米酒，吃着当年难得吃到的红烧肉，比赛背诵唐诗宋词，围坐在一架旧收音机旁，等待零点新年的钟声敲响。现在，每年的元旦前夕，我们经常聆听国家主席习近平发表的新年贺词，然后各行各业都会发表新年或者新春贺词。这些贺词的共同特点：祝福 + 回顾 + 展望 + 祝福。特别是习主席的新年贺词金句，常常蕴含生活的大智慧、大道理，引领并影响着我们国家的发展走向。比如"每一个人都了不起""艰难方显勇毅，磨砺始得玉成""百年征程波澜壮阔，百年初心历久弥坚"。

接下来，我用案例八，即寿宁县 2021 年新春贺词，穿插介绍这一类材料的写作思路。

### 案例八：

**同心同力　向美寿宁**

——2021 年新春贺词

广大乡亲朋友们：

律回春渐，新元肇始，又到一年辞旧迎新时。县委、县人大常委会、县政府、县政协给全县人民拜年，致以新春祝福！

### 点　评：

"律回春渐"，出自南宋张栻《春日偶成》一诗中，原诗是这样的："律回岁晚冰霜少，春到人间草木知。便觉眼前生意满，东风吹水绿参差。"属于公文用典，用在文章开头起到画龙点睛的作用，而且从语言的逻辑角度，往前走，就是又到一年辞旧迎新时，送上新春的美好祝福。这就是新年新春贺词的“祝福+回顾+展望+祝福”中的祝福。

2020年，是令人难忘的一年。面对突如其来的疫情，28万寿宁儿女，始终把个人命运和国家命运紧紧连在一起，爱国家、爱家乡、爱大家，以“不出门、不聚集、不回家”的行动自觉，守望相助，筑起了密不透风的抗“疫”防线；用坚定不移的“信心、信念、信仰”，积极服从服务于疫情防控和经济社会发展大局，在推动高质量发展中迈向新征程，一年更比一年好！

**点　评：**

这一段，“2020年，是令人难忘的一年”。为什么难忘？抗“疫”难忘；发展难忘。以“不出门、不聚集、不回家”，用坚定不移的“信心、信念、信仰”作为中间的链接，串起前面的两个主题，以“一年更比一年好”结束本段。这就是新年新春贺词的总回顾。为接下来分述三点回顾铺垫，也可以说是导语。

这一年，全县上下牢记嘱托，感恩奋进，聚焦聚力“大下党、大三祥、大城镇”建设发展，GDP连续四个季度保持正增长，总量突破100亿元，多项指标越位赶超，10多项工作获得国家级表彰、典型推广或创新试点，顺利实现全县“十三五”圆满大收官。硕果累累，记录着寿宁砥砺奋进的步伐，见证着寿宁厚积薄发的腾飞，展示了上下同心、不等不靠的精神风貌。

这一年，无论是东部新城的布局落地、南阳小城镇的产城融合，还是三祥新材的迅速崛起、中小企业的竞相发展；无论是下党学习小镇的蜚声海内外、产业扶贫“寿宁模式”全国推广，还是“一品牌两产业”的风生水起、文旅产业的加速融合；无论是重点项目建设保持“零阻工”，还是历史遗留问题逐一破解，每个人都在不同的场景演绎着了不起的角色。寿宁的每一步发展、每一次前行、每一个飞跃，没有奇迹，只有足迹，是全体寿宁人民一步一个脚印奋斗出来的。

这一年，广大在外乡贤自强自立，敢闯敢干，在拼搏中成就了卓越事业，在奋斗中书写了新的辉煌，寿宁因为你们而精彩，家乡人民因为你们而骄傲！此时此刻，万家灯火，许多乡亲积极响应国家防疫号召，选择就地过年。他乡亦是家乡，心在一起，便是团圆，我们格外感谢你们！

**点　评：**

前面三段，是分述一年来取得的成绩，用“这一年”来表述。这里分别说说三个段落的语言特点。第一段，讲述一年来的指标亮点，以“硕果累累，记录着……，见证着……，展示了……。”第二段，用三个排比“无论……，还是……”阐述发展历程，然后以三个排比“每一步……、每一次……、每一个……”结束。第三段，广大在外乡贤的团结拼搏，用两对排比句，“在拼搏中成就了卓越事业，在奋斗中书写了新的辉煌，寿宁因为你们而精彩，家乡人民因为你们而骄傲！”表达精彩与骄傲，然后用“此时此刻，万家灯火，许多乡亲积极响应国家防疫号召，选择就地过年。他乡亦是家乡，心在一起，便是团圆，我们格外感谢你们！”表达感谢！我以为句句直达心坎。这就是语言的魅力，需要大家借鉴学习；这就是新年新春贺词的分点回顾，需要大家掌握。

寿宁发展好，大家才更好。站在新的百年起点，历史给出我们路标，征途漫漫，惟有奋斗。让我们坚定不移地沿着习近平总书记指引的方向，大力发扬“弱鸟先飞、滴水穿石、埋头苦干、久久为功”的新时代寿宁精神，聚焦聚力“大下党、大三祥、大城镇”建设，全方位推动寿宁高质量发展超越，以优异成绩庆祝中国共产党成立100周年！

衷心祝愿全县人民新春快乐、幸福安康、牛年大吉！

祝愿寿宁的明天更加美好！

中共寿宁县委
寿宁县人大常委会
寿宁县人民政府
政协寿宁县委员会
2021年2月11日

**点　评：**

最后一段，先从“寿宁发展好，大家才更好。站在新的百年起点，历史给出我们路标，征途漫漫，惟有奋斗。”切入，具体写作过程中，可以有各种变化，但万变不离其宗，就是与时代合拍。然后讲政治站位“让我们坚定不移地沿着习近平总书记指引的方向。”最后阐述寿宁县的发展思路：大力“发扬弱鸟先飞、滴水穿石、埋头苦干、久久为功”的新时代寿宁精神，聚焦聚力“大下党、大三祥、大城镇”建设，全方位推动寿宁高质量发展超越，以优异成绩庆祝中国共产党成立100周年！”这就是新年新春贺词的展望。当然后面的两句是表达“祝福祝愿”。

总之，致辞类的公文，还有多种形式，我在这里介绍的六种类型，主要是起到抛砖引玉的作用，希望阅读者重在消化吸收，从而达到举一反三的效果。倘若如此，算是不虚此行。

## 第三节　贺电贺信类

贺电贺信类，放到第三节来阐述，或许有前述喜庆的原因，但更重要的是写作时与“三步跳”上篮动作基本一致，即在表述时，都有“祝贺、肯定、希望”这三步曲。

木心先生的一首诗《从前慢》，“从前的日色变得慢，车、马、邮件都慢，一生只够爱一个人。”或许让我们记起有多久没有写信了，我们用这两个案例重温一下写信的感觉，也是不错的选择。主送顶格写并用冒号，这和我们小时候写信完全一样，从案例一的“澳门 ×× 同乡会：”和案例二的“福建省电信公司 ×× 市分公司：”可以看出。

第一段，都用到祝贺问候感谢的话语，常用“欣闻或欣悉”。案例一是：“欣闻贵会举行成立庆典暨首届理监事就职典礼，特驰电以示祝贺，并向各位在澳乡亲致以诚挚的问候！”案例二是：“欣闻 ×× 电信用户超百万，这标志着全市电信事业的发展跃上了新的台阶，服务社会的能力有了新的提升。值此，我谨代表中共 ×× 市委、×× 市人民政府，向你们表示热烈的祝贺！向为我市通信事业发展付出辛勤劳动的全市广大电信员工致以诚挚的慰问和衷心的感谢！”因此，我们在撰写时完全可以模仿。

### 案例一：

## 贺 电

澳门 ×× 同乡会：

欣闻贵会举行成立庆典暨首届理监事就职典礼，特驰电以示祝贺，并向各位在澳乡亲致以诚挚的问候！

多年来，广大在澳乡亲精诚团结、奋发图强，在各个领域成就了一番事业，同时不忘回报桑梓，积极参与和支持家乡经济社会建设，为澳门繁荣稳定和家乡事业发展作出了应有的贡献。希望澳门 ×× 同乡会以成立为契机，进一步团结带领广大在澳乡亲，为深化 ×× 两地交流合作，维护广大在澳乡亲合法权益，密切在澳乡亲与家乡之间的联络联谊，推动家乡科学发展、跨越发展再立新功！

预祝庆典大会圆满成功！

祝贵会事业蒸蒸日上、欣欣向荣！

祝各位乡亲身体健康、事业兴旺、万事如意！

××市人民政府

201×年×月×日

### 案例二：

## 贺　信

福建省电信公司××市分公司：

欣闻××电信用户超百万，这标志着全市电信事业的发展跃上了新的台阶，服务社会的能力有了新的提升。值此，我谨代表中共××市委、××市人民政府，向你们表示热烈的祝贺！向为我市通信事业发展付出辛勤劳动的全市广大电信员工致以诚挚的慰问和衷心的感谢！

电信发展与地方经济社会发展息息相关。长期以来，××电信秉承“用户至上、用心服务”的理念，紧紧围绕地方经济社会发展需求，充分发挥自身网络、技术和人才优势，积极争当排头兵，在自身得到快速发展的同时，主动承担社会责任，在推进“数字××”“平安××”“和谐××”建设等方面，做了大量工作，发挥了重要作用，有力地推动了我市信息化建设和各项事业发展，体现了一个国有企业的风采。希望你们以用户超百万为新的起点，百尺竿头，再接再厉，加快发展，更好地服务于用户、服务于社会，为加快我市国民经济和社会信息化进程，推进海峡西岸经济区东北翼中心城市建设做出更大的贡献！

××市人民政府市长　×××

200×年5月16日

第二段，主要讲述肯定和希望，既可以合在一起撰写，也可以分成两段撰写，如果内容多就分开撰写。案例一和案例二，都属于合并撰写的格式。先说案例一，肯定是这样表述的："多年来，广大在澳乡亲精诚团结、奋发图强，在各个领域成就了一番事业，同时不忘回报桑梓，积极参与和支持家乡经济社会建设，为澳门繁荣稳定和家乡事业发展作出了应有的贡献。"共有两层意思，即乡亲们团结奋进，在各自的领域都有一番成就。同时，不忘回报桑梓和社会。希望是这样表述的："希望澳门××同乡会以成立为契机，进一步团结带领广大在澳乡亲，为深化××两地交流合作，维护广大在澳乡亲合法权益，密切在澳乡亲与家乡之间的联络联谊，推动家乡科学发展、跨越发展再立新功！"一般写的时候，都写以什么为契机，然后再往下说，到再立新功等等。

案例二的肯定是这样表述的：电信发展与地方经济社会发展息息相关。长期以来，××电信秉承"用户至上、用心服务"的理念，紧紧围绕地方经济社会发展需求，充分发挥自身网络、技术和人才优势，积极争当排头兵，在自身得到快速发展的同时，主动承担社会责任，在推进"数字××""平安××""和谐××"建设等方面，做了大量工作，发挥了重要作用，有力地推动了我市信息化建设和各项事业发展，体现了一个国有企业的风采。这里多了一句讲电信发展的意义的话，即"电信发展与地方经济社会发展息息相关。"一般来说，如果讲意义或者作用，会起到提升材料格局和高度的作用。希望是这样表述的："希望你们以用户超百万为新的起点，百尺竿头，再接再厉，加快发展，更好地服务于用户、服务于社会，为加快我市国民经济和社会信息化进程，推进海峡西岸经济区东北翼中心城市建设做出更大的贡献！"同样还是有以什么为新的起点："希望你们以用户超百万为新的起点。"与新的契机意思一样。

此外，2020年2月份新冠疫情期间，寿宁县应对新型冠状病毒感染肺炎疫情工作领导小组致寿宁县乡亲朋友们的一封信，也值得我们学习。题目是"不出门、不聚集、不回来"。

寿宁县乡亲朋友们：

全县人民的生命安全和身体健康，始终是我们的最大心愿。自武汉新型冠状病毒感染肺炎疫情发生以来，全县上下坚决响应党中央和习近平总书记的号召，认真贯彻落实中央和省委、市委的各项决策部署，万众一心、众志成城，联防联控、群防群控，疫情防控工作总体平稳有序，目前尚未发现新型冠状病毒感染的肺炎确诊病例。但随着周边疫情形势日趋严峻，毗邻××“毒二代”病例一天比一天吓人，我们“守一方净土，保一方平安”的压力越来越大。越是在这个关键时候，越是需要全县上下同心同德、同向同力，越是需要县内县外风雨同舟、共克时艰。我们真心希望大家近期：

一是“不出门”。最好的防范就是居家。请您和家人多呆在家里，尽量不出门，安排好起居，注意一下个人卫生。您如果确实需要外出，请记得戴好口罩，回家别忘了洗手和消毒。大家都在说，此时前来串门的都是“敌人”，我们坚决不开门。

二是“不聚集”。坚决避免前往人群密集的场所，不聚餐、不聚会、不聚众赌博，不参加民俗活动，不参加婚丧喜庆。少吃一顿，亲情不会淡；亲戚不走，往后还有；朋友不聚，回头还能再叙。

三是“不回来”。寿宁走出去的儿女，都是我们的亲人；你们挂念着家乡，家人也惦记着你们。不管千山万水，短暂的离别，永远也阻断不了流淌在我们血脉里的浓浓亲情。如果近期有乡友执意要从疫情重点区域回来，将强制集中隔离留观 14 日。国难当前，人命关天，哪能迁就您呢？

没有一个冬天不会过去，没有一个春天不会到来。为了寿宁好，为了大家好，我们相守“不出门、不聚集、不回来”，春天的花儿很快就会开。

寿宁县应对新型冠状病毒感染
肺炎疫情工作领导小组
2020 年 2 月 4 日

点 评：

我注意到类似的公文，采用的公文文种是通告，但寿宁县却以信的形式来书写，或许更具人性化，我推崇这种方式。就导语层面，几句话十分精彩精炼，既讲政治站位“全县上下坚决响应党中央和习近平总书记的号召，认真贯彻落实中央和省委、市委的各项决策部署”，又告之当前的疫情形势，再就是用三个“越”过渡到三个希望。就结构层面，用“不出门、不聚集、不回来”三个“不”，提出希望。就语言表达层面“大家都在说，此时前来串门的都是‘敌人’，我们坚决不开门。”“少吃一顿，亲情不会淡；亲戚不走，往后还有；朋友不聚，回头还能再叙。”“国难当前，人命关天，哪能迁就您呢？”既有家常话，又有实在的要求。最后一段话，应该是这封信的点睛之笔：“没有一个冬天不会过去，没有一个春天不会到来。为了寿宁好，为了大家好，我们相守‘不出门、不聚集、不回来’，春天的花儿很快就会开。”

## 第四节 主持会议类

一般的公文写作教材，虽然基本上找不到主持词这一类的公文，但是在机关企事业单位的具体工作中，还是经常遇到。行政公署时期，办公室较少撰写主持词，应该是在上世纪八十年代，公文写作走向规范化以后，主持词的写作才开始形成。而且，我认为，机关企事业单位举办一些重要活动，确实有必要提前写好主持词，从而避免出现差错。什么是主持词呢？是一场会议，一场活动整个过程的全方位安排，是将上述过程条理化、系统化的文字材料。

### 一、主持词的特点与类型

1. 主持词的特点。一是周密性。主持词，是掌握整场活动或者会议的灵魂，在撰写过程中，需要把握好每个流程和细节。比如：全体起立，奏国歌；接下来，应该是请坐下。曾经有一场招商大会，主持词里少了请坐下这个环节，这种低级错误，往往造成比较严重的后果。二是超前性。对各种变化的情况，需要提前做好应变措施。比如：邀请的领导和客商，因故未来，在主持稿上就要提前进行增减。

2. 主持词的类型。主要分成四种类型：一是活动类。比如，招商大会、开竣工仪式。二是节庆类。比如，春节团拜会、升国旗仪式等。三是汇报座谈类。比如，上级领导调研汇报会、各界人士座谈会。四是工作部署类。比如，财政工作会议、农业工作会议等。

## 二、主持词的格式与写法

（一）主持词的格式

标题：××× 会议主持词。

正文：会议目的、会议议程。

结尾：两种形式，一是简要概述。二是简要表态或者提出要求。

（二）主持词的写作方法

一般分成三部分:一是开场白，介绍会议目的，并有欢迎和感谢的内容。二是会议议程,写作时注意发言的先后顺序。三是表态或者部署。可以分点，也可以不分点。

## 三、主持词的案例与点评

案例一：

### 2007 年 ×× 投资洽谈会开幕式主持词

×××

（2007 年 6 月 16 日）

尊敬的各位领导、各位来宾，女士们、先生们、朋友们：

初夏的蕉城，繁花似锦；开放的 ××，商潮涌动。在这万物葱茏的美好时节，由中共 ×× 市委、×× 市人民政府主办的2007年 ×× 投资洽谈会今天隆重开幕了。这次投洽会得到了省委、省政府的高度重视和省直有关部门、各兄弟市的热情帮助，得到了海内外各界朋友的积极响应。首先，我代表中共 ×× 市委、×× 市人民政府和330万热情好客的 ×× 人民，向莅临这次投洽会的各位领导、各位来宾表示热烈的欢迎！向长期关心、支持 ×× 发展的各位领导和各界朋友表示衷心的感谢！

应邀出席今天开幕式的有：原省人大常委会主任 ××× 先生、原省政协主席 ××× 先生、省政协党组副书记、副主席 ××× 先生、省人大常委会副主任 ××× 先生、省人大常委会副主任 ××× 先生、省人大常委会副主任 ××× 先生、省人民政府副省长 ×× 先生、原最高人民检察院副检察长 ××× 先生、原省人大常委会副主任 ××× 先生、原省政协副主席 ××× 先生、原解放军总后勤部基建营房部副部长 ××× 将军、原国防大学马列主义教研室主任 ××× 将军；省直有关部门领导，福州市、厦门市、泉州市、漳州市、莆田市、龙岩市和温州市等兄弟市领导；美国、加拿大、英国、意大利、西班牙、阿根廷、捷克、乌克兰、澳大利亚、新西兰、南非、巴布亚新几内亚、哥斯达黎加、日本、韩国、新加坡、泰国以及香港、澳门、台湾等20多个国家和地区的来宾和客商；世界经济贸易联合促进会、美国美中友好交流协会、美中工商联合会、美国华人社团联合总会、美国福建同乡会、美国福州总商会、美国北卡罗来纳州友好协会、加拿大中华总商会、加拿大福建商会、加拿大温哥华闽东同乡会、英国福建工商联合会、阿根廷福建同乡会、南非洲中华工商总会、澳州中华统一促进会、新加坡中国商会福建分会、香港厂商联合会、闽东旅港联谊会、世界台商总会、台湾中华观光旅游促进会、台北闽东同乡会、台湾中华冰温协会、金马地区两岸交流协会等国家和地区著名华人华侨社团领袖，新华社、人民日报、中央电视台、经济日报、中新社、香港文汇报、香港大公报、香港商报、中国旅游报、福建日报、福建电视台、福建人民广播电台、东南电视台、东南新闻网、海峡都市报、东南快报、福建画报、海峡西岸杂志、海峡旅游杂志、新华网福建频道等新闻单位和新闻界朋友，共计700多人。

给投洽会发来贺信、贺电的有：美国华人社团联合总会、美国福建同乡会、美国国际项目发展公司、新加坡驻厦门总领事馆、新加坡裕廊顾问咨询公司、鞍山钢铁集团公司、上海申财投资有限公司、上海希汉投资顾问有限公司。

我提议，让我们再次以热烈的掌声，对各位领导、各位来宾的光临表示热烈的欢迎！

（略）

现在，我宣布，海峡西岸经济区2007年××投资洽谈会开幕！（鸣炮）

全体起立（稍停），奏中华人民共和国国歌

（略）

请坐下。

（略）

现在，请中共××市委书记×××先生致辞，大家欢迎。

（略）

现在，请福建省人民政府副省长××先生讲话，大家欢迎。

（略）

2007年××投资洽谈会开幕式到此结束。下面，举行项目推介和项目签约仪式，请××市人民政府副市长×××先生主持。

## 点　评：

这是一场规模比较大的投洽会开幕式的主持词。每年的投洽会，市政府办综合科主要负责撰写市长在开幕式的主持词，就材料的分量而言，不是太多，内容也不复杂，但是收集确认名单和发来贺电贺信的个人及单位比较繁琐，经常要到下半夜，才能回家。在第一章的第三节，我曾讲过撤地设市庆典的凌晨，由于核对主持稿名单太迟，回家路上差点被货车撞的事。

第一段和上一节介绍的致辞一样，主要围绕欢迎和感谢。导语部分的这些内容，我在介绍致辞时，也曾经点到这种格式，即“初夏的蕉城，繁花似锦；开放的××，商潮涌动。在这万物葱茏的美好时节，由中共××市委、××市人民政府主办的2007年××投资洽谈会今天隆重开幕了。”第二段，应邀出席开幕式的领导、客商和新闻单位涉及三个问题：一是名单要认真核对，包括职务、名字，都不能有错误，确保无误；二是领导排名顺序。一般来说，设区市这一级，领导名字点到省部级为止，其他厅级领导点单位名称。三是客商和新闻单位，点到海内外重要客商社团及省级以上新闻单位。排名也要按从大到小的顺序排列。第三段，发来贺电贺信的单位和个人也要注意排名，并认真校对。第四段，主要是会议议程，从宣布开幕，鸣炮，到奏国歌，请坐下，要注意每一个环节，是否有遗漏。我前面就曾说到少了请坐下环节的问题，虽然只有三个字，但后果却是严重的。后来，我们为了慎重起见，在送市政府主要领导审定主持词前，经常先送投洽会秘书处审核把关，因为毕竟他们在第一线，情况掌握比较全面，多了这一道关卡，可以确保万无一失。

**案例二：**

## 201×年春节团拜会主持词

××

（201×年2月×日）

同志们、朋友们：

再过两天，就是蛇年新春佳节。值此辞旧迎新之际，我们在这里举行春节团拜会，邀请各界人士欢聚一堂、共迎新春。在此，我谨代表市委、市人大、市政府、市政协，向大家一年来为××建设发展付出的辛勤劳动表示衷心的感谢和诚挚的慰问，并向全市各族人民致以节日的美好祝愿！祝大家新春愉快、身体健康、阖家幸福、万事如意！

参加今天团拜会的有：市各套班子、宁德军分区领导，其他在职厅级干部，曾担任副厅级以上领导职务的离退休干部，市直各行政企事业单位、各民主党派、工商联、各人民团体，驻宁中属、省属单位和驻 × 部队、×× 预备役海防团主要负责人，优秀人才、知名专家学者、宗教界人士、少数民族代表等，共 330 多人。

现在，让我们用热烈的掌声，请市委 ××× 书记致辞。

（略）

同志们，朋友们，刚才 × 书记发表了热情洋溢的新春致辞，鼓舞人心、催人奋进。我们相信，在市委的坚强领导下，依靠全市人民的共同努力和社会各界的广泛支持，我们一定能够取得宁德科学发展、加快发展的新胜利，在新的更高起点上全面推进“×××××”建设，把 ×× 建设得更加优美更加和谐更加幸福。

今天的团拜会，市畲族歌舞团精心准备了精彩的文艺节目。现在，请大家一起欣赏畲族歌舞团的精彩演出。

**点　评：**

案例二是团拜会的主持词，通常跟它同类型的主持词，还有三八节、五一节、八一建军节、国庆节等节庆活动。一般来说，第一段都是写欢迎和感谢，若是五一劳动节或者是八一建军节应该分别写和劳动节或者建军节有关的内容；第二段介绍参会人员，比如：“参加今天团拜会的有：市各套班子、宁德军分区领导，其他在职厅级干部，曾担任副厅级以上领导职务的离退休干部，市直各行政企事业单位、各民主党派、工商联、各人民团体，驻宁中属、省属单位和驻 × 部队、×× 预备役海防团主要负责人，优秀人才、知名专家学者、宗教界人士、少数民族代表等，共 330 多人。”第三段是会议议程，比如，请市委书记致辞，如果是八一建军节，应该还有军分区或者驻军领导；第四段，即最后一段表达市委、市政府的决心和信心。如果是××单位，我想应该表达××单位做好工作的决心和信心，也可以撰写与节庆有关的内容。

### 案例三：

## 在市委理论中心组学习会上的主持词与讲话

××

（20××年×月×日）

同志们：

受出差在外的×××书记委托，由我主持今天的市委中心组理论学习会。这次学习会的主题是“中国共产党的作风建设和群众路线”。我们很高兴、很荣幸地邀请到中央党史研究室×××副主任，千里迢迢专程到××来为我们作专题辅导。×主任在中央党校工作20年，是中央党校教授、博士生导师，享受国务院特殊津贴，也是全国社科规划领导小组成员、中央马克思主义理论研究和建设工程咨询委员会委员，还是中共党史学会常务副会长、国际共运史学会副会长、科学社会主义学会副会长等。长期以来，×主任一直致力于理论和实践中具有战略性、前瞻性问题的研究，涉及党和国家的基本理论、国际政治、党史党建、经济社会发展战略、领导艺术等诸多领域，造诣很深，成果丰硕。×主任还参与组织过中央一些重要课题的研究工作，给中央部委、省区市委、军队各大单位、宣传系统、党校、高等院校以及外国高级官员作过数百场报告。×主任这次能在百忙之中应邀来给我们做专题辅导，充分体现了×主任对宁德的厚爱和支持。大家要认真听讲，深入思考，同时还要认真学习×主任严谨细致的学术精神和求实务实的工作作风，真正做到学有所思、学有所悟、学有所得。

现在，让我们以热烈的掌声欢迎×主任作专题报告！

……

刚才，× 主任系统回顾了党的作风建设的基本历程，全面分析了90 多年来我们党一系列优良作风的基本内涵，并对新形势下加强党的作风建设的根本要求，以及如何坚持群众路线、加强作风建设作了深刻阐述。报告站位很高、主题突出、内容丰富、见解深刻，而且深入浅出、精彩生动，是一堂很好的形势教育课、党性教育课，对于我们深入贯彻党的十八大精神，进一步弘扬优良传统、转变工作作风、密切联系群众、推动加快发展，具有很强的指导性和针对性。大家一定要很好地学习、领会与实践。

党的作风建设，关系党的生死存亡。建党 90 多年来，我们党始终重视党的作风建设，为党的事业不断从胜利走向胜利提供了强有力保障。特别是党的十八大以来，面对复杂严峻的国内外形势，面对全面建成小康社会、实现“中国梦”的宏伟目标，新一届中央领导集体把党的作风建设摆在更加重要的位置，作出了一系列新部署，明确了一系列新要求，体现了我们党独到的政治眼光、赤诚的为民情怀、强烈的忧患意识和党要管党、从严治党的坚定决心。×× 作为一块有着光荣革命传统的红土地，作为习近平同志曾经工作和奋斗过的地方，在作风建设上更要有一种强烈的责任感和使命感。特别是当前，我们正处在建设“×××××”、全面建成小康社会的关键时期，加强作风建设尤为重要、尤为紧迫。结合学习贯彻 × 主任的报告精神，结合 ×× 的一些实践，我就全市进一步践行群众路线、加强作风建设，谈几点个人看法：

一要突出领导带头，体现导向性。（略）

二要突出“四下基层”，体现针对性。（略）

三要突出解决问题，体现实效性。（略）

四要突出制度建设，体现长效性。（略）

总之，希望全市各级各部门、各级干部结合学习李主任的辅导报告，认真按照中央和省、市的部署要求，以更高标准、更严要求扎实抓好作风建设和群众路线教育实践活动，以务实、为民、清廉的良好作风，为推进“××××××”建设做出新的更大贡献！

最后，让我们再次以热烈的掌声对李 ×× 主任表示衷心的感谢！

今天的中心组学习会到此结束，散会。

**点　评：**

案例四是一份比较典型的理论中心组学习会的主持词并讲话，这种类型的公文材料，在机关企事业单位比较经常用到。为什么主持词，后面还要紧跟强调几点意见？一方面，为了更好地与中心组学习的主题结合起来；另一方面，听完主讲人的专题辅导，需要结合实际，谈谈学习体会，强调对下级的要求，也是对主讲人的尊重。希望这一份主持词，对大家在类似的公文写作中，起到重要帮助。

第一段，通常在这一部分，点出学习会的主题后，主要介绍主讲人的简历、研究方向和重要的研究成果，比如：× 主任在中央党校工作 20 年，是中央党校教授、博士生导师，享受国务院特殊津贴，也是全国社科规划领导小组成员、中央马克思主义理论研究和建设工程咨询委员会委员，还是中共党史学会常务副会长、国际共运史学会副会长、科学社会主义学会副会长等。接下来，介绍主讲人的研究方向和成就：长期以来，× 主任一直致力于理论和实践中具有战略性、前瞻性问题的研究，涉及党和国家的基本理论、国际政治、党史党建、经济社会发展战略、领导艺术等诸多领域，造诣很深，成果丰硕。× 主任还参与组织过中央一些重要课题的研究工作，给中央部委、省区市委、军队各大单位、宣传系统、党校、高等院校以及外国高级官员作过数百场报告。× 主任这次能在百忙之中应邀来给我们做专题辅导，充分体现了 × 主任对宁德的厚爱和支持。然后强调一下听课纪律：大家要认真听讲，深入思考，同时还要认真学习 × 主任严谨细致的学术精神和求实务实的工作作风，真正做到学有所思、学有所悟、学有所得。

接下来，让我们以热烈的掌声，请 × 主任作专题报告。待主讲人作完报告，大家不妨思考一下，第二段应该讲什么？

这一段，比较传统的写法，就是对主讲人的精彩专题报告，需要给予充分的肯定：刚才，× 主任系统回顾了党的作风建设的基本历程，全面分析了 90 多年来我们党一系列优良作风的基本内涵，并对新形势下加强党的作风建设的根本要求，以及如何坚持群众路线、加强作风建设作了深刻阐述。报告站位很高、主题突出、内容丰富、见解深刻，而且深入浅出、精彩生动，是一堂很好的形势教育课、党性教育课，对于我们深入贯彻党的十八大精神，进一步弘扬优良传统、转变工作作风、密切联系群众、推动加快发展，具有很强的指导性和针对性。大家一定要很好地学习、领会与实践。

第四段，主要就如何学习贯彻习总书记关于作风建设重要论述，结合 × 主任的报告精神，结合 ×× 的实践，就全市进一步践行群众路线、加强作风建设，谈几点个人看法：一要突出领导带头，体现导向性。二要突出"四下基层"，体现针对性。三要突出解决问题，体现实效性。四要突出制度建设，体现长效性。

最后，就是结束语和感谢语。

**案例四：**

## ×× 乡 ×× 村农业农村工作座谈会主持词

××

（20×× 年 ×× 月 ×× 日）

尊敬的 × 副省长，各位领导、同志们：

× 副省长是 ×× 的老领导，对 ×× 有着深厚的感情，到省政府工作后，仍然心系 ××，始终关心支持 ×× 各项事业发展，并多次深入 ×× 检查指导工作，给予了我们很大的支持和帮助。这次，× 副省长又带领省直有关部门领导，深入我市检查指导"三农"工作，并在这里召开农业农村工作座谈会，了解农村六大员、村级负债、农村金融服务、小型水利设施管护工作情况，这对于我市进一步理清思路，做好“三农”工作，加快现代农业发展，促进农业增效、农民增收，是巨大的的鼓舞和鞭策。在此，让我们用热烈的掌声，对陈副省长一行表示热烈的欢迎和衷心的感谢！

参加今天座谈会的省调研组成员有：省政府 ××× 副省长，省政府 ××× 副秘书长，省农办主任、农业厅厅长 ××× 同志，省水利厅 ××× 厅长，省农科院 ×× 院长，以及省政府办公厅农业处的同志。

×× 市参加会议的人员有：市委 ××× 书记，×× 市委常委、福安市委 ××× 书记，×× 市政府 ×× 副市长，以及 ×× 市直有关部门负责人和福安市、乡、村干部代表。

今天座谈会的议程有五项：一是请福安市穆云乡、村两级干部代表发言；二是请 ×× 市委常委、福安市委 ××× 书记发言；三是请 ×× 市委 ××× 书记发言；四是请省直部门领导发言；五是请 × 副省长作重要讲话。

现在，请福安市穆云乡党委书记 ××× 发言。

（略）

现在，请穆云乡虎头村党支部书记 ××× 发言。

（略）

现在，请虎头村种植大户、水蜜桃协会会长 ××× 发言。

（略）

现在，请福安市人大代表、虎头村种植大户 ××× 发言。

（略）

现在，请宁德 ×× 常委、福安市委 ××× 书记发言。

（略）

现在，请市委 ××× 书记发言，大家欢迎！

（略）

现在，请省政府 ××× 副秘书长发言，大家欢迎！

（略）

现在，请省农办主任、省农业厅厅长 ××× 同志发言，大家欢迎！

（略）

现在，请省水利厅 ××× 厅长发言，大家欢迎！

（略）

现在，请省农科院 ×× 院长发言，大家欢迎！

（略）

现在，请 ××× 副省长作重要讲话，大家欢迎！

（略）

刚才，× 副省长分析了当前农业农村工作面临的新形势，解读了省委、省政府关于加快现代农业发展的相关政策，并对我市农业农村工作提出了具体要求。× 副省长的重要讲话站位高、内涵深，要求十分明确具体，十分切合我市实际，对我们进一步做好各项“三农”工作，加快现代农业发展，促进农业增效、农民增收具有很强的指导性。各位省厅领导也提出了许多富有针对性、指导性的意见和建议。大家要按照 × 副省长和各位省厅领导的重要讲话要求，认真抓好贯彻落实。同时，也衷心希望 × 副省长和各位省厅领导一如既往地关心支持宁德发展。我们坚信，有各位领导的关心支持，有全市人民的共同努力，我市的农业农村工作一定能够更上新台阶。

让我们再次以热烈的掌声，对 × 副省长一行表示衷心的感谢！

（略）

座谈会到此结束，散会！

**点　评：**

案例四，是一份省领导到 ×× 调研时召开的一场座谈会主持词。第一段，主要阐明省领导对 ×× 的关心支持表示感谢。第二三段分别介绍省市参加座谈会的领导；第四段，告诉与会者，座谈会共有五大项议程。然后，分别按此议程，一一发言或讲话，一般情况下，这种汇报式的座谈会的议程，按先从乡村，到福安市、×× 市，再到省直部门领导，省政府领导放在最后做重要讲话。最后一段，非常重要，对省政府领导和省直部门领导的讲话和发言，要有一个回应，需要讲到对我市工作具有很强的指导性等，还要再次表示感谢，这里的顺序是先回应省政府领导，后回应省直部门领导。

大家回顾一下汇报座谈会主持词的基本脉络，大约“四步棋”，即“欢迎感谢、介绍与会领导和议程、从小到大排议程、回应领导讲话并表态”。

### 案例五：

## 全市小城镇和千亩设施农业建设现场会主持词

××

（20×× 年 × 月 ×× 日）

同志们：

今天，我们在这里召开全市小城镇和千亩设施农业建设现场会，主要任务是回顾总结全市小城镇改革发展战役和高优农业示范园区建设情况，部署安排今年工作任务，进一步提高我市小城镇和设施农业建设水平，推进“×××××”加快建设。

上午，大家参观了蕉城赤溪镇千亩设施农业建设和飞鸾镇小城镇改革发展情况，下午我们接着召开现场会，主要议程有四项：一是蕉城赤溪镇作高优农业示范园建设工作典型发言；福安赛岐镇、福鼎太姥山镇、蕉城飞鸾镇、霞浦牙城镇作小城镇综合改革建设试点工作汇报。二是市政府 ×× 副市长部署 20×× 年全市千亩设施农业建设工作任务。三是市政府 ××× 副市长部署 20×× 年全市小城镇综合改革建设试点工作任务。四是市委 ××× 书记作重要讲话。

现在，请赤溪镇、赛岐镇、太姥山镇、飞鸾镇、牙城镇依次分别发言，发言时间控制在 10 分钟以内。

先请蕉城区赤溪镇党委书记 ××× 发言。

（略）

现在，请 ×× 副市长部署 20×× 年全市千亩设施农业建设工作任务。

（略）

现在，请 ××× 副市长部署 20×× 年全市小城镇综合改革建设试点工作任务。

（略）

现在，请市委 ××× 书记作重要讲话，大家欢迎。

（略）

刚才，× 书记对全市小城镇改革发展和千亩设施农业建设工作提出了明确要求，具有很强的针对性和指导性；×× 副市长、×× 副市长分别就相关工作做了全面部署。各级各有关部门要按照 × 书记的重要讲话精神和 ×× 副市长、×× 副市长的工作部署，全力以赴抓好贯彻落实，推动我市小城镇综合改革建设和千亩设施农业建设再上新水平。这里，我就贯彻落实这次会议精神再简单强调几点意见：

一、迅速传达贯彻。（略）

二、抓好组织实施。一要突出重点。（略）二要抢抓进度。（略）三要配足要素。（略）

三、严格落实责任。（略）

会议到此结束，散会。

## 点　评：

一般来说，市政府主要领导平均三年多换一次。因此，新领导到任后，我常和综合科的同事说，我们要主动适应领导，尽快学习掌握领导的语言习惯，进入角色，而不是领导适应我们。通常，这个阶段是我们工作任务最繁重的时候。一方面，领导刚到任，下基层调研，走访有关部门单位，工作安排紧锣密鼓，撰写材料时间紧、任务重；另一方面，我们又不太熟悉领导的语言特点和习惯，写出来的材料，退稿特别多。通常适应领导的过程，少则三个月，多则半年。比如，这份主持词的结尾，有的领导喜欢简明扼要，有的领导多强调几点，我们就得千方百计去适应。因此，案例五的前面部分，主要从会议的任务、过程、议程，有序展开，我就不再点评。这里侧重就案例五的结尾，进行一番探索性研究。

如果，喜欢多强调的领导，基本可以按照案例五的结尾展开，第一，迅速传达贯彻。第二，抓好组织实施。讲三小点，即一是突出重点；二是抢抓进度；三是配足要素。第三，严格落实责任。

如果需要简要一些，可以这样改动一下，只保留以下内容：刚才，×书记对全市小城镇改革发展和千亩设施农业建设工作提出了明确要求，具有很强的针对性和指导性；×× 副市长、×× 副市长分别就相关工作做了全面部署。各级各有关部门要按照 × 书记的重要讲话精神和 ×× 副市长、×× 副市长的工作部署，全力以赴抓好贯彻落实，推动我市小城镇综合改革建设和千亩设施农业建设再上新水平。在全力以赴的前面加上两句话，“迅速组织传达会议精神，全面总结梳理相关工作”即可。

## 练习题：

一、某媒体将于近段时间，就贵单位（企业）的某一项重点工作或项目推进情况，进行一次专访，请你拟写一份本单位领导的专访提纲。

二、你所在单位某项目即将开工或竣工，请你拟写一份单位主要领导在开工或竣工仪式上的致辞。

三、你所在单位即将召开一场工作部署会，请你拟写一份单位领导在 ××× 工作部署会上的主持词

# 第四章　汇报发言准实简　做法成效精华显

从汇报发言的角度看，这一类的材料，属于上行文或者平行文。一般是向上级汇报情况或者同级来访时，需要准备的材料。因此，写作过程中，首先要注意讲话的语气，只有在表态时，采用“要”，其他基本上不用“要”字。

如今，我的生活已归于平淡宁静，已不再需要加班加点赶写材料，但当我看到“汇报”“发言”的字眼，回首走过的撰写这一类材料的时光，终有几幅画面，涌入心头。无论是风雨交加的防汛防台之夜，还是老行署大院顶楼的不熄灯火。它曾有多辛苦、多煎熬，而今就有多欣慰、多平和。因为付出是快乐的源泉。

接下来介绍汇报发言材料的具体案例时，我想结合这些画面，谈谈其写作过程，总的来说，应该是立意准、内容实、叙事简，特别在撰写工作情况时，要把握其“做法 + 成效”的写作特点。这里结合案例，分章节解读综合、专题、检查、整改、灾情类汇报和学习体会、工作表态、讨论、民主生活会发言材料的撰写要点。

## 第一节　综合类汇报

汇报材料的写作，有几个特点：一是市情县情简介。如果前来调研的中央、省或者国家机关、兄弟单位领导，是第一次来本区域，一般要有当地的市情、县情简介。至于如何写市情，我在第三章的第一节已有讲述。二是全面的经济社会发展情况。中央、省领导经常会来调研，如果年初来，介绍去年的情况；如果第二季度来，介绍去年情况或不介绍，主要介绍第一季度的情况；如果第三季度来，一般去年情况简述或不介绍，主要介绍上半年的情况；如果第四季度来，主要介绍今年以来的情况，加上明年的工作思路。当然，遇到五年规划末或换届的情况，还要有规划或换届的内容。三是省里通知提到的专题调研内容。四是需要省里帮助解决的问题。不知道大家注意到没有，这一章情况的字眼，出现的频率比较高，意味着汇报材料的提纲，主要以什么情况作为提纲题目。请看下面的案例一，分成五个方面的情况阐述。

案例一，是一个有故事的案例。在本章讲专题会议讲话旅游方面的案例时，说到我在政府办工作时，曾亲历过宁德发展的重要节点或者叫重要阶段。200× 年的阳春三月，主持市委工作的市长，接到 × 省长将到宁德市调研三都岛开发工作通知后，即交代我们撰写一份汇报材料，接到任务后，我们在老行署的五楼综合科办公室，连夜加班赶材料，这个夜晚注定是一个不眠之夜。由于涉及三都岛开发的规划思路，赶工时间紧、任务急，我们请了时任市规划局局长的赵博士一起逐条研究讨论开发三都岛的思路。第二天，交卷后，市长又在他的办公室和几个副市长一起研究这一思路的提法，他们认为，只讲三都岛开发，题目太小，不足以涵盖宁德市域发展的方方面面。后来由市长拍板确定提环三都澳区域发展战略，并把三都岛开发作为环三战略的先期启动工程。按照这一思路，我们又连夜对材料进行了大幅度调整。事后，综合科的同事聊天时还谈到，毕竟是市长，眼界格局比较高，富有前瞻性、战略性思维。这一思路，与习近平总书记当年在宁德工作时提出的三大梦想之一的开发三都澳战略思路，是一以贯以、一脉相承的。也可以这么说，正是一任接着一任干，才有今天宁德大开放、大开发、大发展的良好局面。我想未来新兴产业环湾布局、集聚发展后，宁德海湾型城市的梦想指日可待。

根据前面介绍的综合类汇报材料的特点，这一份材料共分成五大点：一是今年以来的工作情况；二是环三都澳区域发展情况；三是环三都澳区域综合开发的初步思路和设想；四是近期在做和要做的几件事；五是请求帮助协调解决的几个问题。

## 案例一：

### 宁德市工作汇报提纲

中共宁德市委、宁德市人民政府

（200× 年 × 月 ×× 日）

省委、省政府和海军 ×× 保障基地，十分关心宁德的发展，高度重视宁德环三都澳区域综合开发。今天，××× 省长和 ××× 司令员在百忙中率领省直有关部门领导，深入三都澳及三都岛考察调研，使我们深受鼓舞和鞭策。首先，我代表中共宁德市委、宁德市政府对 ××× 省长一行表示热烈的欢迎和衷心的感谢！下面，我简要汇报五个方面情况。

一、今年以来的工作情况

今年以来，我们在省委、省政府的坚强领导下，坚持以科学发展观为指导，认真落实"四个重在"实践要领，扎实推进各项工作，实现了第一季度的良好开局。

（一）灾后重建任务圆满完成。（略）

（二）国民经济持续又快又好发展。（略）

（三）项目带动战略深入实施。（略）

（四）风正气顺、人和业兴的良好趋势进一步巩固发展。（略）

## 点 评：

导语对省领导百忙中来宁德调研表达感谢。第一大点，汇报今年以来的工作情况，分成四个小点，有一个特点，由于是汇报稿，题目不是太讲究。如果大家找机会研究学习中央领导的讲话，题目也有长有短。事实上，这也是多年来，现代公文写作如何借鉴八股文的精髓部分，摒弃其过于迂腐的问题，不能简单地全盘否定，也不能全盘吸收。

二、环三都澳区域发展情况

（一）三都澳基本情况

1. 三都澳的自然条件。三都澳是世界著名天然深水大港，自然条件十分优越。主要有三个特点，一是水域宽阔，水深良好；二是水道优良，避风条件好；三是不冻不淤，地质结构稳定。

2. 三都澳的历史地位。一是从历史上看。早在唐朝以前就已开发；清康熙 23 年（1684 年）在这里设有宁德税务总口，下辖 9 个口岸。清光绪 24 年（1898 年）设立福海关，即成为福建三大茶叶出口口岸之一，最繁荣时有 24 个国家，在三都岛设立办事处或代表处，保险公司有 10 家、民间钱庄有 15 家，意大利还在这里设立领事馆。抗日战争前，三都澳曾为大半个中国供应“美孚石油”和其他日用品，当时澳内驳船竞渡，渔舟唱晚，商号林立，商贾云集，是闽东经济发展鼎盛时期的一个缩影。抗日战争时期，三都澳遭受日寇于 1938 年、1939 年的两次大轰炸，1940 年、1941 年的侵占蹂躏，基础设施彻底破坏。二是从新中国成立以来看。党和国家领导人胡耀邦、李先念、钱伟长、蒋振华，先后考察三都澳。1927 年末和 1962 年末著名文学家郭沫若先生，两度来到三都澳，他在 1962 年留下的诗句：“良港三都举世无，水深港阔似天湖”，成为三都澳享誉世界的新标识。三是从战略地位上看。美国密歇根大学，安娜堡教授曾写过文章，披露了一件事，在 19 世纪末，西方列强掀起瓜分中国的狂潮，美国也想在中国沿海港口中找一个据点，当时美国一个海军将领到中国沿海考察到了三都澳港口，对三都澳港口无以伦比的自然条件，留下了深刻的印象，他声言，谁控制了这个港湾，就可以控制整个西太平洋。由此可见，无论是从经济还是军事的角度而言，三都澳都具有极其重要的地位。

3. 三都澳的开发现状。（略）

4. 三都澳的发展前景。一是从地理区位看；二是从资源条件看；三是从经济腹地看。

（二）环三都澳区域的基本情况

环三都澳区域，包括宁德市沿海蕉城、福安、霞浦等三个县（市、区）的 20 个乡镇（街道）7 个片区，分别是现宁德中心城区、三都片区、漳湾片区、城澳片区、白马片区，溪南片区、东冲片区。该区域总面积 2635 平方公里，其中陆地面积 1921 平方公里，海域面积 714 平方公里，具体情况如下：

1. 三都片区主要包括三都澳内的三都岛、青山岛、斗帽岛、鸡公山、橄榄屿、白匏岛等岛屿。其中三都岛位于天然良港三都澳的中心区域，是三都澳内最大的岛屿，面积 27 平方公里，现有 9 个行政村，岛上常住人口约 1.08 万，可用地约 16 平方公里（含浅滩围垦 8 平方公里），海岸线总长 29.2 公里，可建设 20 万吨级以上泊位岸线 10 公里（含特殊岸线 5 公里），可建设 20—30 万吨泊位 22 个，其中，长撬尾一带岸线可建设 5—20 万吨泊位 4 个，30 万吨以上泊位 4 个。三都岛及周边几个岛屿，旅游资源丰富，独特自然景观与历史人文景观交相辉映，有保存百年的福海关遗址、天主教堂、修道院等景点。

2. 漳湾片区（略）

3. 城澳片区（略）

4. 白马片区（略）

5. 溪南片区（略）

6. 东冲片区（略）

### 点　评：

第二大点的第一小点，汇报三都澳的基本情况，分成四个方面阐述。为什么单独介绍三都澳，这是三都澳的区位优势决定的，它也是环三都澳的核心区域，必须详细介绍。比如，三都澳的自然条件，一是水域宽阔，水深良好；二是水道优良，避风条件好；三是不冻不淤，地质结构稳定。三都澳的开发现状和历史地位，主要是开发史和现状、战略地位、党和国家的重视。最终得出三都澳的发展前景，从地理区位、资源条件、经济腹地三个方面分析得出结论。

第二大点的第二小点，汇报环三都澳的基本情况，包含蕉城、福安、霞浦三县（市区），分成六大片区。这样就从文字材料的逻辑上为下一大点提出初步思路和设想，提供依据。当然，其中的三都岛，是重中之重，我们在第二大点的第一小点专门介绍。我记得，三都岛的面积约 27 平方公里，鼓浪屿的面积 1.91 平方公里，我们特地将两者面积做了一个比较，大约是 14 倍。因此，先期开发三都岛是当时一个非常好的思路，后来随着形势的发展变化，思路不断调整，这是后话，容当后叙。

三、环三都澳区域综合开发的初步思路和设想

根据宁德中心城市近期建设滨海港口城市，远景规划建设，环三都澳海湾城市的规划要求和“向海临海跨海”的城市发展战略，对环三都澳区域的综合开发，我们的初步设想是：坚持港口、产业、城市三位一体、互动发展的基本思路，着力构建环三都澳的港口群、产业带和城市组团。在港口开发上……；在产业发展上……；在城市建设上，通过加快实施金港、铁基湾和南澳等围垦工程，推进宁德现中心城区向海拓展，同时加速跨海连接三都岛、溪南半岛、东冲半岛和漳湾、城澳、白马的开发建设，逐步形成环三都澳城市组团。共分七个功能片区。

（一）三都岛港口物流、保税及休闲旅游区（略）

（二）漳湾临海钢铁重化工业区（略）

（三）城澳中转港区（略）

（四）溪南石化工业园区（略）

（五）湾坞、下白石能源及造船基地（略）

（六）东冲半岛东岸旅游休闲度假区（略）

（七）中心城区（略）

**点　评：**

第三大点是写初步思路和设想。当时提出的“向海临海跨海”，随着时间的推移，制订《环三都澳区域综合开发规划》时，改成了“临海跨海环海”，应该说现在的提法更科学。我认为，宁德城区至溪南半岛、东冲半岛交通基础设施一旦实现跨海目标，宁德成为海湾型城市应该指日可待。现在看来，实现这一目标为期不远了。此外，为什么三都岛开发的提法有变化，主要是领导和专家论证时，三都岛的功能定位发生了变化，将其作为环三都澳区域最核心的战略资源加以控制预留，从港口物流、保税及休闲旅游区的定位，向未来类似海南博鳌论坛的高端文化旅游休闲区转变。

四、近期在做和要做的几件事

一是围绕环三都澳区域综合开发编制各项规划。二是开展服务工业和港口的基础设施建设前期工作。主要是越海交通及港口集疏运系统，如三都岛的跨海公铁两用大桥、环岛路、三都岛至溪南半岛先期建设的汽车轮渡码头及后续建设的海底隧道，东冲半岛公路及三都岛大型引水设施等基础设施建设的可行性研究。同时，根据溪南石化工业园区建设要求，配套规划建设盐田至溪南的疏港公路和引水工程。三是开展围垦造地的准备工作。四是基础设施建设资金筹措。

五、请求帮助协调解决的几个问题

（一）规划问题（略）

（二）基础设施建设问题（略）

（三）土地问题（略）

**点　评：**

第四大点和第五大点的写作有两点需要把握：一是近期在做和要做的几件事。写清楚市委、市政府对推进环三都澳区域综合开发的态度。这样接下来提要求、报账单时，才会容易让省领导接受。比如着手综合规划编制、基础设施建设、用地问题等等，都属于环三都澳区域开发的先行工程。二是要求省里帮助解决的问题，要围绕第四大点展开说。首先，一般不能提出过高要求，符合当下的实际情况。其次，以前我们撰写这一部分，由部门帮助写出要求，我们删改。再次，现在经济发展了，改为提政策性要求为主。

## 第二节　专题类汇报

专题类汇报材料，主要是向省直部门或者市直单位向市委市政府相关会议的汇报材料。它的特点是，就某一项或某一方面的具体问题或工作开展情况，向上级进行专门汇报，其基本的格式是：一是基本情况；二是主要工作；三是存在问题；四是下一步打算及建议要求。后面，我用两个案例来具体说明。

### 案例一：

××市海洋与渔业工作情况汇报

××市人民政府

（201×年1月）

今天，省海洋与渔业厅各位领导在百忙之中专门安排时间，听取我市经济社会发展情况汇报，充分体现了省海洋与渔业厅对××建设发展的高度重视和大力支持。在此，我们表示衷心的感谢！这里，汇报两个方面情况。

一、××市海洋与渔业工作情况

2014年以来，我市海洋与渔业工作在省海洋与渔业厅的大力支持下，不断加强海洋管理，调整优化海洋产业结构，海洋经济有序健康发展。

一是渔业经济稳健增长。

二是认真做好海域管理。

三是海上执法更加有力。

四是服务渔民更加到位。

五是全力以赴开展打击非法采捕交易红珊瑚专项行动。

二、请求省厅帮助解决的事项

（一）支持调整××鼎信系列项目涉及海域的海洋功能区划。

（二）支持××主城区周边海洋功能区划调整。

（三）对开展大黄鱼网箱养殖整治示范予以资金支持。

（四）对我市开发湾外海域予以技术和资金支持。

（五）继续支持我市海洋经济创新发展区域示范项目。

**点　评：**

案例一，市政府和省海洋与渔业厅，虽然是不相隶属的同级单位，但为了表示尊重，省海洋与渔业厅来××调研或市政府到省厅拜访时，常采用汇报的形式撰写相关材料。如果大家所属的单位，需要这种类型的材料，可按上述格式拟稿。有时候，需要加上××市海洋与渔业局的基本情况。这样就是三大点。比如：一是×××单位基本情况；二是×××单位工作情况；三是需要帮助解决的问题。还有一种处理方法，直接将×××单位的工作情况分点写出即可，必要时，在结尾前把需要帮助解决的问题带一下。

案例二，是因为市住房公积金管理中心资金流动性紧张问题，请求市政府给予财政资金支持的专题汇报材料。从框架上来说，我们把它分成三个部分：一是基本情况；二是当前流动紧张情况；三是解决的方案建议。属于典型的三段式文章结构。虽然，材料的内容比较多，但实际上我们在市政府常务会议上汇报时，只介绍第二大点和第三大点的主要部分。

## 案例二：

### 关于当前住房公积金资金流动性紧张问题的情况汇报

2017 年以来，×× 市住房公积金管理中心坚持“房住不炒”工作定位，围绕“放管服”改革，推出“压、放、消、降”四大举措，实施“归集双拓”“清逾守信”“互联网 + 公积金”等计划，取得了良好的经济效益和社会效益，但也面临公积金资金流动性紧张的问题，迫切需要市政府帮忙协调解决。现将有关情况汇报如下。

## 点　评：

导语部分，我们直接点题，虽然取得了良好的经济效益和社会效益，但也面临公积金资金流动性紧张的问题，迫切需要市政府帮忙协调解决。这也是在市政府办公会议上的汇报时，汇报者和写作者需要把握的，包括汇报的时间，为什么？我在市政府办工作期间，列席了很多场办公会议，半天时间，常常安排了好多议题，深知如果汇报时稍稍拖延一点时间，势必造成会议延时，造成拖会或者无法按时完成确定的会议议题。所以要求汇报者，简略简略再简略。

一、基本情况

×× 市住房公积金管理中心内设综合科、归集科、运作科、计财科、稽查科、信息科 6 个科室，下设 10 个办事处（营业部）。2017 年 5 月，划归市住建局党组管理。（略）

近年来，市中心贯彻国务院“放管服”精神，着力优化服务，简政便民。2017 年至 2018 年归集资金 55.07 亿元，提取住房公积金 40.6 亿元，发放个人住房贷款共 48.08 亿元，帮助 1.2 万户家庭实现了住房梦。一是便民惠企措施多。二是行政审批速度快。三是资金安全有保障。四是业务办理更智能。五是队伍建设成效好。

**点　评：**

这一大点，虽然写作时要写，但在汇报时，可以简要汇报或者不汇报。这是因为当时市长刚到任没有多久，加上公积金工作也需要市长了解一下，这是必须撰写基本情况，但不一定汇报的原因。

二、当前资金流动性紧张情况

今年以来，我市住房公积金资金使用率一直居高不下。截止 2019 年 5 月 16 日，我市住房公积金归集余额 85.37 亿元，贷款余额 85.65 亿元，资金使用率达到 100.33%（其中已动用当年计提应付职工利息 0.28 亿元），日前已受理待发放的贷款尚有 2.6 亿元，资金的流动性受到严重制约，如不及时解决资金短缺问题，将会造成部分贷款无法及时发放。

造成目前资金流动性紧张的原因主要有以下三个阶段：第一阶段为 2015 年初至 2016 年底。第二阶段为 2017 年初到 2017 年底。第三阶段为 2018 年初至今。

为贯彻落实中央"房子是用来住的，不是用来炒的"精神，切实缓解我市住房公积金资金流动性紧张问题，市中心主要从两个方面采取措施。在节流方面，采取了以下五条措施。在开源方面，积极壮大资金池。（略）

虽然采取了一系列缓解资金流动性紧张的措施，但由于政策实施效果的滞后性，需要一定时间才能显现成效。启动了贷款轮候制后，企业和个人对贷款不能及时到位均有所反映，这也不利于贯彻国务院"放管服"的精神要求。因此短期内急需筹措资金，以缓解当前资金紧张压力。

**点　评：**

这一大点，阐述资金流动性紧张的问题，通常重点要分析原因，这里分析了三个阶段出现的问题和采取的措施，这样让与会者清楚事件发生的主客观因素，以便为后面提出解决问题的方案，做出决策，提供依据。

三、解决的方案建议

借鉴兄弟市的做法，目前解决资金短缺的办法主要有两种。一是向财政借用资金放贷。二是向商业银行借款。

如果采取第一种办法，向财政借用临时性周转资金1亿元。（略）

如果采取第二种办法，向商业银行借款1亿元。（略）

根据市财政局的反馈意见，中心建议采取第一种办法，请求市政府同意市公积金中心向财政借用临时性周转资金1亿元用于发放公积金贷款，期限6个月，从而缓解当前资金流动性紧张的局面。市住房公积金管理中心争取在2019年12月底之前还清此笔借款。

宁德市住房公积金管理中心

2019年6月3日

**点　评：**

当时，我们给出了解决问题的两种方案，供领导决策时参考。这也是撰写这一类汇报材料时，需要把握的，一般要求给出两个以上的方案。这一场汇报，虽然花了不到五分钟时间，向市财政借到1亿元，但实际上事先我们曾经向市财政局、市政府主要领导和分管领导都做了详细汇报。

## 第三节 检查类汇报

在机关企事业单位工作，上级部门对某一项工作进行专门检查或者验收，是比较经常发生的大概率事件，随之而来，就有与之相关的汇报材料。我想，这一类型的材料，应该与上述综合类、专题类材料大同小异，具体写作过程中，需要重点把握检查迎检工作，我们是怎么做的？材料应体现“高”与“实”。我们通过剖析案例一找出其“高”与“实”。

### 案例一：

#### ×× 市住房公积金管理中心“双贯标”工作情况汇报

（2018 年 10 月 18 日）

今天，住建部检查组一行不辞辛苦，莅临我市开展检查工作，必将有力促进我市“双贯标”工作。借此机会，我代表市中心对检查组一行的到来表示热烈的欢迎和衷心的感谢！

近年来，市中心按照国务院“放管服”改革精神，全面贯彻落实住建部《关于贯彻落实住房公积金基础数据标准的通知》及《接入住房公积金银行结算数据应用系统与公积金中心接口标准》的工作要求，积极配合全省住房公积金信息系统升级改造和历史数据清理工作。2017 年 1 月，省住建厅全面启动福建省新版住房公积金综合管理信息系统（以下简称“新系统”）建设开发工作。经过省住建厅、市政府、市公积金管委会、公积金项目组、本市各受托银行及市中心各部门一年多的努力工作和协调配合，今年 8 月 27 日，新系统在我市正式上线运行。现将有关工作情况汇报如下：

**点　评：**

导语部分，有两个内容，一是感谢。二是“双贯标”工作的总体概况。希望大家按此方法撰写。

一、×× 市住房公积金管理中心基本情况

……

今年以来，在市政府、市住房公积金管理委员会、省住建厅监管处和市住建局党组的领导下，以实现“最多跑一趟”和“一趟不用跑”为目标，取得了一定的成绩。一是归集资金稳步增长（略）。二是个人贷款稳中有控（略）。三是资金运作规范高效（略）。

**点　评：**

第一大点，介绍 ×× 市公积金管理中心的基本情况，包含两个方面内容。一是中心的机构情况；二是中心的工作情况。主要是考虑检查组第一次光临宁德，必须做一个介绍，因为是住建部的检查组，我们特地请市政府副秘书长参会并介绍市情。同时，在导语部分以做法为主，成绩部分分点阐述，这也是本章导语中交代的“做法 + 成效”。

二、工作开展情况

（一）高度重视，精心部署工作

1. 省住建厅牵头指导（略）

2. 市政府有力支持（略）

3. 市中心抓好落实。一是制定具体方案。二是主动协调联系。三是交流学习经验。四是部署落实工作。五是明确工作职责。

（二）通力协作，凝聚攻坚合力

1. 受托银行协作（略）

2. 部门联网接入（略）

3. 落实资金保障（略）

（三）统筹兼顾，夯实上线基础

1. 开展运转测试（略）

2. 清理维护数据（略）

3. 做好上线准备（略）

**点　评：**

第二大点，共安排了三个小点，从省厅、市政府，到中心对“双贯标”的重视，都要一一讲到；然后协作单位的支持，最后是中心抓统筹，需要涉及。从而把检查组需要了解的措施落实情况详细汇报。

三、工作成果

经过一个多月的运行磨合，新系统运行稳定、操作简洁，基本达到双贯标项目验收要求。具体表现在以下几个方面：

（一）统一数据标准，实现实时结算

（二）系统运行平稳，业务效率提升

（三）数据顺利转移，操作不断规范

（四）简化业务收件，再造办事流程

四、下一步工作计划

我中心将以此次“双贯标”检查工作为契机，进一步做好新系统上线后运行工作。具体如下：

（一）完善信息建设，提升审批效能

（二）推进数据共享，实现部门联动

（三）强化业务培训，优化办事流程

点　评：

第三四大点，主要讲新系统上线后的运行情况，运行稳定、操作简洁，基本达到双贯标项目验收要求。接下来，表态式汇报下一步的工作计划。

总之，对上级部门单位的工作检查，希望大家可以按这种方法撰写。当然，文章写久了，自然会从固有套路中走出来，有所扬弃、有所创新。

## 第四节　整改类汇报

考虑到机关企事业单位，经常需要撰写这种类型的汇报材料。比如，巡察、“不忘初心、牢记使命”主题教育活动都涉及问题的整改。我记得，1998 年开展“三讲”教育活动，每周四下午，市领导和工作人员都集中飞鸾学习，周天晚上回来，周一上班。那时候，我们天天关在飞鸾撰写剖析和整改材料，一般来说，剖析材料，写三点，即一是存在问题；二是原因分析；三是整改措施。而整改材料，也是三段式，但不太一样，一是部署整改情况；二是整改成效情况；三是巩固整改成果。这里，我们用案例一和案例二来说明整改汇报材料的写作方法。

案例一：

### ×× 市委宣传部关于巡察整改的情况汇报

根据市委统一部署，201× 年 5 月 ×× 日至 7 月 ×× 日，市委第 × 巡察组对市委宣传部进行了巡察。201× 年 8 月 ×× 日，市委第 × 巡察组向市委宣传部反馈了巡察意见。按照党务公开原则和巡察工作有关要求，现将情况公布汇报如下。

一、整改工作开展情况

（一）统一思想认识，迅速动员部署。市委宣传部领导班子高度重视巡察整改工作，在巡察反馈会结束后，当日立即召开部务会，进一步统一思想认识，研究部署巡察整改工作事宜。同时，成立了以部主要领导为组长、常务副部长为副组长、各班子成员为组员的巡察整改工作领导小组，确保巡察整改工作在领导班子的领导下有序开展；下设领导小组办公室，由分管领导兼任办公室主任，成员包括各处室（单位）主要负责人，具体落实整改工作。8 月 × 日，组织召开市委宣传部巡察整改工作会议，市委宣传部、市委网信办机关处室全体干部、直属单位副处级以上干部参加会议，就落实巡察反馈意见进行再细化、再动员、再部署。整改期间，巡察整改工作领导小组办公室定期收集各处室（单位）整改落实进展情况，督办整改措施落实，部主要领导多次听取整改工作进展情况汇报，协调解决巡察整改遇到的各种问题。坚决做到整改责任不落实不罢手，问题核查不清楚不撒手，整改措施不到位不放手。

（二）研究制定整改方案，层层压实整改责任。为扎实推进整改，部主要领导主持制定《中共 ×× 市委宣传部关于市委第 × 巡察组反馈意见的整改方案》，对巡察全面整改负总责，统筹推进相关整改工作任务；其他班子成员坚持守土有责、守土尽责，对照整改清单，主动认领问题，牵头研究整改措施，逐项督促整改落实。方案针对巡察反馈的五个方面十四项问题，制定了 51 条具体的整改工作措施，对整改任务进行了细化分解，明确责任领导、牵头部门、完成时限；研究制定了问题清单、任务清单、责任清单，逐条逐项具体到事、落实到人，做到任务层层分解、压力层层传导、责任层层压实，确保整改到位；还对报送整改情况报告、向党内通报、向社会公开整改情况、整改落实情况录入巡察整改信息管理系统等工作进行了安排部署。各处室（单位）按照整改方案，逐条逐项抓好工作整改，确保反馈问题和事项条条有整改、事事有回音、件件有着落。

（三）开好专题民主生活会，狠抓落实整改。市委宣传部按照市委统一部署，于 9 月 × 日召开了市委宣传部、市委网信办领导班子“不忘初心、牢记使命”主题教育暨巡察整改专题民主生活会。专题民主生活会由市委常委、宣传部部长 ××× 同志主持，常务副部长 ××× 同志代表领导班子作对照检查，围绕巡察反馈意见认真查摆问题，结合主题教育，剖析原因，举一反三，提出努力方向和整改措施。市委宣传部、市委网信办领导班子成员逐一作个人对照检查，相互之间开展了坦诚的批评，做到了实事求是、不遮不掩，达到了教育警示、正视缺点、增进团结、振奋精神、促进工作的目的，专题民主生活会取得良好成效。

（四）坚持标本兼治，确保整改成效。以整改为抓手，把即知即改、边整边改作为落实巡察整改的重要保障，推动各项工作提质提效，做到整改工作与日常工作相促进。一是完善工作制度，促进长效管理。对巡察反馈的问题，举一反三、追根溯源，把立行立改与建章立制、长效管理结合起来，坚持用制度管人管事，规范权力运行，坚决堵塞漏洞。二是开展廉政教育，增强纪律观念。坚持把严守党的政治纪律和政治规矩摆在首位，组织开展党章党规党纪学习座谈会、集体观看党风廉政教育警示片等多种形式廉政教育活动，增强全体党员干部纪律观念。三是结合主题教育，推动工作整改。开展“不忘初心、牢记使命”主题教育，深入开展领导干部配偶、子女及其配偶违规经商办企业问题专项整治和市宣传文化系统党风廉政建设专项整治等工作，推动各项工作的整改落实，营造了更加风清气正的政治生态。

**点　评：**

案例一是巡察整改情况材料，因此，导语部分，简要叙述巡察情况。第一大点，汇报整改工作开展情况，分成四小点，一是统一思想认识，迅速动员部署；二是研究制定整改方案，层层压实整改责任；三是开好专题民主生活会，狠抓落实整改；四是坚持标本兼治，确保整改成效。第一小点，要写清楚领导重视的情况，其中的不罢手、不撒手、不放手，比较有力。

第二小点的整改方案，制定了问题清单、任务清单、责任清单，层层压实责任，比较具体。第三小点的民主生活会，剖析原因，举一反三，逐一做个人对照检查，坦诚批评、实事求是、不遮不掩，比较到位。第四小点的标本兼治部分，从制度、廉政教育、专项整治三小段阐述，比较落实。希望大家从中去体验、去感悟。

二、整改工作落实情况

（一）关于“党的领导有所弱化，党建规范化水平还需提高”方面的整改

1. 针对“党的领导作用发挥不够充分”问题的整改情况。一是制定《×× 加快建设区域文化中心城市和彰显国家文化软实力的现代文明之城实施方案》。（略）二是进一步加强部务会“第一议题”学习。（略）三是加强对中办《关于加强和改进新时代党委讲师团工作的意见》的贯彻落实。（略）四是完善文明城市创建工作常态化机制。（略）（基本完成，持续推进）

2. 针对“组织生活不够规范”问题的整改情况。（略）（已完成，持续推进）

3. 针对“发展党员培养考察把关不严”问题的整改情况。（略）（已完成，持续推进）

4. 针对“干部选拔任用和日常管理不严格”问题的整改情况。（略）（已完成，持续推进）

（二）关于“党管意识形态工作仍需加强，守好意识形态安全‘南大门’能力有待进一步提升”方面的整改

（三）关于“缺乏具有重大影响力的拳头品牌，推动文化事业发展仍需持续发力”方面的整改

（略）

（四）关于“专项资金监管不到位，存在廉政风险”方面的整改

12. 针对“制度不完善且执行不到位”问题的整改情况。（略）（基

本完成，持续推进）

点　评：

第二大点的特点是，针对巡察反馈的五个方面十四项问题，逐条写出了具体的整改情况，并分成已完成、基本完成、持续推进。这种写作方法，具有很强的针对性，让听和看者一目了然，从情感上认同。

三、下一步工作打算

（一）强化担当，严格落实主体责任

（二）持续用力，不断完善各项制度

（三）巩固成果，全面推动事业发展

点　评：

第三大点是如何巩固成果，开头经常加上一句，以此次巡察为契机，进一步做好什么工作，等等。

案例二：

## ×× 市 ×× 党组整改情况汇报

（20×× 年 1 月）

自教育实践活动总结会以来，市 ×× 党组认真贯彻落实省委、市委关于整改整治工作的部署，按照“整改落实一件，群众满意一件”的要求，扎实有序推进各项整改整治工作。目前，23 项整改事项中，已完成整改 22 项（其中 3 项的 201× 年度整改任务已完成整改），部分整改到位的 1 项。现将有关情况汇报如下：

一、抓理论学习，提高思想认识。针对理论学习抓得不紧，组织生活制度落实不力以及加强决策科学化、民主化等问题，××× 班子坚持带头抓好学习，每季度至少组织一次党组学习，研究党建工作，班子成员积极落实组织生活制度，均能按照要求每年至少四次以普通党员身份参加党支部组织生活，党内政治生活氛围日益浓厚，结合各自分管工作经常开展积极健康的批评与自我批评。及时组织学习党的十八届四中全会精神，邀请各方面专家学者解读相关会议、政策精神，研究落实依法行政有关工作，出台落实《×× 市 ××× 重大行政决策十条规定》《×× 市重大决策社会稳定风险评估实施办法》等文件，建立公众参与、专家论证、风险评估、合法性审查和集体讨论决定相结合的行政决策机制，提高决策效率，增强班子凝聚力。

二、抓项目建设，推动转型升级。（略）

三、抓深化改革，全面激发活力。（略）

四、抓城乡统筹，推动县域发展。（略）

五、抓民生改善，促进社会和谐。（略）

六、抓作风转变，树立良好形象。针对“文山会海”、联系基层和群众不紧密，下基层调研存在“被安排”“被调研”等现象，在改进文风会风、厉行勤俭节约、加强调查研究等方面狠下功夫，去年以市 ××、市 ××× 名义发文 1265 件、召开全市性会议 254 场，同比减少 3.9% 和 2.7%；出台执行《×× 市市直机关会议费管理办法》《×× 市市直机关培训费管理办法》《×× 市市直机关差旅费管理办法》等文件，做到不超标、不逾规，市本级三公经费支出同比下降 16.16%，因公出国（境）经费下降 21.51%。坚持“四下基层、四解四促”“无会周”等制度，每月均安排十天以上深入基层调研、协调解决问题，班子成员每月安排三天以上到基层驻村，为群众排忧解难，截至目前，市 ×× 领导班子累计到联系点上党课、召开座谈会 23 场次，落实扶持资金 5218 万元，帮助协调解决问题 120 多个。

七、抓制度建设，落实法治要求（略）

总的来看，市 ×× 班子对于整改整治工作的认识比较到位、思路比较清晰、措施比较具体、成效也比较明显，特别是市 ×× 领导坚持从改会风、转文风以及加强经济运行调度等方面入手，注重提高政府办事效率，带头抓整改、作表率、促落实，为各级各部门做出了榜样。但与省委、市委的要求和群众的期待相比，还有不小差距，比如，受今年宏观环境影响，各级 ×× 及领导干部积极应对和解决局部金融风险、实体经济发展困难等各方面矛盾和问题，完成年度目标任务尚有差距；一些干部责任意识、担当精神不强，执行“八项规定”反对“四风”不够自觉，“门好进、脸好看、事难办”和“庸懒浮散奢”等现象不同程度存在。下一步，市 ×× 党组将认真按照市委的部署要求，对照《整改方案》及时开展“回头看”，把握好整改整治工作的进度、时限和质量，一项一项落实到位，进一步转变政府职能，提升行政效能，推进各项 ×× 工作取得实效。

**点　评：**

案例二，是一份整改工作的汇报材料。从导语上看，自教育实践活动总结会以来，作为开头语，然后把 23 项整改事项总的情况作为开篇来讲，是一个开门见山的写法，也可以让人感到态度诚恳。从第一大点看，针对学习上存在的问题，写出我们是怎么改的。这里是针对理论学习抓得不紧，组织生活制度落实不力以及加强决策科学化、民主化等三个问题，整改时做了三个方面的回答。第六大点，针对“文山会海”、联系基层和群众不紧密，下基层调研存在“被安排”“被调研”等现象，提出比较具体的整改措施。最后一段是结束语，阐述总体上整改比较到位、但还存在的问题、下一步怎么做等三个方面，常规写法，大家注意把握。

## 第五节　灾情类汇报

2006 年的桑美超强台风，虽然事件已经过去十几年，但许多的场景，现在想起来，还历历在目，非常恐怖。时任福鼎市委书记的 ×× 在一篇《三上台山岛》的文章中是这样描述的：不堪回首，那是一年前的 2006 年 8 月 10 日 17 时 25 分，超强台风“桑美”，以 17 级风力，在闽浙边界登陆，福鼎市迎来了自然界 50 年来的最大一次发怒，最大一场劫难。狂风怒吼，暴雨如注，巨浪滔天，山川震撼，生灵涂炭……台山岛最先“迎接”这个黑色午后，驻军营房的测风设施霎那间被飓风摧毁，仪表定格在 19 级。整座岛屿天昏地暗，在狂风暴雨之下地动山摇，似乎要沉没。部队废旧营房一块 200 多平方米的天花板，被飓风吹出七八米远……

我在第一章收集资料部分，曾经讲过：每年的防汛防台工作期间，由于台风警报一解除，市委市政府就需要立即向省委省政府报送防抗台风报告。这样在台风登陆前，我们就要从资料库中，调出历年积累的相关报告，除了风情雨情水情留待气象、水文、水利等部门补充外，其余框架结构部分，则从原报告中改造而成，措施部分则根据当前防抗情况，先行构思准备，动笔输入。因此，在桑美强台风登陆前，我们实际上，已经在准备这份汇报材料。时任中央政治局委员、国务院 ××× 副总理，将于 8 月 12 日中午 12 点，抵达福鼎分水关，而材料送市委、市政府审定完付印好，已接近中午 11 点。当时的市政府办驾驶员，从宁德上高速到分水关，只用了 1 小时多的车程，通常这一段路的最快车程也要 1 小时 40 分钟。可想而之，当时驾驶员在高速上上演了一出超时速的飙车，好在台风期间高速上几乎没有车辆。从这个侧面，也说明了赶写这一类型材料特别需要超前性、预见性。接下来，分析一下案例一的写作方法。

## 案例一：

### ×× 市防抗第 8 号超强台风及受灾情况汇报

中共 ×× 市委　×× 市人民政府

（2006 年 8 月 12 日）

党中央、国务院高度重视福建灾情，十分关心我市抗灾救灾工作和灾区群众生产生活。今天，中央政治局委员、国务院 ××× 副总理一行代表党中央、国务院专程从北京赶到我市视察灾情，慰问灾民，检查指导抗灾救灾工作。这对我市 330 万人民，特别是奋战在抗灾救灾第一线的广大干部群众是极大的鼓舞和鞭策。在此，我代表中共 ×× 市委、×× 市人民政府向 × 副总理一行表示热烈的欢迎和衷心的感谢！下面汇报三个方面的情况：

## 点　评：

导语部分，比较简洁，从党中央、国务院的高度重视，到 × 副总理专程从北京赶到我市视察灾情，慰问灾民，充分体现了党中央、国务院对灾区的关心关注。汇报者表达感谢之情，然后分成三大点汇报。

一、受灾基本情况

今年第 8 号超强台风“桑美”虽然在浙江苍南登陆，但登陆点距我市仅 10 公里，风力强、来势猛、破坏性大，使我市遭受重创。主要有几个特点：一是路径稳定。台风在浙江苍南登陆后直奔我市福鼎而来，且在福鼎滞留时间长。二是风力大。最大风力达 17 级以上，是我国大陆沿海区域 50 年以来风力最强、破坏力最大的一次，其中福鼎、柘荣城区风力达 12 级以上，且持续时间长达 4 小时。三是带来了特大暴雨。全市平均过程雨量达 141 毫米，最大一小时降雨量 100 毫米（福鼎南溪）。四是海浪大。台风登陆时恰逢天文大潮，潮高浪大，潮位超警戒水位。受超强台风影响，我市各地不同程度受灾，特别是福鼎市首当其冲，遭遇极限风速，台风所到之处满目疮痍，风雨肆虐造成惨重损失，房屋成片倒塌，电力系统全面瘫痪，通讯不畅，交通受阻，沿海7万口渔排网箱在台风登陆瞬间基本被冲毁，沙埕作为天然避风港也未能幸免，台风掀起10米多高的巨浪，使491艘避风船沉没，1139艘损坏。此外，福安、柘荣、霞浦城区受淹。除古田、屏南、蕉城外，其他6个县（市）城区及全市82个乡镇供电中断，全市有43个乡镇供水中断，44个乡镇通讯受严重影响，福（鼎）宁（德）高速公路漳湾－福鼎段全线被迫封闭。据不完全统计，以下灾情省略。

**点　评：**

第一大点是受灾基本情况，风情、雨情、潮情，通常由气象局、水文局、海洋监测站提供相关素材，我们作为写作者，要进行归纳提炼。比如：一是路径稳定；二是风力大；三是带来了特大暴雨；四是海浪大。灾情部分，就需要各部门统计报灾，一般都有固定模式，只要填上数字就可以了。如果大家写交通安全方面的事故汇报，这一段内容，也是类似写法。

二、抗灾救灾工作情况

省委、省政府十分关心我市防灾抗灾工作，×××书记、×××省长、×××副书记、×××常务副省长多次作出批示和指示，要求按照超强台风正面登陆的标准切实做好各项防抗工作。9日晚10：30省委×书记还通过视频系统与我市市委书记×××、市长×××进行对话，再次对我市防范工作提出要求。市委、市政府严格按照省领导的指示要求和省里的统一部署，先后六次召开防指成员会和视频会议，根据超强台风动向和特点，对全市防抗工作进行全面精心部署和再落实。市五套班子领导及时分赴挂钩县（市、区），检查督促指导防汛抗灾工作。市委书记 ××× 在福鼎市全程指挥防抗工作，市长 ××× 坐镇市防汛抗旱指挥部协调指挥。各级党委、政府果断决策，主要领导坚守岗位、靠前指挥，各级各部门全力以赴、密切配合，广大干部群众患难与共、同舟共济，省武警总队、×× 军分区、驻宁部队、武警官兵和公安干警临危不惧、冲锋在前，最大限度地保护了人民群众的生命财产安全，使台风造成的损失减少到了最低的程度。

在防御中，我们主要突出六个方面的重点：一是做好海上的安全防范。二是做好临海地区的安全防范。三是做好城区的安全防范。四是做好危险地带的安全防范。五是做好在校师生和旅游游客的安全防范。六是做好水利工程设施的安全防范。

台风过后，我市各级各部门迅速行动起来，采取切实有效措施，紧急组织人力物力展开抢险救灾。省武警总队、驻宁部队、武警官兵、民兵预备役和公安干警发扬连续作战精神，抗灾工作一结束立即投入支援我市抢险救灾工作。财政、民政、电力、通讯、广电、宣传、卫生、建设、供销、保险、经贸、农林渔等部门都按照职责要求，迅速行动，组织人员深入灾区，了解灾情，指导救灾。目前各项救灾工作都在紧张有序地进行，转移安置出来的群众基本上都能保证有吃有穿，灾区群众情绪比较稳定。

**点　评：**

第二大点，主要讲述防台抗灾救灾工作情况，写作时需要面面俱到，从省委、省政府领导，到市委、市政府领导的重视；从部队到各级各部门的积极参与；从防范的六大重点到救灾物资的准备。记得，早年在写作时，曾经把部队民兵预备役漏写了，受过领导的批评。同时，救灾的情况，需要写出领导亲临第一线救灾，部署到位和确保灾民有房住、有饭吃、有衣穿、有地方看病、有干净水喝，都要充分体现。

三、下一步工作安排

此次超强台风风力之大历史罕见，虽然我们一开始就按照超强台风正面袭击我市的标准进行了全面部署、全力防范，但仍然造成较多的人员伤亡和失踪，主要是因为避风港内风力超强，造成船只沉没受损较多引起的，这是我们在抗御超强台风中遇到的新情况、新问题，一方面说明我们抗击超强台风的经验略显不足，同时对我们如何进一步完善抗击超强台风的防台预案也提出了新的要求。省委、省政府十分关心我市灾情，灾后第二天，省委 ××× 书记、××× 副书记、××× 和 ××× 副省长立即分别赶到我市福鼎、霞浦和福安、柘荣等受灾最严重的地区，了解灾情，慰问灾民，指导救灾工作。根据省领导的指示精神，昨晚我市连夜召开市委常委扩大会议，今天上午又召开电视电话会议，对全市灾后生产自救和重建家园工作进行了全面部署。下一步，我们将以学习贯彻 × 副总理视察我市灾区的重要讲话精神为动力，按照省委、省政府的部署要求，动员全市上下继续发扬连续作战的精神，全面投入灾后自救和重建家园工作，妥善安置好受灾群众，全力抢修受损设施，迅速恢复灾后生产生活秩序，加快灾后重建工作，确保受灾群众有房住、有饭吃、有衣穿、有地方看病、有干净水喝，确保受灾倒房户春节前都能够搬进新居。同时，认真核实灾情，认真总结经验教训，进一步细化完善工作预案，严密防范灾后重灾，努力夺取抗灾救灾工作的最后胜利。

**点　评：**

第三大点，重点阐述下一步的工作安排，需要把握几点：一要有省领导对救灾工作的重视；二要有市里部署情况；三要有以 × 副总理视察为动力，做好灾后自救、重建家园和灾民安置等工作。我想，通过这个案例，大家要把握灾害事故方面汇报材料的撰写方法，即灾害事故情况、应对情况、下一步打算。由于国务院领导亲临检查，汇报材料的篇幅较短，通常的汇报材料，还要分点阐述灾后自救和重建家园的具体措施。

## 第六节　讨论类发言

发言类材料，是一种比较常用的公文。在我们的生活工作中，小到个人在会上讲学习的心得体会，领导在民主生活会的发言提纲，大到上级部门到单位检查后的表态发言，领导到省里开会分组讨论时的发言。它的特点，就事论事，短小精悍，开门见山，直奔主题。说到这里，我还记得，省委全委会、省人大会议、全省经济工作会议，作为工作人员，我们经常被抽调到省城，帮助领导撰写这一类材料的发言提纲，特别是省委书记、省长在经济工作会议的讲话稿，一般开会前才能拿到，领导去开会了，我们就赶紧回酒店撰写发言提纲。

无论是中央、省、市的全委会，还是各级人大、政府、政协的会议以及各级各部门的专项工作会议。通常这种类型的会议上，都有一个讨论的环节，这样，相关的领导在参会讨论时，势必要准备一份发言材料。这一类型材料，一是有经过思考归纳出来的主报告特点；二是有本地区本部门本单位的工作情况；三是有下一步的打算。案例一，是一份市长在全省城市工作会议讨论时的发言，它的框架是前面两项内容放在开头语介绍，下一步的打算，单独列点介绍。

说到城市建设，让我想起一些故事，不妨说说：当年习近平总书记在宁德工作时，提出了三大梦想，前面第一节说了开发三都澳的梦想，还有一个梦想是建设中心城市，现在，宁德中心城市也已初见雏形、初见端倪。从 1997 年，闽东华侨农场下放宁德，成立东侨经济开发区，如今已经走过了 20 多年的历程，我也见证了实施“东扩面海、北展南移”战略，闽东路、城东路从拉开城市路网框架开始，到“临海、跨海、环海”发展格局初步形成的巨大变化。在这一过程中，领导的眼界、格局、决策水平相当重要。比如路网的建设宽度、跨海的时机等等。当宁德中心城区跨海成功之日，意味着环海格局形成之时，也是宁德海湾型城市真正崛起之时。

## 案例一：

# 全省城市工作会议讨论发言提纲

×××

（20×× 年 × 月 ×× 日）

时隔37年后，中央再次专项部署城市工作，体现了积极顺应城市发展规律，坚持问题导向，抓住了经济社会发展的重点，必将有力推进和谐宜居、富有活力、各具特色的现代化城市建设。这次全省城市工作会议，认真贯彻中央城市工作会议精神，结合我省实际，从规划、建设、管理等各个方面，对如何解决好城市发展问题的方法和路径，进行了全面科学部署，×× 书记、××× 省长的重要讲话，理论性、指导性、操作性都很强，为我们提供了基本遵循、指明了方向。

×× 城市建设发展起步比较晚，撤地建市以来，我们围绕建设“宜居宜业海湾城市”，注重规划、强化配套，保护生态、彰显特色，产城联动、补齐短板，加快实施东扩面海、北展南移，城市面貌发生了很大变化，初步形成了临海、跨海、环海的发展格局，中心城区面积从15.8平方公里扩展到34平方公里、人口约30万人，获得了住建部人居环境范例奖和国家园林城市称号。但与全省兄弟市城市发展水平和群众日益提高的城市人居环境质量要求相比，还存在不少差距：从总体上看，城市规划建设缺少鲜明个性，港产城融合联动发展不够，相关功能配套欠账较多，县（市、区）整体发展不够平衡；从具体问题看，不同程度地患上了“城市病”，交通拥堵、停车位少，城乡之间、城市内部、新老城区发展失衡，特别是教育、医疗卫生等社会事业发展还满足不了群众需求。

**点　评：**

这一大段，作为导语，涵盖了评价和本单位的工作成效两大内容。第一自然段是对主报告的评价，这种写法比较简短，主要考虑发言时间问题，我在这里顺便介绍一份市长在省委全委会上的对主报告特点的归纳，供大家参考：上午，我认真聆听了省委 ×× 书记代表省委常委会所作的工作报告，总的感到，×× 书记的报告主题鲜明、求真务实、开拓创新，是一个鼓舞人心、催人奋进的好报告，主要有三个方面特点：一是始终保持战略定力（略）；二是始终坚持问题导向（略）；三是始终强化作风建设（略）。

第二自然段 ×× 城市建设的基本情况。包括成效和问题。

下一步，我们将认真贯彻落实中央、全省城市工作会议精神，坚持“城市让生活更美好”的理念，以“一尊重五统筹”为引领，把城市工作摆在更加重要的位置，坚持以为民为中心的发展思想，树立科学理念，把握城市规律，着力增强城市工作的全局性、系统性、持续性、宜居性和积极性，建设宜居宜业海湾新城。重点要做到“五个好”：

一是把城市规划好。

二是把城市建设好。

三是把城市管理好。

四是把难点问题解决好。

五是把城市工作组织好。

**点　评：**

以贯彻落实中央、全省城市工作会议精神作为引领，提出重点要做到“五个好”，其实也是一个表态，希望大家在这一类型材料的写作过程中，借鉴这种写作方法，形成自己清晰的写作思路。

## 第七节　体会类发言

我们在小学乃至中学阶段，老师经常有“一课一得”之说，在机关企事业单位工作，也需要撰写党的十八大、十九大报告精神和习近平新时代中国特色社会主义思想等理论学习体会文章。我认为，撰写这一类型文章，需要把握好“三学”。一是学有所悟。通过学习，悟出学习的认识，悟出其中的真理，提高自己的政治站位。二是学有所获。通过学习，深入剖析思想的实质，找到解决问题的办法。三是学有所践。千学万学，重在实践，重在落实，把我们的所思转化为具体的行动。案例一，就是围绕这“三学”展开。

案例一：

### 在“三严三实”专题教育第二专题学习研讨会上的发言提纲

×××

（201× 年 × 月 ×× 日）

今年以来，按照市委的部署，我积极参加“三严三实”专题教育，受到一次深刻的党性再教育和作风再锤炼。根据会议安排，我围绕“严以修身”的主题，简要谈几点体会，请 ××× 书记和同志们批评指正。

习近平总书记关于“三严三实”的重要论述，明确了领导干部的修身之本、为政之道、成事之要，为加强新形势下党的思想政治建设和作风建设提供了重要遵循。在“三严三实”这个重大命题中，“严以修身”摆在首位。作为一名党员领导干部，只有严以修身，才能为“严以用权”“严以律己”建立基础，才能为“谋事要实”“创业要实”“做人要实”提供保证。通过这段时间的学习，我感到“严以修身”要抓住四个方面的重点：

## 点　评：

案例一，是一份学习研讨会的心得体会。导语先讲对“严以修身”这个重大命题的认识，就是学有所悟。需要从四个方面谈学有所获、学有所践。一是严以修身，就是要锤炼党性，坚定理想信念。二是严以修身，就是要修炼品德，坚守精神家园。三是严以修身，就是要牢记宗旨，坚持公仆本色。四是严以修身，就是要干事创业，坚持推动发展。这种写作方法比较直接常用，确实让听者觉得这次学习有收获。

一、严以修身，就是要锤炼党性，坚定理想信念。习近平总书记号召全体共产党员“坚守崇高信仰，炼就金刚不坏之身”。思想上返璞归真，党性上固本培元，理想信念上坚如磐石，这是严以修身的基本保障。作为党员领导干部，要把“精神补钙”作为一种常态，把牢思想和行动的“总开关”。要强化理论武装。坚持不懈抓好政治理论学习，不断加强党性修养和主观世界改造，牢固树立正确的世界观、人生观和价值观。特别是要认真学习贯彻习总书记系列重要讲话精神，准确把握中央领导集体的执政理念、治国方略、工作思路，准确把握中央“四个全面”、“五位一体”等重大战略部署。在政治理论学习上，我还需要进一步突出重点、学用结合，科学安排、提高效率，处理好“工学”关系，发扬“挤”劲和“钻”劲，增强学习的自觉性、系统性，更好地用科学理论武装自己。要强化党员意识。在党言党、在党爱党，在大是大非问题上保持清醒头脑，在思想上、政治上、行动上与党中央保持高度一致。真正做到心中有党、对党忠诚，把中国特色社会主义的道路自信、理论自信和制度自信内化于心、外化于行，以实际行动维护党的理想信念的严肃性。要严守党的纪律。带头落实中央和省委、市委关于政治纪律政治规矩的各项规定，坚决执行“五个必须”“五个决不允许”，坚决反对“七个有之”，做到有令必行、有禁必止，确保中央和省委市委的各项决策部署不折不扣地落到实处。带头学习党章，严格遵守党纪，言行一致、表里如一，在工作、学习和生活中真正发挥共产党员先锋模范作用。

## 点　评：

第一大点的导语，谈对严以修身的认识，就是学有所悟，然后从锤炼党性，坚定理想信念的角度，提出三点要求。一要强化理论武装；二要强化党员意识；三要严守党的纪律。比如，第一小点，强化理论武装，需要学习，如何学习，就是学有所悟。第二小点，如何真正做到心中有党、对党忠诚，就是学有所获。第三小点，严守党的纪律。之前，我们在撰写这些内容时，常常会罗列中央和省委、市委有关文件的题目，容易出现叙述累赘的问题。这里的文字处理办法，我认为是可模仿、可复制的。

二、严以修身，就是要修炼品德，坚守精神家园。德与才是相辅相成的，支撑着“人”字的撇和捺。作为一名党员领导干部，要自觉加强道德修养，丰富道德知识，提升道德境界。一要自觉追求高尚。（略）二要时刻强化自律。（略）三要自觉接受他律。（略）

三、严以修身，就是要牢记宗旨，坚持公仆本色。全心全意为人民服务是党的宗旨，是共产党人的精神追求。作为一名党员领导干部，我要牢记立党为公、执政为民的要求，做到立身不忘做人之本、为政不移公仆之心、用权不谋一己之私。一要秉持爱民情怀。（略）二要要弘扬为民传统。（略）近年来，市委大力弘扬习近平总书记在宁工作期间的优良作风，持续开展“四下基层、四解四促”“三比一看”“三转一加强”等活动，密切了党群干群关系，一些群众普遍关心关注的实际问题得到了有效解决。在宁德工作两年多来，我对“四下基层”有了深刻的体会，党员干部只有牢固树立群众观点，坚持走群众路线，才能增进与群众的感情，得到群众的拥护和支持。这方面，我还要进一步努力，更多地深入基层，更好地了解民情，更有针对性地为基层和群众排忧解难。三要办好惠民实事（略）。

四、严以修身，就是要干事创业，坚持推动发展。党员领导干部严以修身，绝不是关起门来修身养性，而是要与推进经济社会全面发展的工作结合起来，把严以修身作为推进事业发展的动力。一要谋思路。二要抓落实。

总之，严以修身只有进行时，没有完成时。作为一名党员领导干部，我要把严以修身作为一门长期功课，延伸到修心、修德、修学、修行等各方面，多管齐下、内外兼修、全面推进，为 ×× 科学发展加快发展尽心尽责。

**点 评：**

第二大点，主要还是谈认识。第三大点和第四大点，主要从学有所践的角度，如何为民、如何抓发展。比如，第三大点的第二小点，先阐述，近年来，宁德大力弘扬习近平总书记在宁工作期间的优良作风，一些群众普遍关心关注的实际问题得到了有效解决。接下来，谈市长来宁德两年的工作体会，就是学有所思、学有所悟；我要怎么做，就是学有所践。

## 第八节　表态类发言

关于表态类的发言，是我们在具体的工作中，经常会遇到并需要把握好的一类材料。2019 年，我受 ×× 经济开发区领导委托，给开发区举办的公文写作培训班学员上课，他们提的一个要求，就是授课时要有表态发言的内容。为此，我专门对此类公文进行了研究，我认为，由于表态类的发言，属于上行文，是上级机关来单位检查工作反馈时，单位领导需要在会上有一个表态；或者是领导到新单位任职时的一个表态。这类文章的特点是：一是认识要到位；二是态度要诚恳；三是表态要有力。

## 一、检查表态类

下面的案例，是一份落实主体责任集体约谈会上的表态发言，比较有代表性，我们先从结构上做一个比较，稍后我再把送审稿与定稿分段对比剖析，以便大家更直观理解这类材料的写作特点和方法。

从结构上看，送审稿是：（一）深化认识，以更高的站位对待整改工作。（二）压实责任，以更大的力度推动整改落实。（三）抓常抓长，以更实的举措巩固整改成果。定稿是：一是要提高政治站位，保持政治定力，推进全面从严治党向纵深发展。二是要全面压实责任，强化责任担当，坚决把整改要求落到实处。三是要坚持抓常抓长，强化监督执纪，不断巩固和扩大作风建设成效。虽然送审稿用“三个更”，语言比较简洁，但与定稿对比，显然定稿用“纵深、全面、坚决”等语句会更有力，所以有时候写材料就有一个“两权相利取其重，两权相害取其轻”的问题，只能取更利好的一面。

**案例：**

### 落实全面从严治党主体责任集体约谈表态发言（送审稿）

×××

首先，衷心感谢 ××× 常委带领的市检查组一行莅临开发区约谈督导工作。刚才，××× 监委委员明确指出了检查发现的具体问题，××× 常委对开发区下一步工作提出了更高标准和更严要求，我们将照单全收，认真整改，自觉把思想和行动统一到市委的要求上来，扎实推动全面从严治党各项工作任务落实落地。接下来，我就下一阶段如何落实全面从严治党责任作个表态发言：

## 在落实主体责任检查集体约谈会上的表态发言（定稿）

×××

尊敬的×××常委、检查组各位领导：

1月10日至15日，市委第四考评组对开发区2018年度落实全面从严治党主体责任情况进行了全面检查。今天，×××常委带领考评组再次到开发区召开集体约谈会，充分体现了市委和市纪委对此项工作的高度重视。检查组在开发区检查期间，务实的工作作风、敬业的工作精神，值得我们学习。刚才，×××常委对开发区全面从严治党工作给予肯定，指出存在不足，并站在全面从严治党的高度对开发区下一步工作提出了具体要求，为我们更好地履行全面从严治党主体责任指明了方向。×××监委委员实事求是，全面客观的通报了检查中发现的问题，为我们把了脉、会了诊，提出的意见建议也很有针对性和指导性，我们要认真学习、深刻领会，并切实抓好落实。在此，我代表开发区党工委表示衷心的感谢！针对问题，我们将诚恳接受、照单全收，坚持以高度的政治责任感，本着真认帐、真对照、真负责的态度，把抓好问题整改当作一次自我净化、自我纠偏、自我完善、自我提升的良好机会，认真研究整改措施，坚决整改到位。在此，我代表开发区党工委班子表态如下：

### 点　评：

送审稿与定稿的不同点：一是×××监委委员与×××常委的排序不同，一般的写作习惯，职务高的为先；二是定稿体现了市委和市纪委的高度重视，送审稿没有；三是总的表态方面，定稿比送审稿更诚恳、更到位，可以让领导更好地感受到党工委班子的态度，这正是表态的关键所在。

**送审稿：**

（一）深化认识，以更高的站位对待整改工作。我们将从讲政治、讲大局的高度充分认识全面从严治党的重要性，充分认清抓好整改落实的现实紧迫性，把整改工作作为当前和今后一段时期最大的政治任务。我们以这次整改落实省委巡视组反馈意见为契机，始终站在对党负责、对人民负责的高度，坚定不移地将“两个责任”落到实处，进一步强化党的政治核心作用。我们将认真按照 ××× 常委提出的要求，不断增强推进全面从严治党工作的积极性和主动性，切实以更加担当的作为、更加务实的作风、更加扎实的举措，坚定不移推进我区全面从严治党向纵深发展。

**定稿：**

一是要提高政治站位，保持政治定力，推进全面从严治党向纵深发展。坚定不移把政治建设摆在首位，持续深入学习贯彻习近平新时代中国特色社会主义思想，牢固树立“四个意识”，坚定“四个自信”，坚决做到“两个维护”，切实做到真学、真懂、真信、真用。要坚决贯彻省委“八个坚定不移”要求，以高度的政治自觉，发挥好“头雁效应”，坚决扛起全面从严治党主体责任，加强和规范党内政治生活，始终绷紧廉洁自律这根弦，增强政治定力、纪律定力、道德定力、抵腐定力，坚定不移推进全面从严治党，全力支持纪工委落实监督责任，推动各级党组织全面进步、全面过硬。

**点　评：**

送审稿与定稿的不同点：一是定稿政治站位更高，送审稿是从讲政治、讲大局的高度充分认识全面从严治党的重要性，现实紧迫性。定稿是把政治建设摆在首位，“四个意识”“四个自信”“两个维护”。这里顺便说一下，写政治站位时，一定要紧跟当前的政治形势，与当下的提法相同。二是定稿措施更实。比如，全力支持纪工委落实监督责任，推动各级党组织全面进步、全面过硬。

送审稿：

（二）压实责任，以更大的力度推动整改落实。我们将认真对照2018年度市委落实全面从严治党责任检查反馈的问题，深入开展专项整治，列出整改清单，明确整改责任、举措和时限，锲而不舍抓整改，驰而不息抓落实。作为全面从严治党工作的第一责任人，我将进一步牢固树立“抓党建就是最大政绩”的理念，带头种好自己的“责任田”，站好自己的“先锋岗”，切实做到重要工作亲自部署，重大问题亲自过问，重点环节亲自协调，真正做到党委书记具体抓、抓具体。发挥好“头雁效应”，通过以上率下、率先垂范，推动开发区各级党组织“一把手”落实好整改工作，形成一级抓一级、层层抓落实的工作格局。

定稿：

二是要全面压实责任，强化责任担当，坚决把整改要求落到实处。对考评组反馈的问题和提出的意见建议，我们将逐一查准问题症结，逐项研究整改措施，列出整改清单，明确整改责任、举措和时限，坚决做到及时改、彻底查，确保整改任务件件有落实、事事有回音。同时要吸取教训，举一反三、务求实效。作为全面从严治党“第一责任人”，我将带头种好自己的“责任田”，站好自己的“先锋岗”，切实做到重要工作亲自部署，重大问题亲自过问，重点环节亲自协调，通过以上率下、率先垂范，推动开发区各级党组织“一把手”落实好整改工作，形成一级抓一级、层层抓落实的工作格局。

点　评：

送审稿与定稿的相同和不同点：送审稿和定稿都有整改的措施，即逐一查准问题症结，逐项研究整改措施，列出整改清单，明确整改责任、举措和时限。但是定稿的态度更坚决。比如定稿提出坚决做到及时改、彻底查。

**送审稿：**

（三）抓常抓长，以更实的举措巩固整改成果。今后我们将把加强党员干部的思想教育作为推进全面从严治党工作的重点，深入开展典型教育和警示教育，促进廉政教育经常化，不断提高党员干部廉洁勤政、反腐倡廉意识，营造廉洁自律的浓厚氛围。我们将坚持把作风建设作为永恒课题，做到经常抓、深入抓、持久抓，不断巩固和扩大改进作风成果。我们将坚持把纪律规矩挺在前面，严格落实中央八项规定精神及省、市《实施办法》，强化日常监督管理，对于苗头性问题，注重抓早抓小，对于任何违反党章党规和党的纪律，特别是违反政治纪律、组织纪律、财经纪律的行为坚决严肃处理，真正做到真管真严、敢管敢严、长管长严。

**定稿：**

三是要坚持抓常抓长，强化监督执纪，不断巩固和扩大作风建设成效。坚持把加强思想教育作为推进全面从严治党工作的重点，深入开展典型教育和警示教育，促进廉政教育经常化；坚持把作风建设作为永恒课题，做到经常抓、深入抓、持久抓，不断巩固和扩大改进作风成果；坚持把纪律规矩挺在前面，严格落实中央八项规定精神及省、市《实施办法》，集中整治形式主义、官僚主义，强化对权力集中、资金密集领域的监督，坚决查处违纪违法行为，扎实做好全面从严治党各项工作，持续巩固党风廉政建设和反腐败斗争压倒性胜利。

最后，衷心感谢 ××× 常委和考评组各位领导的悉心指导和关心帮助。我们将以这次检查为契机，坚持以习近平新时代中国特色社会主义思想为指导，深入学习贯彻十九届中央纪委三次全会精神，切实增强“四个意识”、坚定“四个自信”、做到“两个维护”，以党的政治建设为统领全面推进党的建设，以永远在路上的坚韧和执着，为全面实施“一二三”发展战略，推动开发区高质量发展落实赶超，提供坚强纪律保障。

点 评：

送审稿与定稿的不同点：一是定稿关键性的语言用的比较灵活，比如，持续巩固党风廉政建设和反腐败斗争压倒性胜利。二是结束语定稿有，送审稿没有。一般来说，“最后，衷心感谢×××常委和考评组各位领导的悉心指导和关心帮助。我们将以这次检查为契机，坚持以习近平新时代中国特色社会主义思想为指导，深入学习贯彻十九届中央纪委三次全会精神……”这样的客套话还要说到，这也是一种礼貌礼仪。

## 二、任职类表态

讲授第一章第一节时，我曾经谈到任职类表态发言，并留下一道思考题，希望大家掌握市长表态发言的写作方法后，对撰写各机关企事业单位领导任职时的表态发言，应该能够举一反三，触类旁通，轻松驾驭。下面的案例，是新任××幼儿园领导的表态发言，我和大家一起共享分析。

尊敬的×××、在座的老师们：

大家好！

回望一路成长，正如《文赋》中所言“石韫玉而山辉，水怀珠而川媚”。首先，衷心感谢组织对我的信任与培养，感恩局领导、同事们多年来对我工作的支持与帮助。这次履新不仅是组织对我工作的认可，更是一种期望与重托，这是一份沉甸甸的责任！我一定尽快熟悉环境、进入角色、勤勉履职。下面，我做五点表态：

一是站位。我一定加强政治历练、党性锤炼，不断增强“四个意识”、坚定“四个自信”、做到“两个维护”，提升政治站位，毫不动摇跟党走，紧跟习近平新时代中国特色社会主义思想，做政治上的明白人。在工作实践中做到知行合一、表里如一、始终如一，努力开拓 ×× 幼儿园的新发展、新愿景。

二是勤学。他山之石可以攻玉。我一定向“书本学习”，更新知识储备、丰富管理经验，熟悉幼教前沿动态。同时，向“前辈学习”，虚心向历任园长学习，虚心向教师们学习，走近班级、深入课堂，在传承中创新，在创新中谋发展。

三是团结。“团结方有大力量”，×× 幼儿园的每一步发展凝聚着全体员工脚踏实地的不懈努力。我有幸成为 ×× 幼儿园领导班子的新成员，这是我和 ×× 幼儿园以及各位姐妹的缘分，我一定竭力维护 ×× 幼儿园大家庭团结，坚持民主集中制，与班子、教师团结协作，携手打造“和美文化”，实现“各美其美，合而不同”，携手共创温馨和谐大家园。

四是务实。身为幼教人，既要有仰望星空的梦想，又要有脚踏实地的坚守。我一定从实际出发，坚持敬业守业，乐于奉献的工作态度，多办实事多创业绩，让老师们更具获得感和幸福感，共同努力让孩子们健康快乐成长。

五是廉洁。多植荷花塘自清。我一定严格遵守中央八项规定精神及其实施细则，切实履行“一岗双责”，时刻保持“自警自醒自律”，自觉抵制不良风气，营造良好的政治生态。

人生，最快乐的莫过于奋斗！为了 ×× 幼儿园的发展，我一定尽我所能与大家同舟共济，书写巾帼答卷，描绘时代景色。过去，感恩支持；现在，携手同心；未来，不负遇见！

谢谢大家！！！

**点　评：**

这一份表态，比较简略，适合作为新领导到新单位任职时的表态发言。

导语部分，与第一章第一节市长的表态发言类似，既有对领导的信任、帮助、支持的感谢，又感到一份沉甸甸的责任。表态部分分成五点，分别是：站位、勤学、团结、务实、廉洁，基本上体现了一位新领导到任时需要也必须表态的内容。每一点的表态，先用一小段或一句话，阐述题目的意义，然后用“我一定”来表达怎么做，希望大家学习掌握。

## 第九节　生活会发言

无论是领导，还是单位，都涉及撰写民主生活会发言材料的问题。我们每年都有一两次这种材料的撰写任务。因此，要求拟稿人全面掌握领导或单位一年来的工作情况，如果是新来的领导，还要了解领导前半段在原单位的工作情况。记得，某天下班后，有一位领导临时把我叫到办公室，全程讲述了一年来的工作情况，还好我带着笔记本，根据领导口述，我认真做了记录和整理，很快完成领导在民主生活会个人发言提纲的撰写任务。从写作的角度，个人民主生活会有两种类型：一是述职述廉报告，主要围绕述职述廉工作展开，留待第九章报告中专述；二是专题民主生活会，只讲问题，这一类型材料与剖析材料类似。

案例一，是一份领导在专题民主生活会上的个人发言提纲，下面，我们分导语和正文两个方面进行点评。

**案例一：**

### ××市××专题民主生活会个人发言提纲

×××

（20××年××月××日）

“三严三实”是对各级党员干部行为的新规范，明确了领导干部的修身之本、为政之道、成事之要。开展“三严三实”专题教育，是中央着眼于巩固和深化党的群众路线教育实践活动成果，持续推进新形势下党的思想政治建设和作风建设所作出的重大部署，是严肃党内政治生活、严明党的政治纪律和政治规矩的重要抓手。我坚决拥护中央决定，按照省委和市委部署要求，认真学习研讨，深入查摆问题、剖析原因，不断增强整改的自觉性和主动性。根据民主生活会要求，现做如下发言，请同志们批评帮助。

**点 评：**

这一段导语说由来，从对“三严三实”认识切入，按照中央、省委和市委的部署要求，个人总的如何学习研讨、查摆问题、剖析原因。除了上述写作方法外，也可以开门见山，直奔主题，前面加上根据什么文件通知要求即可。

一、践行“三严三实”方面存在的突出问题

去年开展的党的群众路线教育实践活动，是对自己的一次深刻教育和党性锻炼，我查摆了自身存在的8个方面突出问题，在组织和同志们的帮助下，经过一年多的努力，目前已基本整改到位。自教育实践活动到正在开展的专题教育，我在思想上受到了深刻的教育和洗礼，更加坚定了理想信念和宗旨意识，在行动上更加注重守规矩严自律。但对照“三严三实”的要求、中央和省委列举的不严不实问题的各种表现，以及向各方面征求到的问题意见，通过查摆剖析，我感到一些问题在自己身上还不同程度存在。同时，市××党组班子查摆出来的问题，我都主动认领并负主要责任。个人存在的突出问题是：

（一）修身做人方面。一是理论学习不够深入。二是党性修养仍需强化。三是务实际解难题还有差距。

（二）用权律已方面。一是决策的科学性有所欠缺。二是落实分工负责制有偏差。三是深入群众接地气不够。四是自查自纠不到位。

（三）干事创业方面。一是调研不够深入、谋事不够周全。二是敢为人先的劲头和激情不足。三是抓工作落实、政策落实力度不够。

（四）遵守党的纪律方面。一是落实党风廉政建设责任制有差距。二是抓党建工作意识不够强。

二、产生问题的原因剖析

深刻剖析不严不实问题产生的原因，根源还是在于自己主观世界改造不到位，没有切实把牢“总开关”。具体分析原因，主要有以下四个方面：

一是党性锻炼不够纯粹。

二是政绩观还有所偏差。

三是宗旨意识不够牢固。

四是纪律之弦绷得不紧。

三、今后努力方向和整改措施

针对查摆出来的问题，我将以更加坚定的信念、更加有力的举措、更加扎实的作风，率先垂范，立行立改，真正用整改的实际成效取信于民。

（一）加强理论武装，进一步坚定理想信念。

（二）扎实干事创业，进一步改进政府工作。坚持站位全局、解放思想，以更宽广的视野、更大的力度谋划发展，破除障碍，推进政府工作更加科学化、民主化、法制化，不断开创政府工作新局面。一是全力推进发展。二是深化各项改革。三是转变政府职能。

（三）坚持求真务实，进一步转变工作作风。始终坚持求真求实，努力以良好作风推动工作、保障发展。一是在调查研究上求真。二是在工作方式上求实。三是在发展环境上求优。

（四）牢树宗旨意识，进一步改善民生福祉。

（五）坚守清廉本色，进一步提升道德操守。

## 点　评：

这份材料的特点是比较典型的三段式结构。第一大点，讲问题，要求围绕“三严三实”专题写出存在的修身做人、用权律己、干事创业、遵守党的纪律等方面的问题。第二大点，剖析原因，根源在于主观世界改造不到位，共分四小点。这里的原因与第一大点的问题有比较大的区别，比如党性锻炼、政绩观、宗旨意识、纪律之弦都属于思想层面的。第三大点，下一步的整改措施，既要表明改正问题的态度，还要有实实在在的举措。以上是专题民主生活会发言提纲的写作思路，不知道你掌握了没有。

## 练习题：

一、请根据上级单位的某个专项检查情况，拟写一份专项检查汇报提纲。比如，安全生产、生态环境、森林防火等。

二、请帮助单位（企业）主要领导撰写一份在专题民主生活会上的发言提纲。

# 第五章　日常事务虽琐碎　短小精悍有技艺

办公室新手上路，往往手忙脚乱。而领导交办的日常文务，常常是撰写通知、信息等短而急的小文章。因此，特别需要借助外在的力量，尽快进入角色、熟悉角色。本章的内容，恰好搭建了这样一个平台，请大家持一份对公文写作的初心和热爱，蕴含一份对未来公文写作的期许和憧憬，我们一起朝着前方迈进，定有惊喜在写作的路上呈现。本书的第一章第一节的第三大点，我们曾经对写好“火柴盒”式的公文进行了探讨研究。这一章开始，我们分门别类，系统梳理，从小处着眼，以小见大，重点阐述通知、信息、简报、新闻、大事记类公文的写作手法。进而在后续的篇章中，将《党政机关公文处理工作条例》确定的公文文种逐一介绍，以便大家了解和掌握各类公文文种的写作技巧。

这里，我先强调一下公文的标题。《党政机关公文处理工作条例》（以下简称《条例》）规定：“标题。由发文机关名称、事由和文种组成。”这就是通常所说的公文标题“三要素”。发文机关名称用机关名称全称或者规范化简称。一般情况下，一个规范、完整的公文标题，三要素缺一不可，不能随意省略，通常只有在公报、令、公告、通告等公文文种中存在省略发文机关的情况，我们在后续讲授这一类公文文种时再做介绍。但我们在工作中，经常看到随意省略发文机关名称的案例，比如，关于召开 2019 年全市财政工作视频会议的通知，把发文机关 ×× 市人民政府办公室省略了。为什么会出现这个问题，这是因为很多拟稿人认为，在公文格式版头要素之一的发文机关标志中已经包含了发文机关名称，所以，没有必要再在标题中写上发文机关名称。这是错误的，一定要引起高度重视，凡是没有发文机关名称的公文标题是一个不完整的标题。不过，联合行文时，发文机关名称可以省略，但也有一定的原则：即三个和三个以下机关联合行文时，应当列出所有发文机关的名称；四个及四个以上机关联合行文时，可以采用排列在前的发文机关名称加“等”的方式，省略其余发文机关名称。

## 第一节　通知类公文

通知是被各级党政机关、各社会团体、各企事业单位广泛使用的公文文种。这里，主要介绍会议性通知、指导部署性通知、印发转发性通知公文的写法。

### 一、会议性通知

召开较为重要的会议，通常采用书面的形式，向所属单位下发会议通知。作为机关企事业单位的员工，组织一场会议活动，拟写一份会议通知，是基本的工作要求。

**案例一：**

市政府定于11月 9日召开全市××××防控应急指挥部成员单位会议。现将有关事项通知如下：

一、会议时间、地点

11月9日（星期五）下午4:30，在市政府二层第×会议室开会。

二、会议议程

（一）市住建局、交通局、林业局、市场监管局、××海关汇报××××防控工作落实情况；

（二）市政府×××副市长讲话。

三、参会对象

（一）市政府领导（×××）；

（二）市委宣传部，市政府办、发改委、卫计委、公安局、民政局、财政局、人社局、环保局、住建局、交通局、农业局、林业局、商务局、市场监管局，×× 海关、海事局，邮政管理局、高速公路 ×× 分公司负责人。

四、其他事项

（一）请市直有关单位负责通知落实本单位参会对象，并将参会人员名单于 11 月 9 日下午 4:00 前报送市农业局（联系人：×××，28××××、1385966××××，传真：205××××）。

（二）市住建局、交通局、林业局、市场监管局，×× 海关做好汇报准备，提交书面汇报材料一式 25 份会前分发，市农业局做好会议记录。

（三）市政府办农经科、市农业局做好相关会务工作。

×× 市人民政府办公室

20×× 年 11 月 9 日

我们从上述会议通知入手，谈谈会议通知的写作步骤。

首先，要有会议的时间地点内容，这一场会议的时间地点是：11 月 9 日（星期五）下午 4:30，在市政府二层第 × 会议室开会。内容是：×××× 防控应急指挥部成员单位会议。这里，时间地点内容等要素缺一不可。

其次，要有会议议程和参会对象。会议议程：一是市住建局、交通局、林业局、市场监管局、×× 海关汇报 ×××× 防控工作落实情况；二是市政府 ××× 副市长讲话。参会对象：一是市政府领导（×××）；二是市委宣传部，市政府办、发改委、卫计委、公安局、民政局、财政局、人社局、环保局、住建局、交通局、农业局、林业局、商务局、市场监管局，×× 海关、海事局，邮政管理局、高速公路宁德分公司负责人。特别要注意，通常撰写会议议程时 ×× 领导讲话放在后面，撰写参会对象时领导名单排在前面，并且分点撰写较好。

其三，其他事项，主要是会前要准备的工作。一是什么时候报送名单给谁以及联系人。比如，请市直有关单位负责通知落实本单位参会对象，并将参会人员名单于 11 月 9 日下午 4:00 前报送市农业局（联系人：×××，288××××、1385966××××，传真：20××××）；二是准备多少份汇报材料及分送给谁。比如，市住建局、交通局、林业局、市场监管局，×× 海关做好汇报准备，提交书面汇报材料一式 25 份会前分发，市农业局做好会议记录；三是谁做会务工作。比如，市政府办农经科、市农业局做好相关会务工作。这里，名单、联系人、报送时间、汇报人、材料的份数等等要素，需要完整体现。

**案例二：**

### ×× 市人民政府办公室
### 关于召开 2019 年全市财政工作视频会议的通知

各县（市、区）人民政府、××× 开发区管委会，市直有关单位：

为贯彻落实全省财政工作视频会议、市委经济工作会议和市“两会”等会议精神，回顾总结 2018 年全市财政工作，部署推进 2019 年财政工作，经市政府同意，定于 1 月 17 日召开 2019 年全市财政工作视频会议。现将有关事项通知如下：

一、会议时间、地点

1 月 17 日（星期四）上午 9:00，通过政务网视频会议系统召开会议。市主会场设在市委市政府大院附属楼视频会议室，各县（市、区）设分会场（参会人员提前 15 分钟进场）。

二、参会人员

（一）市主会场：

1. 市领导（×××）；

2. 市委办、市政府办、……等单位负责人；

3. ××× 开发区管委会分管领导，开发区财政局班子成员及各科室负责人、局所属各单位负责人；

4. 市财政局班子成员及各科室、所属单位负责人。

（二）县（市、区）分会场：

1. 各县（市、区）政府分管领导；

2. 各县（市、区）有关单位负责人、财政系统有关人员（比照市主会场确定）。

三、会议议程

（一）市财政×××局长作全市财政工作报告；

（二）市领导×××讲话。

会议由市政府副秘书长×××主持。

四、有关事项

（一）各县（市、区）政府办、×××管委会办公室和市直参会单位负责通知落实本地、本单位参会对象准时参加会议，并将参会人员名单（含姓名、单位、职务），各县（市、区）和开发区报送政府领导名单即可），于1月16日上午10:00前报送市财政局办公室（联系电话：283××××、282××××，传真：282××××，如有替会需另附请假报告并注明请假事由）；

（二）市财政局负责通知落实市直单位参会事宜；

（三）市财政局打印大会工作报告一式100份提前于会上分发；

（四）市数字办、本办机关后勤保障科负责做好市主会场视频会议系统调试、会场布置等相关会务工作，市财政局配合；

（五）各县（市、区）政府和财政局负责做好分会场视频会议系统调试、会场保障和会议组织等工作；

（六）市政府新闻办负责通知落实××日报社、××电视台记者参会；

（七）会议期间，请各参会人员关闭手机，勿随意走动，注意保持会场秩序。

附件：参会名单回执（略）

××市人民政府办公室

2019年1月11日

我们解读这一段导语，“为贯彻落实全省财政工作视频会议、市委经济工作会议和市‘两会’等会议精神，回顾总结2018年全市财政工作，部署推进2019年财政工作，经市政府同意，定于1月17日召开2019年全市财政工作视频会议。现将有关事项通知如下”。一般来说，会议通知比较习惯用“为了什么”，就是因为什么原因，需要开什么会。

有关事项部分，由于是视频会议，市数字办、本办机关后勤保障科负责主会场视频会议交流调试、分会场组织、落实新闻单位记者参会不能遗漏。曾经发生主分会场视频会议系统未调试，出现话筒无声音、无图像等技术问题，谨记！同时，参会名单回执和市直单位参会名单，由于篇幅原因，删去，但大家在撰写时应及时补上。其他内容和案例一类似。

## 二、指导部署性通知

指导部署性的通知，主要用于传达上级机关的指导性意见和要求下级机关及有关单位需要共同执行的事项。比如，规定性通知、指示性通知、知照性通知。这里我们分别用三个案例加以说明。

1. 规定性通知。在学习规定性通知的特点之前，我们介绍一下什么是规范性文件：它是指除政府规章外，行政机关及法律、法规授权的具有管理公共事务职能的组织，在法定职权范围内依照法定程序制定并公开发布的针对不特定的多数人和特定事项，涉及或者影响公民、法人或者其他组织权利义务，在本行政区域或其管理范围内具有普遍约束力，在一定时间内相对稳定、能够反复适用的行政措施、决定、命令等行政规范文件的总称。

案例三，是国务院办公厅关于做好自然保护区管理有关工作的通知，是一份规范性文件。发布之前，应有至少三个步骤或程序。一是由国土资源部拟初稿，然后送林业、海洋、水利等相关部门征求意见；二是送政府法制部门提出法律法规性的把关意见；三是国务院在此基础上，召开专门会议讨论研究确定后发布。其中政府法制部门是必过和把关的重要环节。

### 案例三：

**国务院办公厅关于做好自然保护区管理有关工作的通知**

国办发〔2010〕××号

各省、自治区、直辖市人民政府，国务院各部委、各直属机构：

建立自然保护区是保护生态环境、自然资源的有效措施，是保护生物多样性、建设生态文明的重要载体，是加快转变经济发展方式、实现可持续发展的积极手段。多年来，自然保护区的建设和管理工作取得了显著成效。但是，随着工业化、城镇化的加速推进，保护与开发的矛盾日益突出，一些自然保护区频繁进行调整或被非法侵占，部分物种的栖息地受到威胁，生态环境遭到破坏，自然保护区发展面临的压力不断加大。为切实做好自然保护区管理工作，促进自然保护区事业健康发展，经国务院同意，现就有关问题通知如下：

一、科学规划自然保护区发展。（略）

（略）

九、加强领导和协调。（略）

中华人民共和国国务院办公厅

2010年×月×日

现在，我们来分析这一份规范性文件的特点：从第一段的导语中可以看出，先介绍建立自然保护区的意义，“建立自然保护区是保护生态环境、自然资源的有效措施，是保护生物多样性、建设生态文明的重要载体，是加快转变经济发展方式、实现可持续发展的积极手段。”接下来介绍，近年来自然保护区的建设和管理成效及问题。概括之，就是从意义、成效、问题三个方面，介绍为什么要做好自然保护区的管理工作，以此为铺垫，引出经国务院同意，围绕需要做好自然保护区管理工作这一主题，从科学规划、强化管理、严格限制、项目管理、土地和海域管理、监督检查、资金投入、科技支撑、加强领导等九个方面阐述如何做好自然保护区管理工作。

这里，我选取第九点解析一下：“加强领导和协调。各省、自治区、直辖市人民政府要加强对自然保护区管理工作的组织领导，建立考核和责任追究制度，实行任期目标管理，保障工作经费，健全管理机构，积极划建自然保护区。建立当地居民参加的自然保护区共管机制，妥善处理好自然保护区管理与当地经济建设及居民生产生活的关系。各有关部门要加强沟通协调，完善自然保护区建立、调整评审等工作机制，共同做好自然保护区管理工作。环境保护部要加强自然保护区的综合管理，会同有关部门完善相关政策、法规、规划，制定标准和技术规范，发布相关信息。国土资源部、水利部、农业部、林业局、海洋局和中科院等部门和单位要依据职责分工，做好各自管理自然保护区的相关工作。”

从内容上看，可分成五个小点，一是各省、自治区、直辖市人民政府职责；二是共管机制；三是各有关部门协调机制；四是环保部职责；五是国土资源部、水利部、农业部、林业局、海洋局和中科院等部门和单位职责。所以，初学公文写作的同志，只要善于研究分析，就可以发现和找出其规律和技巧，从而举一反三，融会贯通。

2. 指示性通知。防寒防冻、森林防火、防汛抗旱、道路交通等应急类的通知，拟文时间紧、任务急，通常采用内部明传电报，由于紧急，又常以特提的形式发文。我记得，抢时间撰写这类通知，就是要根据中央、省里的通知，尽快收集市里往年的此类通知，结合本地本部门工作实际，及时拟发。如何拟写，我们结合案例四，展开介绍。

## 案例四：

### ××市人民政府办公室
### 关于认真做好防寒防冻工作的紧急通知

各县（市、区）人民政府、××经济技术开发区管委会，市直有关单位：

根据市气象局预报，受强冷空气影响，1月22日起我市气温将明显下降，全市将出现寒潮天气。22日傍晚—23日，山区县的部分乡镇有小雪或雨夹雪，局部有大雪，并可能出现积雪和道路结冰。24—25日全市大部有结冰，山区各县极端最低气温可达-11℃—-6℃。对此，市委、市政府高度重视，×××书记和×××市长分别作出重要指示，要求各级各有关部门认真对待此次大幅降温可能造成的不利影响，周密部署，提前防范，立即做好雨雪冰冻天气各项应对工作，切实维护人民群众生命财产安全和生产生活秩序。现就有关事项通知如下：

一、加强监测预警和信息发布。（略）

二、做好农业防寒防冻保生产工作。（略）

三、确保交通运输安全畅通。（略）

四、保障城乡正常生产生活秩序。（略）

五、落实好困难群众防寒保暖工作。（略）

六、切实强化值守应急工作。（略）

××市人民政府办公室

2016年1月19日

记得，2016年的年初是寒冬，当时，我刚好协助市政府一位副市长分管农业农村工作。随着寒潮的降临，省政府办公厅下发了做好防寒防冻工作的紧急通知，紧接着，市政府办公室，也下发了类似的紧急通知。这份通知的导语是这样的："根据市气象局预报，受强冷空气影响，1月22日起我市气温将明显下降，全市将出现寒潮天气。22 日傍晚—23 日，山区县的部分乡镇有小雪或雨夹雪，局部有大雪，并可能出现积雪和道路结冰。24—25 日全市大部有结冰，山区各县极端最低气温可达 -11℃—-6℃。对此，市委、市政府高度重视，××× 书记和 ××× 市长分别作出重要指示，要求各级各有关部门认真对待此次大幅降温可能造成的不利影响，周密部署，提前防范，立即做好雨雪冰冻天气各项应对工作，切实维护人民群众生命财产安全和生产生活秩序。现就有关事项通知如下：……”主要有三个方面内容，一是通报天气情况；二是市委、市政府如何高度重视，通常还要加上中央、省里的重视情况；三是对各级各部门的总要求。

接下来，分点提出了六个方面的具体要求，请注意六点的题目一定不能和省里通知的分点题目完全一样，必须略作改造。一般来说，省里两句话，我们可以用一句话；省里一句话，我们可以用两句话。一是“加强监测预警和信息发布。包含对气象部门和各级各有关部门提出监测和信息发布要求。”二是“做好农业防寒防冻保生产工作。包含对农业和海洋渔业部门的要求。”三是“确保交通运输安全畅通。包含对公安、交通运输、铁路等部门和单位及各地特别是高海拔山区的要求。”四是“保障城乡正常生产生活秩序。包含对经信、旅游、卫计等部门的要求。”五是“落实好困难群众防寒保暖工作。包含对民政部门的要求。”六是“切实强化值守应急工作。包含对各级各有关部门值守应急的要求。”

说到这里，我顺便讲一个小故事：2016 年的这一场寒潮确实来势汹猛，省政府为此专门派出防寒防冻工作督导组到各设区市督导，当时由我陪同省督导组先后到了寿宁、周宁等山区高海拔县，当晚，我们下榻在寿宁 ×× 宾馆，第二天一大早，起床后从窗户看到宾馆下面的车辆白茫茫一片。对我个人而言，这也是多年未遇到的雪景，我赶紧下楼到宾馆周边的山上走了一圈，一路行走，一路拍摄。当然，最精彩、最感怀，应属到周宁仙风山周边检查防寒防冻时。彼时，海拔 1400 米的仙风山，给我们一阵阵的惊喜，也给我们一阵阵冰寒彻骨的感受。顺便分享一篇当时撰写的短文：

仙风山的冰挂世界。冰挂，从寒冬走来，零下酿就其三维气质。一维是雅气。晶莹剔透，优雅知性，经风霜冻雪，凝练出透亮冰肌，一如清纯少女，令人无限遐想。二维是傲气。有点傲然，常常高居峰峦，自成一体，睁眼看世界，但知云动风凉识大体，适时低头与青青小草融为一体，亦会缔造冰凌世界。三维是骨气。可以一只眼闭，一只眼睁，观川下风起云涌，浊气漫卷，但不同流合污，此即成冰川，无比坚韧。以上为今天下午有缘抵达而又匆忙掠过后的收获心音。言及此，似乎有点意犹未尽，反叙过程也是可行。仙风山森林公园，位于周宁埔源镇海拔约1400米处，昨日朋友圈多位微友至此时，拍出了一片银色世界，为久居南方城区的人们，送上了一份久已期待的厚礼。而今天我的不请自到，见到了却是另外一番景象。暮色中的白雪，宛若白菇出土；杉叶的冰挂，少了些许锋芒，多了点柔情似水；冬树上，挂上了冰花，像是老树长新芽；草地上，草透明，冰也透明，坦诚拥抱，它们结下零点的誓言；黄土上，白皙青丝长长，久久情思绵绵，磨砺中奋进，方有所成，如我在零下14度中拍摄，冰冻的寒，刻骨铭记。谨记之，以此为时光留白。

3. 知照性通知。知照性通知主要用于临时布置任务或检查任务完成情况以及成立或撤销机构、启用或停用印章、办公地点迁移、节假日放假安排等事项。我在公文写作授课之余，曾经多次征求学员们对授课的要求，有一种意见认为：来听课的学员大部分是公文写作的新手，而且多数来自基层，特别希望在公文文种标题的写作方面，多多给予指点。为此，我将从市政府办发布的错情通报中，寻找一些典型案例进行解读，在后续各章节穿插讲述。比如，案例五是一份知照性通知。

### 案例五：

**关于做好元旦春节期间全市食品安全工作的通知**

各县（市、区）人民政府，×× 开发区管委会，市食药安委各成员单位：

为保证元旦春节期间全市人民的饮食安全，维护我市社会和谐稳定的良好局面，根据省食安委办的要求和市委、市政府的指示精神，现就做好我市两节期间的全市食品安全工作有关事项通知如下：

一、加强领导，切实履行好监管职责。（略）

二、突出重点，加强各项安全检查。（略）

三、加强宣传，做好应急。（略）

### 点 评：

从标题上看，缺少发文单位，即 ×× 市食品药品安全委员会办公室。从导语上看，“现就做好我市两节期间的全市食品安全工作有关事项通知如下”，前面已有我市，后面的“全市”可以省略。从正文上看，三个标题可以改为“一是加强领导，落实责任；二是突出重点，强化检查；三是广泛宣传，做好应急”。相对更简单一些。同理《×× 市文联关于广泛开展 ××“山海情”征文征集活动的通知》，可以改为《×× 市文联关于广泛开展 ××“山海情”征文活动的通知》。因为已有征文一词，与征集语义重复，可以省略征集一词。

## 三、印发转发批转性通知

凡属于印发性、转发性、批转性通知，标题中应注明印发、转发、批转等字样，以明确这一类型通知的特点。这里交待几个注意事项：一是印发性通知，主要用来印发本机关或本系统内部的规章制度和纲要、规划、方案、计划、讲话等。二是转发性通知，主要用来转发上级机关和不相隶属机关的文件。三是批转性通知，主要用来批转下级机关的公文。四是注意恰当使用“认真遵照执行”“切实遵照执行”等词语。五是注意 防止“转发”与“印发”混淆。比如,《转发……方案的通知》,由于转发范围是意见、通知，应改为 :《印发……方案的通知》《印发……若干意见的通知》，由于印发范围是计划、规划、方案、办法，应改为《转发……若干意见的通知》。接下来，我用两个案例分别说明。

**案例六：**

**××市住房公积金管理中心**
**关于印发“五个三”行动实施方案的通知**

宁公积金〔2019〕41号

各办事处（营业部）、各科室：

××市住房公积金管理中心“五个三”行动实施方案，即2019年度归集“三突破”行动、服务“三优化”行动、安全“三防范”行动、宣传“三聚焦”行动和队伍建设“三提升”行动实施方案，已经班子会议研究通过，现印发给你们，请认真贯彻执行。

××市住房公积金管理中心
2019年6月6日

这是一份印发内部工作方案的通知，既要注意到方案不是文种，不能直接印发，需要以通知的形式印发；又要注意到有经班子会议研究通过的字样，需要办事处（营业部）、各科室“认真贯彻执行”，而不应写成“参照执行”。至于方案的写作要点，我放在第九章单独阐述。

紧接着介绍案例七，主要让大家有个比较，上文是印发类的通知，属于本单位的内部公文，而此文是转发类的通知，是宁德市政府转发省政府的通知，首先，标题是“宁德市人民政府转发省政府关于进一步推进中国（福建）自由贸易试验区改革创新三十五条措施的通知”，经常有同志在拟写标题时，常会出现这样的错误，“宁德市人民政府关于转发省政府关于进一步推进中国（福建）自由贸易试验区改革创新三十五条措施的通知”，多了一个“关于”，有时候，在转发国务院的通知时，还会出现这样的问题，《宁德市人民政府转发省政府关于转发国务院关于 ××× 的通知的通知的通知》。对于这种情况，我们在写作时，应该尽量避免语句重复，按照通用做法，可以省略中间层次省政府、一个“关于”和两个“通知”，只保留一个“通知”。即可将标题简化为《宁德市人民政府转发国务院关于 ××× 的通知》。删掉的中间层次怎么办？通常把这个内容写进公文的开头，如“近接省政府于 × 月 × 日发来国务院关于 ××× 的通知（× 政发〔2015〕6 号），现转发给……”。这样省略其中的两个通知，就不会引起歧义了。

正文有两种写法，一种是简要表态式阐述，比如，“现将省政府《关于进一步推进中国（××）自由贸易试验区改革创新三十五条措施的通知》（闽政〔20××〕× 号）转发你们，请认真贯彻执行”；另外一种是在简要表态后，结合实际，提出几条执行要求。导语部分，“现将省政府《关于进一步推进中国（××）自由贸易试验区改革创新三十五条措施的通知》（闽政〔20××〕× 号）转发你们，结合我市实际提出如下意见，请一并抓好贯彻落实”。分点部分，提出三点落实意见，一是深化认识，真抓实干；二是 对标对位，积极创新；三是用好政策，借梯登高。同时，省政府的通知，应放在正文通知单位署名及成文日期的后面，由于是正文，不能写附件。省政府这份通知，还多了责任单位，请注意它是放在每一条措施的后面，请大家一并学习借鉴。

## 案例七：

### ××市人民政府转发<br>省政府关于进一步推进中国（××）<br>自由贸易试验区改革创新三十五条措施的通知

各县（市、区）人民政府、××经济技术开发区管委会、市直有关单位：

现将省政府《关于进一步推进中国（××）自由贸易试验区改革创新三十五条措施的通知》（闽政〔20××〕×号）转发你们，结合我市实际提出如下意见，请一并抓好贯彻落实：

一、深化认识，真抓实干。各级各有关部门要深入学习贯彻习近平总书记对自由贸易试验区建设的重要指示，全面落实党中央、国务院和省委、省政府的决策部署，按照市委、市政府的工作要求，牢牢把握制度创新这一核心，紧紧围绕坚持高质量发展落实赶超，主动站在全局高度加强统筹谋划和改革创新，切实将自贸试验区相关创新成果复制推广工作抓紧抓实，力争在制度创新、对外开放、转型升级等各方面取得更大成效。

二、对标对位，积极创新。（略）

三、用好政策，借梯登高。（略）

宁德市人民政府

201×年×月×日

### ××省人民政府关于进一步推进中国（××）<br>自由贸易试验区改革创新三十五条措施的通知

闽政〔20××〕×号

导语（略）

一、推进投资及项目落地更加便利

（一）推行企业经营范围登记便利化改革。（略）

责任单位：省市场监管局等省有关单位，××、×× 市人民政府，平潭综合实验区管委会

（略）

（八）开展建筑师负责制试点。（略）

责任单位：（略）

二、推进国际贸易监管制度创新

（九）加快单一窗口 3.0 版建设。（略）

责任单位：（略）

（略）

（十二）建设进出口商品全球质量溯源体系。（略）

责任单位：（略）

三、培育壮大新平台新业态

四至六点（略）

七、抓好组织实施

（三十三）狠抓工作落实。（略）

责任单位：（略）

（三十四）加快复制推广。（略）

责任单位：（略）

（三十五）提升干部队伍。（略）

责任单位：（略）

## 第二节　信息类公文

政务信息的概念，我查了百度，是这样定义的："政务信息是信息的一个重要门类，是政务活动中反映政务工作及其相关事物的情报、情况、资料、数据、图表、文字材料和音像材料等的总称。政务信息应当同时符合三个

条件，一是由政府机关掌握的信息，是指政府机关合法产生、采集和整合的；二是与经济、社会管理和公共服务相关的信息，三是由特定载体所反映的内容。”

它的作用是：“在我国现代化建设中，针对经济和社会发展过程中出现的新问题、新情况，各级政府需要大量的、真实的、具有前瞻性的信息，以了解情况、制定决策、指导工作。信息工作做得好不好，提供的信息及时不及时、准确不准确、全面不全面，将直接影响上级的决策以及对全局工作的领导。”

由此可见，各级政府办公室常将信息技术科作为其内设科室，充分说明这一项工作的重要性。我在政府办工作期间，曾经有一段时间，分管过信息技术科。当时，市政府办信息在全省的排名经常在末位徘徊。对于我来说，算是受命于困难之际。重点抓了三件事：一是建立奖罚机制，对各县（市、区）政府各部门报送的信息数量和采用量实行奖罚；二是及时捕捉中央、省、市关注的重要工作、热点难点问题，找相关县（市、区）和部门约稿，并适时到基层调研组稿；三是从政府相关会议和新闻报道中，寻找并改造成信息稿，这也是为什么信息科工作人员需要列席市政府常务和市长办公会议的主要原因。持续抓这项工作一段时间，市政府信息在全省的排名就有了明显上升。实践证明，从来没有冷门和热门科室之分，只要努力耕耘，照样可以做到风生水起。俗语说，是金子总会发光的，就是这个道理。

之前，我在第一章曾谈到信息稿与新闻稿的区别，信息稿开门见山，直叙直观，一般采用“一是二是三是”的直接叙述方式，不需要烦琐的开头和结尾；新闻稿由导语、背景、主体、结尾组成，一般要有“何时、何地、何事、何因、何果”五要素。下面，我就如何把好信息的标题、语言、结构三关，来说明信息的写作要领。

## 一、标题关

在第一章练好基本功部分，曾经学习过 ×× 经济开发区举办公文写作培训班开班仪式的信息案例，我们在这里再做一次回顾，该信息的题目是："×× 开发区多措并举，确保公文写作培训取得实效"。正文是：一是领导重视"站位高"。主要领导亲自把关方案，划拨经费，提出要求；分管领导亲自动员，安排部署，全程指导；党办主任亲自推动落实，主持开班仪式，严明培训纪律，确保培训"高起点、高站位"。二是内容丰富"干货多"。结合实际需求，围绕综合文字理论、会议纪要、信息文字、汇报材料、经验总结、领导讲话、调研文章等专题，精心设置培训课程，旨在系统提高学员文字综合水平。三是组织严密"诚意足"。力邀经验丰富的"笔杆子"担任授课教师；推荐选拔培训对象；利用周末组织教学；设立班委、学习小组，加强培训管理，提高培训效果。四是授课新颖"收获大"。运用"案例教学""课堂模拟""实地调研""点评测验"等方式，提高教学针对性、趣味性、互动性和实效性，确保学员学有所悟、学有所获、学以致用。

从标题上看，体现了这条信息的内核和中心，即"多措并举，确保公文写作培训取得实效"，这也是信息的主题。因为主题通常在标题上体现。当主题确定后，信息的内容就要紧紧围绕这个主题展开。接下来，正文的三个小标题，用四条措施，确保培训工作的实效性："一是领导重视站位高；二是内容丰富干货多；三是组织严密诚意足；四是授课新颖收获大。"因此，我们在制作信息标题时，要高度概括，做到标题新颖醒目，题目与内容高度一致，起到画龙点睛的作用。

## 二、语言关

我认为，信息正文的写作，语言简明扼要、条理层次清晰非常重要。因为信息稿往往受篇幅限制，要求长话短说，必须说到紧要处。在第一章中，我们曾经把案例一作为练习题，布置大家在课下练习。下面，我们先以案例一的初稿，研究这一篇信息稿的语言特点。

## 案例一：

### 我市推行“零负担”精准扶贫光明行动（初稿）

创新精准扶贫救助新模式，以“零负担”为最大特点，帮助贫困白内障患者免费接受复明手术。2017年以来，深入摸排××市户籍的五保户、孤寡老人、重度残疾人、低保户等受助人数，免费提供筛查、接送、用餐、手术、护理、康复返程等服务，为贫困白内障患者打通精准扶贫的“最后一公里”。截至10月，先后组织定点医院医疗队深入××2区8县，覆盖800个行政村，行程40万公里，义诊筛查609场次，使用救助金170万元。现已复明850个贫困家庭对象，患者满意率达100%，受到广泛欢迎和高度评价，有效避免群众因病致贫返贫，为打赢脱贫攻坚战保驾护航。

### 我市推行“零负担”精准扶贫光明行动（定稿）

一是深入摸排××市户籍的五保户、孤寡老人、重度残疾人、低保户等受助人数，免费提供筛查、手术、康复等服务。二是组织定点医院医疗队深入××2区8县，覆盖800个行政村，行程40万公里，义诊筛查609场次，使用救助金170万元。三是已复明850个贫困家庭对象，患者满意率达100%。

从初稿看，信息没有分点，概括性不强，比如，这一句话：“创新精准扶贫救助新模式，以零负担为最大特点，帮助贫困白内障患者免费接受复明手术。”不但空洞，没有实质性内容，而且语言不够通顺，逻辑性不强。所以，修改中直接删去了。修改后，我们以事件发生的先后为顺序，即以深入摸排、深入县（市、区）、投入资金、达到的成效，删去空话虚话，采取做法＋数字＋成效的方法，步步推进，反映事件发展的进程，这样的信息，简洁明了、逻辑清晰、层次清楚，可信度好，也符合一般公文写作的顺序要求。

案例二：

## 市计量所全面开展“世界计量日”主题活动（初稿）

一是积极参加科技周活动。围绕2019年“世界计量日5•20”主题“国际单位制——根本性飞跃”，组织专业技术骨干参加省市场监管局主办的“科技引领，智慧测量”科技周活动，聆听21场科技学术报告会，内容涉及国际单位制变革及工业计量测试技术发展、无人驾驶、太赫兹、人工智能、智能测量、能源计量、高压计量等多个前沿科技领域。二是学习计量先进单位工作经验。派员参加上海市计量协会主办的“量值定义世界”为主题的“2019中国（上海）国际计量测试技术与设备博览会（CMTE CHINA）”，积极探讨计量工作的好方法、好经验。三是开展计量惠民活动，编制计量科普宣传栏，向群众讲解日常生活中的计量小窍门，并免费提供检定血压计、人体体重秤、电子台案秤，称量金银首饰，眼镜装配质量检测等服务，共发放宣传材料200余份、标准小砝码110个，进一步营造了社会关注计量、支持计量的良好氛围。

## 市市场监管局开展“世界计量日”主题活动（定稿）

一是组织全市专业技术骨干参加省局主办的21场科技学术报告会，内容涉及国际单位制变革及工业计量测试技术发展、无人驾驶、太赫兹、人工智能、智能测量、能源计量、高压计量等多个前沿科技领域。二是参加“2019中国（上海）国际计量测试技术与设备博览会。三是开展计量惠民宣传活动，并免费提供检定血压计称量金银首饰，眼镜装配等质量检测服务，累计发放宣传材料 200 余份、标准小砝码 110 个。

请大家注意，案例二的初稿和定稿的标题排版，分别是：

**市计量所全面开展“世界计量日”**
**主题活动（初稿）**

**市场监管局开展“世界计量日”主题活动（定稿）**

初稿标题是沙漏形，一般来说，标题只有一行时，选择居中排布，标题出现多行时，从美学角度看，通常可以选择菱形或者梯形排布，换行时要避免词语分开导致歧义。此外，为什么把计量所改为市场监管局呢？主要从市政府层面来说，计量所只是市场监管局的下属科级单位，不是市政府组成部门，不宜以计量所的名义发信息。

再从内容上看，案例初稿进行了分点，只是每一点，显得比较啰嗦，条理不够清晰。第一小点，我们删去了这一句：积极参加科技周活动。围绕 2019 年“世界计量日 5·20”主题“国际单位制——根本性飞跃。”为什么删去，主要是考虑到题目已经点到“世界计量日”了，然后把科技周也省略，直接切到“省局主办的 21 场科技学术报告会”，这样比较简单。第二小点，只有一句话，“参加“2019 中国（上海）国际计量测试技术与设备博览会。”因为，其他语言比较多余，故省略。第三小点，比如，“开展计量惠民活动，编制计量科普宣传栏，向群众讲解日常生活中的计量小窍门”，归结起来就是“开展计量惠民宣传活动”，而“进一步营造了社会关注计量、支持计量的良好氛围”。属于虚话，就删去了。

总之，不管是案例一，还是案例二，从信息和语言的特点，都要求做到六要素：“新、实、准、快、精、深”。一是新，是指最近发生的事情，要有新鲜感和时代感。一定不能用时过境迁的信息，而且要有高的政治站位，与时代要求合拍。二是实，是指内容要真实；语言表达必须实事求是，不能像文学作品那样可以虚构、夸张。三是准，是指时间地点数据等必须准确无误。比如，我们在信息定稿前就经常找相关部门反复核对数据。四是快，是指不管是生成信息，还是传递信息都要体现“快”字。遇到紧急信息时，要做到随时报送，确保信息的时效性。比如，当年，发生重大道路交通事故时，市政府主要领导一般会亲临现场，这时候办公室领导常常要我守在值班室，随时报送值班信息。五是精，是指文字简炼精确，开门见山，平实而有风采，用最短的语言把事情说清楚。六是深，是指有分析、有观点、有建议，能够透过现象看本质。

## 三、结构关

由于信息的最大特点是开门见山，因此，我们在把握信息稿结构的时候，常常用并列式的结构，即一是二是三是四是等。就像前面我们举过的三个案例，都是这种结构。从中感到设计信息结构的过程，就是对收集到的信息素材进行提炼加工的过程，要求结构简短严谨、条理层次清晰。这里，我举案例三来说明。

### 案例三：

#### ×× 市公积金中心进一步深化“放管服”改革

今年以来，×× 市住房公积金管理中心围绕“放管服”改革，推出“压、放、消、降”四大举措，实施“归集双拓”“清逾守信”“互联网 + 公积金”计划，进一步方便群众办事。

一、打造行政审批“快车道”。一是压缩时限，提升群众满意度。将贷款审批时限、受托银行办理贷款时限、贷款放款时限分别压缩 60%、50%、80%；提取审批时限压缩至“即到即结”，缴存职工满意率从 95.3% 提高到 99.8%，社会认可度不断提高。二是下放权限，提升群众获得感。将贷款放款、异地贷款权限下放到各办事处（营业部）；授权银行审批楼盘备案和正常的基数调整、变更、补缴。让服务更高效，审批再提速。三是网上办事，提升群众便利度。通过网上办事大厅，实现业务“网上查”15 项，“网上办”22 项。全省首推微信公众号提取公积金，建立新能源公司员工手机微信提取公积金快速通道，从根本上解决新能源职工到窗口办理业务拥堵问题。今年共受理新能源公积金提取 1.3 万多笔，笔笔办结，件件无差错。四是政策惠民，提升群众幸福感。发生四种重大疾病的职工，可先行提取个人公积金账户 70% 的资金用于治病应急，体现了住房公积金以人为本的人文关怀；五是绿色通道，提升企业认可度。助推“新 ××”投资环境建设，为入驻 ×× 的新能源、上汽集团、宁德核电、大唐火电等大型重点企业开通容缺办理绿色通道，提供“一对一”上门服务。

二、化解群众办事“痛点堵点”。一是消除“证明多”的痛点。（略）二是疏通“多头跑”的堵点。（略）三是解决“资金缺”的难点。（略）

三、坚守资金安全“后防线”。一是个贷率稳中有控。（略）二是逾期率显著下降。（略）

四、抢占政策宣传“制高点”。 一是加大住房公积金政策宣传力度。通过举办宣传贯彻党的十九大精神文艺汇演，拍摄主题之歌《梦圆公积金》，开展“走企业、跑乡镇、进社区”活动以及在市区 60 部公交车内投放车椅后背广告等活动，抓好归集扩面工作。截止 11 月底，新增缴存单位 468 个，新增缴存职工 4.6 万人，新增归集资金 1.32 亿元。二是打造智慧公积金。（略）

案例三，是 ×× 市住房公积金管理中心，总结 2018 年的工作成效时，由市政府办公室上报省政府办公厅后，省厅编发在年底的《今日要讯》增刊上。一般来说，由省政府办公厅信息处负责编发的信息刊物有《今日要讯》日刊和增刊，增刊登载比较重要的信息，省政府领导会重点关注。因此，我们能在省厅《今日要讯》增刊上登载信息，确实来之不易。一方面，刊载的内容，与国务院提出的“放管服”改革方向吻合，符合信息“六要素”中“新”的要求，即与时代合拍。另一方面，负责撰写的是公积金中心综合科同事，他们齐心协力，集中集体的智慧，反复推敲，几易其稿，做到语言凝练、庄重精确、内容翔实。因而，当天上报市政府办公室和省政府办公厅后，几乎没有做大的改动，当天就刊发了。

案例三，是以逻辑为顺序，按照大与小、重与轻、主与次的原则，对结构及内容进行布局。首先，从信息的标题上看：宁德市公积金中心进一步深化“放管服”改革。确实与国务院“放管服”改革的要求是一致的。其次，从信息的结构来看，它分别有这四个题目：一是打造行政审批“快车道”。二是化解群众办事“痛点堵点”。三是坚守资金安全“后防线”。四是抢占政策宣传“制高点”。把最重要、最精彩、最有说服力的事实放在文章的第一大点，可以说是匠心运作。每一大点，其实都可以作为一个小信息来看待，比如，第一大点，就有五个小点，分别是：一是压缩时限，提升群众满意度。二是下放权限，提升群众获得感。三是网上办事，提升群众便利度。四是政策惠民，提升群众幸福感。五是绿色通道，提升企业认可度。再次，从信息内容的设计上看，基本上都是“做法 + 数字 + 做法 + 数字＝信息”或者“做法 + 数字＝信息”的模式。比如，第一大点的第三小点：通过网上办事大厅，实现业务“网上查”15 项，“网上办”22 项。全省首推微信公众号提取公积金，建立新能源公司员工手机微信提取公积金快速通道，从根本上解决新能源职工到窗口办理业务拥堵问题。今年共受理新能源公积金提取 1.3 万多笔，笔笔办结，件件无差错。是第一种模式。第四大点第一小点是：通过举办宣传贯彻党的十九大精神文艺汇演，拍摄主题之歌《梦圆公积金》，开展“走企业、跑乡镇、进社区”活动以及在市区 60 部公交车内投放车椅后背广告等活动，抓好归集扩面工作。截止 11 月底，新增缴存单位 468 个，新增缴存职工 4.6 万人，新增归集资金 1.32 亿元。是第二种模式。当然，还有其他的模式结构，这里就不一一介绍了。

最后，还要交待一句话，由于案例三，是信息增刊，可以有导语，篇幅上，也可以略长一些。

## 第三节　简报类公文

近年来，虽然因精简文山会海的需要，全省全市的许多会议，已经不再编发会议简报，但我还记得，当年全省经济工作会议，我们常常抢时间、争速度编简报，以便让本地的会议简报，挤上全省编发的会议简报版面。如今的简报，更多的时候用在一些重点工作和专项工作上，一般称之为情况简报。单位内部的值班快报、工作动态、昨日情况等等，也都属于简报的范畴。它的结构分为报头、报核、报尾部分。报头部分，一般都预先印好，简报名称放在版头正中间，下方标注期数、左侧标注编制单位、右侧标注编发日期，如果内容不宜公开，则在报头左上方标明内部参考、不宜公开的文字。报尾部分，类似于公文版记，主要是发送范围、编发部门、印发份数等等。这里我以两个简报案例，来说明简报编发报核部分的要点。

**案例一：**

### ×××县“三个突出”深化专项整治

第二批主题教育启动以来，××县按照省委“三四八”工作机制要求和市委部署，坚持“严”字当头、“实”字托底，查改结合，推动专项整治工作落到实处。

一、突出以上率下，深化专项整治。县委高度重视专项整治和整改落实工人，坚持以专项整治成效衡量主题教育实效。“一般棋”部署。在围绕中央提出的8个专项整治重点内容。（略）“沉下去”纳谏。县四套班子成员结合“三学三讲三进”活动。（略）“项目化”整改。将原汁原味梳理出的问题纲入问题整改清单。（略）

二、突出以民为本，回应民生关切。坚持把立说立行，立行立改，回应群众呼声，贯穿主题教育全过程，切实解决民生的关切问题。把

脉群众揪心事。（略）群策群力讲担当。（略）落实整改有回音。（略）

三、突出改进作风，大力治理顽疾。下大力气解决基层干部群众反应强烈的突出问题，教育引导党员干部树立正确政绩观，真抓实干、转变作风。强化正风肃纪。（略）提振创业激情。（略）建立机制保障。（略）

**点　评：**

案例一是在市一级的主题教育领导小组办公室主办的简报上刊登的××县开展主题教育的情况简报，我觉得，它应该类似于我在前面第二节讲过的专报信息。从标题上看，用×××县“三个突出”深化专项整治，比较概括对仗。从内容上看，导语部分，先说总的做法成效，然后分成三大部分，详细展开，具体我就一一介绍。总的写作要求是：一报一事，避免一文多义，具有新颖典型的特点，而且讲求时效性。

**案例二：**

## 坚持标准，严督实导　增强实效

——我市各市委巡回指导组，扎实开展指导工作

第一巡回指导组聚焦重点领域，推动破解群众关心关切的难点问题。（略）

第二巡回指导组通过“望、闻、问、导、督、鉴”六步法，从严从实开展督导工作。（略）

第三巡回指导组坚持成效导向，深入了解掌握基本情况，指导抓实整改落实工作。（略）

第四巡回指导组建立健全工作制度，切实保障巡回指导工作有序开展。（略）

点　评：

案例二是一份组合式简报，相当于我在第一章介绍的常规信息，但其题目与信息不同，类似于我们在报纸上看到的新闻稿，既有主标题，还有副标题。各巡回指导组工作情况分点阐述，要求写作时，内容要精简，文字要精炼，讲究观点突出，详略得当，不要有空话和套话。

## 第四节　新闻类公文

新闻稿的写作，常常是与“急”相伴而行。早年，宁德的交通尚不发达，各县（市）未通高速，跟着领导下乡调研，返程回到办公室，时间的钟摆常常在晚上10点左右，待跟班的××日报记者拟完领导调研新闻稿件，我们修改后送秘书长、市长审完，基本上进入午夜时分。报社当班的总编、编辑排版，印刷厂开印折腾下来，大多下半夜了。报社值班总编常和我聊到稿件的快慢，关乎大家下班时点的早迟，确有其理。所以，从来没有一项工作，是轻松的行当，可以说，辛苦与快乐相伴，付出与回报并存，奉献与收获合一，我们不能奢求生活给予，而要自己创造快乐。比如，送审后的新闻稿，领导只是小改时，心情是快乐愉悦的，而推翻框架重起炉灶，心情则是复杂的。

新闻稿的写作，有一定的规律。比如下乡调研稿，不管是跟班记者，还是政府办综合科工作人员，你只要注意观察，在调研现场，靠近领导，拿着笔记本的，是我们。我们唯恐漏掉领导在现场讲话时的一些重要观点、闪光点和关键点。应该说，这是职业习惯，也是职责所然。有的领导，在现场没有讲很多话，调研中又没有开会，也会在中巴车上做些补充。此时，就要考验我们是否随带笔记本以及在颠簸的车上，做记录的功力了。说了这些经历和体会，回过头来，进入分类型讲述新闻稿写作这个主题了，这里，我再次强调，新闻稿的写作方法与眼下各单位的微信公众号的写作方法有异曲同工之妙，希望大家融会贯通。

## 案例一：

### ×××在全市全面深化行政审批制度改革总结会上强调
### 提升认识 咬定目标 攻坚克难
### 坚定不移把审改工作推向深入

本报讯（记者 ×××）2月2日上午，全市全面深化行政审批制度改革总结会召开，回顾总结2014年审改工作成效和经验，研究部署下阶段审改工作。市长×××强调，审改工作任务艰巨、责任重大，各级各部门要进一步提升认识、咬定目标、攻坚克难，坚定不移地把改革不断推向深入，确保按期实现审改目标，努力为建设"××大宁德"，推进××科学发展加快发展营造"零障碍、低成本、高效率"的良好发展环境。市委副书记×××主持会议，市领导×××、×××参加会议。

## 点　评：

案例一，是一份关于会议报道的新闻。从标题上看，市长×××在什么会议上强调是副标题，而"提升认识、咬定目标、攻坚克难，坚定不移把审改工作推向深入"是主标题，撰写新闻稿时，可以有主标题和副标题。导语部分，也就是我们常说的新闻由头，开头写本报讯，括号内写本报记者，什么人。然后，写会议的时间，开什么会，会议的目的，谁主持，谁参加了会议。市长强调的几句话，一般需要重复主标题的内容。比如，"提升认识、咬定目标、攻坚克难，坚定不移把审改工作推向深入。"这一点，请大家写作时注意把握。

×××指出，市委、市政府高度重视行政审批制度改革，把深化审改作为贯彻落实十八届三中全会精神、全面深化改革的"先手棋"。

一年来，全市各级各部门增强改革意识、组织保障有力，强化培训指导、后续监管到位，及时跟进督查、推动工作落实，审批事项大幅精简、平台建设逐步完善、审批服务不断优化、市场活力进一步激发，顺利实现了年度审改目标，取得了阶段性成果。但对照转变职能、简政放权的要求，还存在“放”不彻底、“接”不到位、“管”不规范、“清”不全面等问题，要通过进一步深化改革来加以解决。

×××指出，行政审批制度改革是改革行政体制、转变政府职能的突破口和重要抓手，是一场自我革命。各级各部门要深刻认识深化行政审批制度改革是创新政府管理的必然要求，是优化发展环境的迫切需要，是打造法治政府的重要内容，切实增强抓好审改工作的责任感和紧迫感。要坚持民意为先、舍利为公，在深化改革中科学处理好政府与市场、放权与监管、履行程序与提高效能、改革创新与依法行政的关系，确保各项审批事项“放得下、接得住、批得快、管得好”。

**点　评：**

×××指出部分，也可以用会议指出。这一部分内容，主要讲四个方面，一是一年来的工作成效。二是存在的问题。三是对行政审批的认识，这里请大家注意，新闻稿的必然要求、迫切需要、重要内容，对应讲话稿的三点认识的小标题，这是写会议新闻稿的技巧。四是处理好政府与市场、放权与监管、履行程序与提高效能、改革创新与依法行政的关系，这三个关系，也是对应讲话稿的三个小点。

×××强调，今年是审改工作的攻坚年，各级各部门要明确任务、突破难点，确保全面完成审改目标任务。一要继续清理审批事项。要立足实际，针对不同审批事项的要求，区别对待、分类改革，只要是市场机制能有效调节、由地方管理更方便有效、其他地方已经取消审批或已改为备案的审批事项，以及企业自主投资的项目，一律彻底放权。

二要全面推行清单管理。建立行政审批事项清单、公共服务事项清单、部门权力清单和涉企收费清单，及时向社会公布，并建立动态调整机制，促进政府各项事权规范化、法制化。三要加强服务中心建设。要抓好行政服务中心标准化建设、软硬件建设，全面落实“一个窗口”对外，杜绝“体外循环”，提高中心标准化、规范化水平。要抓好网上办事大厅建设，推行全流程网上办事及协同办理，真正让群众和企业少跑腿、快办事。四要完善监督管理机制。坚持放管并举，从“严进、宽管、轻罚”，逐步调整为“宽进、严管、重罚”，加强后续监管、廉政监管和市场监管，营造规范有序的市场环境。

××× 要求，各级党委、政府要把行政审批制度改革作为一项重要任务，加强组织领导，落实工作责任，强化协调配合，加强督查考评，切实把改革措施落到实处，确保改革取得实效。

**点　评：**

××× 强调部分，对应讲话稿的部署部分，共分四点阐述，每一小点的内容，以小点的小题目为主，前后用关联词串起来。比如，三要加强服务中心建设，就有中心的标准化建设和网上办事大厅建设这两个方面的内容。××× 要求部分，对应讲话稿的保障措施，可以看出有四个小点，即加强组织领导、落实工作责任、强化协调配合、加强督查考评。这就是讲话稿的小题目。

市住建局、商务局和蕉城区、福鼎市在会上介绍了审改工作经验作法。各县（市、区）人民政府、东侨经济技术开发区管委会主要领导和分管领导，市直有关部门主要负责人等参加会议。

点　评：

这一部分的内容，是参会对象，既可以放在导语部分，也可放在结尾部分，主要看导语内容的多与少，如果需要突出领导，放在后面会更合适一些。

案例二：

**进一步发挥科技特派员作用**
**走好闽东特色乡村振兴之路**
**×××“四下基层”调研科技特派员工作**

本报讯（记者 ×××　×××）人勤春早，闽东大地抢抓农时春耕忙。如何进一步发挥科技特派员作用，走好闽东特色乡村振兴之路？3 月 20 日，市委书记 ××× 就推动科技特派员工作进行“四下基层”调研。

“你们每个月下村几次？农民农企什么时候最需要帮助？工作中有没有遇到困难？”××× 深入蕉城区八都、赤溪等乡镇，走访天鹅溪生态农业发展有限公司、宁德市吉丰园农业有限公司和福建大宝峰产业股份有限公司，详细了解企业春耕春种、经营销售等情况，认真听取科技特派员汇报。当天下午，××× 先后主持召开科技特派员、乡村振兴指导员及县乡干部代表和市直有关部门负责人两场座谈会，围绕如何发挥好科技特派员作用，提升农业质效、服务农村发展、帮助农民致富，倾听意见建议。

科技特派员制度是习近平总书记在福建工作时深入总结基层实践、科学深化提升、大力提倡推进的一项十分重要的农村工作机制创新。××× 指出，要认真贯彻落实习近平总书记关于科技特派员的重要指示批示精神，按照中央和省里部署要求，以求真务实的态度，更加扎实有效做好科技特派员工作，努力走好闽东特色乡村振兴之路。

“科技特派员工作，做就要认认真真、扎扎实实地做，决不能沦为形式主义。”××× 强调，要做好精准对接，围绕我市“8+1”农业特色产业实际，统筹科技特派员、农科院专家、高校教师等组建高端技术服务团队，对全市农业产业进行指导，并由乡镇根据实际需求精准对接。要完善责任机制，统筹下派市县两级科技特派员和乡镇农技站人员力量，形成兵团作战，进一步明确供需关系、帮扶对象、服务时间，实现全市 125 个乡镇精准服务全覆盖。要完善激励机制，在市县统一考核评估的基础上，认真研究科技特派员在生活补助、绩效奖励、职称晋升、评优评先、入股企业等方面的支持政策，让他们“劳有所获”，不断激发其服务“三农”工作的活力。要完善保障机制，整合组织、科技、农业、人社、财政等部门成立联合办公室，进一步加强乡镇基本生活工作保障，建立定期培训制度，并在项目研发方面给予资金支持，夯实工作基础。

### 点 评：

案例二，是一份市委书记下乡调研新闻稿，写作方法与案例一一致，比较有特色的地方，带着问题调研，而且当面详细询问互动，写到新闻稿中，会让人觉得亲切自然，而且富有人情味。这就要求写作者，在下乡调研时，要及时靠近领导，才会有第一手的写作素材。

### 案例三：

## ××× 在市文化与出版局调研时强调<br>用改革创新的思路全面推进和谐文化建设（初稿）

本报讯（记者 ×××）为贯彻落实省委“四个专题”调研检查活

动馈会议精神，昨日，市长×××、宣传部长×××带领市直有关部门负责人前往市文化与出版局调研，并现场办公解决问题。×××强调，要用改革创新的思路全面推进和谐文化建设。

**点　评：**

我们将初稿与修改稿的标题及导语做一个对比，初稿有三个问题，一是标题太长。二是见报日期，一般用具体日期，不用昨日。三是宣传部长的职务没有写完整，漏了市委常委，是一个很严重的错误。

在听取市文化与出版局工作情况汇报后，×××肯定了近年来，我市文化部门不断加强农村文化建设，加大文艺精品创作力度，扩大对外文化交流，加强文化遗产保护，繁荣发展文化市场取得较好的发展。特别是不断加大文化基础设施建设力度，市艺术馆的建成为文化事业的发展提供了更加良好的平台。

**点　评：**

初稿的肯定部分，有两个问题，一是语句太长且不通顺。比如从近年来，写到较好的发展太长了。二是突然冒出市艺术馆这个内容，比较突兀。

×××指出，文化建设是社会建设和经济建设不可缺少的重要环节，党的十七大突出强调了加强文化建设、提高国家文化软实力的极端重要性。省委四个专题调研组提出了，积极推动社会主义文化大发展大繁荣，扶持公益性文化事业、发展文化产业、鼓励文化创新，激发文化发展活动的要求。全市广大文艺工作者一定要更加自觉、更加主动地肩负起建设先进文化的历史责任，要把闽东文化事业的发展与环三都澳发展的总体目标统一起来，推动经济建设和文化建设同步发展，共同繁荣。

点　评：

初稿中省委四个专题调研组提出的要求，一般不用展开写，所以修改稿中删去了这几句话。这样，条理与逻辑性会显得更清楚一些。

围绕如何加强下一阶段的文化工作，×××要求市文化部门首先要加强自身努力，不断创新，做到有所作为。创新是文化产业繁荣发展的不竭动力。一定要继续解放思想，敢为人先，积极推动文化娱乐的内容形式、体制机制、传播手段的创新。第一，要善于继承和借鉴，从博大精深的传统文化中，从奋发向上的革命文化中，从丰富多彩的民族民间文化中，从世界各民族的优秀文化中，深入挖掘和提炼有益养分，汲取精华，推陈出新。第二，要加快完善艺术大楼的装修配备，加强管理，让它充分发挥作用，给市民良好的艺术享受，让市民共享文化建设的成果。第三，要积极引进人才。要推动我市文化产业做大做强，必须引进大量优秀人才。相关部门要做好工作大量引进人才、留住人才，让他们发挥作用。第四，要成立专门机构，抓紧申报建立畲族文化生态区工作，打响宁德畲族文化品牌。

点　评：

下一阶段工作，初稿虽然分了四个小点，但看不出文化与出版部门的主要工作有那些方面。而且作为新闻稿，一般不讲具体的工作。比如艺术大楼的装修。而修改稿虽然没有分点，我们还是可以看出有五个小点，条理比较清楚。一是发展思路；二是文化品牌；三是文化基础设施；四是文化活动;五是队伍建设。这里把修改稿附在后面，以便大家学习时对比参考。

## 案例三：

### ×××在市文化与出版局调研时强调<br>创新思路　主动作为　全力推进和谐文化建设（修改稿）

本报讯（记者　×××）×月×日，市长×××带领市直有关部门负责人前往市文化与出版局调研，并现场办公协调解决问题。×××强调，要认真学习贯彻省委”四个专题”调研检查活动精神，按照“文化大发展大繁荣”的要求，创新思路，主动作为，全力推进和谐文化建设。市委常委、宣传部长、教育工委书记×××陪同调研。

在听取市文化与出版局工作情况汇报后，×××充分肯定了近年来我市在农村文化建设、文艺精品创作、文化遗产保护和文化基础设施等方面所取得的成绩。

他指出，文化建设是社会文明进步的动力源泉，党的十七大突出强调了加强文化建设、提高国家文化软实力的极端重要性。全市文化与出版系统要按照省委“四个专题”调研组对文化建设提出的要求，更加自觉、更加主动地肩负起建设先进文化的历史责任，把闽东文化事业发展与环三都澳发展有机结合起来，推动经济建设和文化建设同步发展、共同繁荣。

围绕如何做好下一阶段的文化工作，×××要求市文化与出版部门要加强自身建设，积极有效作为，切实当好文化建设的主力军。要不断创新文化发展思路，推进体制创新、机制创新和文化创新。要全力打造闽东文化品牌，着重培育名人文化、畲族文化、宗教文化、非物质文化等精品工程，加大文化遗产保护力度，特别要加强对畲族文化的挖掘和保护，抓紧申报建立畲族文化生态区。要加强文化基础设施建设，充分发挥文化艺术中心等文化设施作用，让市民共享文化建设的成果。要开展群众喜闻乐见的文化活动，丰富群众的文化生活。要大力加强文化人才队伍建设，积极引进文化专业人才，进一步提升文化队伍整体素质。

## 第五节　大事记类公文

这一节的内容，虽然比较简单，但在收集过程中，比较繁杂，需要各内设部门科室的大力支持和配合，而且从重要性的角度看，具有很高的史料价值，确实很有必要安排专人做好编辑大事记的工作。

下面的案例是市政府一个月的大事记，我只记录三天的情况，其余类推。一般只记录市政府党组成员以上领导的工作与活动情况。它是按照时间顺序记录市政府发生的重要事件、重要情况，作为大事记，具有记实性、时序性、全面性、永久性四个方面的特点。标题就是 ××× 市政府大事记，下方写月份，右侧标注行文日期。

### ××× 市人民政府大事记

11 月份

×× 市人民政府办公室

2018 年 12 月 10 日

1 日　×××、×××、××、×× 赴市海上搜救中心指导“闽连渔运 60Q59”船上人员搜救工作。

同日　××× 赴霞浦县医院看望慰问“闽连渔运 60Q59”船被救人员；在市政府会议室听取三都澳迎宾宾馆二期项目规划计划情况汇报。

同日　××× 在市委市政府附属楼一层会议室参加全省、全市第四次全国经济普查工作电视电话会议；在市政府会议室研究促进我市交通运输业发展实施意见。

同日　××× 赴霞浦三沙镇处理“闽连渔运 60Q59”渔船事故有关工作。

同日　×××在市委市政府附属楼一层会议室参加全国、全省、全市非洲猪瘟防控工作电视电话会议。

同日　×××赴福鼎调研。

同日　×××赴寿宁开展“四下基层”调研活动。

1-2日　×××赴厦门参加第十一届海峡两岸（厦门）文化产业博览交易会。

2日　×××在市委会议室参加市委“五人小组”会议，在市委市政府附属楼一层会议室参加全省精神文明建设工作视频会议。

同日　×××、×××、×××、×××、×××、×××、××在市委会议室参加市委常委会会议。

同日　×××、×××在市委市政府附属楼一层会议室参加全省扫黑除恶工作推进视频会议。

同日　×××在市政府会议室参加脱贫攻坚第十三次例会，赴省退役军人事务厅参加有关工作协调会。

同日　×××赴福鼎指挥安全警卫工作。

同日　××在市政府会议室研究福州港三都澳港区漳湾作业区口岸开放有关工作；在市政府会议室与福建省长威信息科技发展公司董事长×××一行对接闽政通APP有关工作、与福建省中医药大学洽谈引进健康管理中心合作项目。

3日　×××在市政府会议室传达省退役军人事务厅有关工作协调会精神并部署相关工作。

同日　×××赴霞浦出席2018年福建霞浦（三沙）国际山地马拉松赛暨全国滩涂摄影文化旅游周开幕式。

同日　×××赴福鼎、蕉城指挥安全警卫工作。

## 练习题：

一、贵单位拟于 × 月 × 日，在单位第一会议室召开安全生产工作会议，请为本单位代拟一份会议通知。

二、针对本单位主办的一期 ××× 内容培训班，编写一篇培训工作简报。

三、联系本单位工作实际，编写近一个月来的大事记。

# 第六章　报请商洽言简明 用语谦和须真诚

习近平总书记在宁德工作时，曾经提出过“建设宁德中心城市、修建温福铁路、开发三都澳”三大梦想，其中的两个梦想，在前面几章，我曾经有过介绍。如今温福铁路梦已经实现，而且，随着宁衢铁路的竣工、城际铁路前期工作的展开，未来宁德的铁路梦会更加圆满。关于铁路梦，虽然已经实现了，但在之前的项目前期工作过程中，我看到过许多领导为此付出的努力。记得，有一次，省政府召开温福铁路前期工作专题会议，时任省委副书记的习近平总书记就曾亲临省政府的会议室参会，足以说明习总书记对宁德、对温福铁路建设的关心和重视。我刚到行署办工作没有多久，就曾经接到一个紧急任务，撰写地委、行署报送省政府先行建设马尾至城澳铁路的请示。我们的文件还在行署办的文印室打印，为了赶时间，当时的地委秘书长和地委办主任就亲自赶到文印室直接修改定稿付印。从中说明，铁路梦在领导心中的份量。这一章涉及的函、请示、报告、批复、议案等文种，语言要求详略得当、言简意明，事实陈述要求完整清楚、客观真实。这是我们作为写作者经常遇到和需要把握的，而且常常是一项应急性很强的文字工作任务。

## 第一节　函类

函适用于不相隶属机关之间商洽工作、询问和答复问题，请求批准和答复审批事项。从本节开始，我们引进了“规定动作，对比动作，示范动作”的提法，待到第八章导语部分，我再做解释，请大家耐心等待。

### 一、函的规定动作

从标题上看，主要是“发文机关 + 事由 + 文种”的模式，比如：××

市人民政府办公室关于赴 ×× 市学习考察的函。

从主送机关看，由于函主要是平行公文，一般来说，主送机关只有一个。但有时涉及多个部门，也有多个部门作为主送机关的情况。

从结尾和落款看，常用“特此函告”“专此函达”“为盼”“为荷”等作为结束语。落款为 ×× 单位及日期。

从函的类型看，主要有商洽、问答、请求等类型。

## 二、函的对比动作

1. 函的特点。由于函在行文方向上不仅可以在平行机关之间行文，还可以用于不相隶属机关之间，其中包括向上级机关或是下级机关行文。因此，函具有使用灵活，用途广泛的特点。

2. 函与请示的区别。一是类型不同。请示是上行文，函是平行文。二是主送机关不同。请示是向存在领导、指导关系的上级机关行文；而函是向同一系统平行的和不相隶属的业务主管机关行文。三是内容不同。向业务主管部门请求批准的事项经常用函，属于平行文。而请示件一般用于向上级隶属机关请求批准事项或请求批示。

## 三、函的示范动作

### （一）商洽函

顾名思义，就是不相隶属机关之间商洽事情。我记得，在市政府办工作期间，大约 2006 年的春季，我曾带领各县（市、区）政府办分管文字的副主任到浙江绍兴、宁波一带考察综合文字工作，我们以市政府的名义发函到对方。通常，这种情况，我们只要以便函形式发函就可以了，不需要用到有文号的正式公文。接下来的案例一，是一个正式的商洽函。

这一份发给台州市政府办公室的函，是关于妥善处理渔船纠纷问题的函。从标题上看，一定要让对方一目了然，知道是什么事情需要商洽。从主送机关看，由于是两省之间的公文，必须署浙江省。从内容上看，首先，要说明商洽的理由，一般阐述事件的经过，这里指霞浦县闽霞渔 242× 渔船，在什么海域作业发生事件的具体情况；其次，要说明商洽事项，需要对方帮助做什么事，这里是“请台州市政府即督促温岭市政府相应成立调查组，共同处理此事，避免事态扩大，确保社会安定稳定”。因此，处理此类公文时，要求行文要言简意明、态度要诚恳谦和，用语要讲究礼节分寸。再次，要有“专此致函，请予支持为盼”的字眼。

**案例一：**

### 福建省宁德市人民政府办公室关于妥善处理渔船纠纷问题的函

（宁政办函〔20××〕××号）

浙江省台州市人民政府办公室：

根据我市霞浦县4月22日12:00报告，4月19日15:00，霞浦县闽霞渔242×渔船，东经××度××分、北纬××度××分，从事定置张网作业时，4张大艋渔网被在同一海域从事桁杆虾拖网作业的浙岭渔519×渔船及另一艘温岭籍渔船拖坏……合计损失约××万元。

接到霞浦县政府报告后，宁德市政府高度重视，立即责成宁德海事局和霞浦县政府妥善处理，由于事件涉及闽浙两省，请贵市政府即督促温岭市政府相应成立调查组，共同处理此事，避免事态扩大，确保社会安定稳定。

专此致函，请予支持为盼！

福建省宁德市人民政府办公室

20××年4月22日

（二）问答函

政府机关单位，每年都要在限定时间内函复人大代表建议和政协委员提案。一般都要说明对方来函收悉，并简要复述对方所询问题或所提要求后，告之现函复如下。

比如，案例二，就是一份报送 ×× 市农村一二三产业融合发展工作情况的答复函。主送单位是省发改委，需要把省改委的来文标题和文号重复一遍，即“贵委《关于请提供推进农村一二三产业融合发展工作总结的函》（闽发改函〔20××〕×× 号）收悉，我市高度重视，立即组织对我市农村一二三产业融合发展工作情况进行了总结，现函报如下”。总结的撰写方法，我将在第九章的总结章节，专门介绍，这里就不再重复，但这里的结束语，要有专此函达的字眼。

### 案例二：

**×× 市人民政府关于报送**
**×× 市农村一二三产业融合发展工作情况的函**

省发改委：

贵委《关于请提供推进农村一二三产业融合发展工作总结的函》（闽发改函〔20××〕×× 号）收悉。我市高度重视，立即组织对我市农村一二三产业融合发展工作情况进行了总结，现函报如下：

一、高度重视，强化政策保障

市委、市政府高度重视农村一二三产业融合发展工作，认真贯彻落实国家、省推进农村一二三产业融合发展的有关部署……为全面建成小康社会提供重要支撑。

二、工作成效及经验

（一）培育壮大农村产业融合主体

（二）大力创新农村产业融合方式

（三）打造农业多元化发展新格局

（四）强化农业改革增强内生动力

三、存在问题

四、下一步工作计划

（一）加强领导，统筹推进农村产业融合发展

（二）坚持三业并举，促进一产接二连三

（三）培育农村产业融合主体

（四）构建农产品营销新模式

（五）推进产业集群建设

（六）狠抓农业品牌创建

（七）推进新型城镇化建设

（八）深化改革促融合发展

专此函达。

××市人民政府

20××年12月25日

（三）请示函

请示函的写作方法与下一节的请示件类似，但请注意的是，案例三是向省交通厅发函，因为市政府与省交通厅是不相隶属机关。因此，虽然是请示事项，但仍然必须用函的文种。与前面的询问函一样，这一份函的前面部分，主要讲请求补助资金的理由，比较简略。最后是请求事项：尚缺资金××万元，恳请省交通厅给予支持补助为盼！

**案例三：**

**××市人民政府关于要求**
**补助资金修建宁德霍童老区公路的函**

（宁政函〔20××〕××号）

省交通厅：

我市蕉城区霍童镇西北部一带的坑头、上洋、梅溪、后洋等村是老区基点行政村，人口 2600 多人。由于通村公路山高岭陡，道路崎岖，交通十分不便，长期以来资源优势难以转化为经济优势，群众生活困难。为使革命老区群众早日脱贫致富，我们决定对坑头到后洋老区公路进行改造，该路全长 8 公里，路面宽 6 米，总投资 ×× 万元，除自筹资金外，尚缺资金 ×× 万元，恳请省交通厅给予支持补助为盼！

××市人民政府

20×× 年 7 月 15 日

（联系人：×××，联系电话：×××××××）

案例四初稿，是我到一家招标公司上课时，公司提供的案例，希望我提出修改意见，以便规范公司的相关公文。接下来，我根据公文请示函的特点，分析修改这一份请示函。

**案例四：**

## 关于要求投标人出具使用同一投标客户端制作上传标书情况处理意见请示函（初稿）

致：×× 市城市管理局

我司于 2020 年 05 月 21 日 09:00 就 ×× 市城市管理局 ×× 路路灯变压器改造项目（项目编号：[3509××]FJSHYZB[GK]20200××-1）进行公开招标。本次项目递交投标文件的投标人共三家，在开标环节解密 ×× 电气有限公司、福建 ×× 电力成套设备有限公司和浙江 ×× 电气有限公司投标文件阶段时，福建省政府采购网上公开信息系统显示验证结果为“解密异常 异常原因：使用相同客户端”，导致有效投标人不足三家，按流标处理。

我司于2020年05月22、23日发出通知函要求××电气有限公司、福建××电力成套设备有限公司和浙江××电气有限公司就此异常情况做出书面说明及提供佐证材料，并在2020年05月27日前收到上述所说材料。（见附件）

根据《福建省财政厅关于电子化政府采购项目中视为串标情形认定与处理的指导意见》（闽财购[2018年]30号）等有关规定，并结合收到的证明及佐证解释材料，我司经初步审查，认为这三家单位解释具有合理性，无串标的主观故意。建议可按不符合串标情形认定免于处罚，退回投标保证金。现报告贵单位作最终定夺。

请予以批示！

## 福建省××招标有限公司关于投标人使用同一客户端制作上传标书处理情况的函（定稿）

××市城市管理局：

我司于2020年05月21日09:00就贵局××路路灯变压器改造项目（项目编号:[3509××]FJSHYZB[GK]20200××-1）进行公开招标。本次项目递交投标文件的投标人共三家，在开标环节解密××电气有限公司、福建××电力成套设备有限公司和浙江××电气有限公司投标文件阶段时，福建省政府采购网上公开信息系统显示验证结果为"解密异常 异常原因：使用相同客户端"，导致有效投标人不足三家，按流标处理。

对此，我司高度重视，分别于2020年05月22、23日发函要求××电气有限公司、福建××电力成套设备有限公司和浙江××电气有限公司就此异常情况做出书面说明及提供佐证材料，并在2020年05月27日前收到上述所说材料。（见附件）

根据《福建省财政厅关于电子化政府采购项目中视为串标情形认定与处理的指导意见》（闽财购〔2018〕30号）等有关规定，并结合收到的证明及佐证解释材料，我司经初步审查，认为三家公司解释具有合理性，不存在主观故意的串标情况。建议按不符合串标情形认定免于处罚，退回投标保证金，恳请贵局予以批准。

妥否，请示复！

福建省 ×× 招标有限公司

2020 年 × 月 × 日

**点　评：**

对照初稿和定稿，初稿存在以下问题，一是公文标题缺少发文单位。按照《党政机关公文处理工作条例》（中办发〔2012〕14 号）正式公文标题三要素要求，需要补上发文单位“福建省 ×× 招标有限公司”。二是公文标题表述不够清晰，太冗长啰嗦。初稿“关于要求投标人出具使用同一投标客户端制作上传标书情况处理意见请示函”。定稿“关于投标人使用同一客户端制作上传标书处理情况的函”。三是主送单位，不用加“致：×× 市城市建设管理局”，删去“致：”直接顶格写。四是初稿发文字号是（闽财购 [2018 年 ]30 号）。定稿发文字号是（闽财购〔2018〕30 号）。这里要注意引用发文字号时年份应用六角括号，并去掉“年”。五是结束语做如下修改：“建议按不符合串标情形认定免于处罚，退回投标保证金，恳请贵局予以批准”，并另起一行，空两格，“妥否，请示复！”同时，加上发文单位和成文日期。

## 第二节　请示类

根据《党政机关公文处理工作条例》规定，请示是下级机关向上级机关提出要求，请求上级机关给予指示或批准的公文。以我的理解，下级机关在执行一些政策、指示、决定中存在的困难和问题，经常需要上级机关给予解答或解决；具体工作中遇到不属于本单位权限范围内的事项，需要上级批准的事项。比如，当年，全省各设区市都有一个由省里名义举办的展会，三明是林博会、漳州是花博会、南平是茶博会，最后确定宁德是电博会。这样就需要以请示的文种，报请省政府批准。

## 一、请示的规定动作

从标题上看，采用“发文机关＋事由＋文种”三个要素组成。比如，《××市人民政府关于在×××建设湿地公园的请示》。同时，请示是上行文，发文时应标注签发人姓名。

从主送机关上看，只能一个主送机关，如需向两个上级单位同时请示，只能采取一个主送和一个抄送的方法，不可多头主送，也不能报送领导个人。同时，原则上不得越级请示。比如，县（市、区）就不能直接给省政府越级报送请示件。但按照福建省政府办公厅有关规定，涉及资金、项目以及农用地转征用、矿产开发等事项的请示，可直接上报省政府，但必须同时抄送市政府。我们在具体工作中还经常会发现一些企业的请示文件主送领导个人的问题。这里需要说明一点，有时报送省里的请示件，在市委、市政府联合行文上报省委、省政府的情况下，常常有两种处理办法。一是主送省委、省政府，一般公文内容属省委主办，由省委给予批复；二是主送省政府并报省委，一般公文内容由省政府主办，由省政府给予批复。

从结尾和落款看。常用“当否，请批示”“妥否，请示复”“请审核批复”等习惯用语作为结束语。落款和成文日期，一般要置于正文之后。请示类公文，必须在附注处标明联系部门和联系人姓名和电话，以明确责任方便上级机关联系。

## 二、请示的对比动作

（一）请示的特点。一是请示要求一文一事一请示，不可将多个请示内容放在同一请示件中，从而请示具有单一性。二是由于请示是上行文，平行的机关和不相隶属机关之间不能使用请示，从而请示具有定向性。

（二）请示与报告的不同点。一是请示是事先行文，报告是事中或者事后行文。二是经常有一些企业单位把请示当作报告，在报告中夹带请示的事项。三是请示需要上级机关答复，而报告可做批复，可不做批复。比如，《关于申请解决 2016 年备战第十六届省运会经费的报告》，一是缺少发文单位“×× 市体育局”；二是该文文种使用不当，应使用“请示”。三是文种名称“请示”已经包含了申请批准之意，所以标题中的“申请”应该删除。正确的标题是《×× 市体育局关于解决 2016 年备战第十六届省运会经费的请示》。

## 三、请示的示范动作

关于正文的写作方法，我在这里分别用两个案例来说明。

### 案例一：

**×× 市人民政府关于支持 ×× 港区**
**×× 作业区 1 号泊位按预留 40 万吨级建设事宜的请示**

省人民政府：

×× 港区 ×× 作业区 1 号泊位项目（以下简称 1 号泊位项目），已列入《国家基础设施领域 ×× 项目计划》（发改基础〔20××〕×× 号）及“福建海上丝绸之路行动计划”，于 ×× 年 ×× 月获得国家发改委核准建设 30 万吨专用矿石泊位，是 20×× 年全省百个“重中之重”项目之一。近年来，全球集装箱船舶大型化发展趋势日益凸显，为充分利用好 ×× 港区深水资源，更好地适应市场需求，提升港口码头竞争力，促进地方经济发展，经设计单位及项目业主充分研究论证，拟对 1 号泊位项目按预留 40 万吨级建设。主要理由如下：

## 点　评：

案例一，是一份报送省政府的请示件，事由是 ×× 港区 ×× 作业区 1 号泊位按预留 40 万吨级建设事宜。开头语部分，主要阐述事件的基本情况，即告之什么事。然后在正文部分分三个段落，阐述三个理由，即有利于充分利用岸线深水资源；有利于更好地适应市场变化需求；有利于优化港航基础设施布局。这种写作方法，比较常用，但是在具体的写作过程中，注意以简洁的文字说明理由。比如，第一个段落，有利于充分利用岸线深水资源，有两小点理由：一是深水深用的原则；二是 30 万吨泊位工程造价与预留 40 万吨相当。其余的两个段落，也请大家分析一下共有几小点理由，这样有利于提高大家的写作水平。

一是有利于充分利用岸线深水资源。我国《港口法》、《港口岸线使用审批管理办法》和《福建省大型深水港保护与开发方案》（闽政〔2006〕15 号）明确要求，港口岸线要坚持深水深用原则。1 号泊位岸线前沿水深 28 米以上，航道水深 30—120 米，预留 40 万吨可充分利用深水资源，留足发展空间，有利于促进我市港口泊位结构优化和整体水平提升。同时，经研究论证，项目初步设计中 30 万吨泊位工程造价与预留 40 万吨相当。

二是有利于更好地适应市场变化需求。近年来，受国际、国内市场变化影响，40 万吨级以上的特大型矿砂船等船舶发展迅速。但是，大型矿石码头紧缺，2016 年我国进口铁矿石为 10.24 亿吨，专业码头接卸能力仅为 7.5 亿吨（含在建）。1 号泊位项目预留 40 万吨能够更好地适应市场变化需要，满足国际船舶大型化新要求。

三是有利于优化港航基础设施布局。当前，国内港口码头设施中 40 万吨以上接靠泊位基本集中于长江以北。×× 港区 ×× 作业区建港条件优越，是国家一类口岸，预留 40 万吨建设，有助于弥补我省大型泊位空白，优化完善我市港口集疏运基础设施，推进 ×× 区域开放开发，满足建成后的衢宁铁路（设计主要运量来源于本项目）及福建、江西、湖南乃至更广阔腹地经济社会发展需求，服务“一带一路”倡议。

目前，该项目初步设计已上报国家 ×× 部，请求按预留 40 万吨给予审批。根据项目审批程序要求，恳请省政府支持并帮助争取国家 ×× 部同意 ×× 港区 ×× 作业区 1 号泊位按预留 40 万吨级建设为盼。

妥否，请示复！

×× 市人民政府

20×× 年 12 月 28 日

（联系人：×××，联系电话：××××××××）

**点 评：**

最后一小段，提出具体的请求事项，即恳请省政府支持并帮助争取国家有关部委同意 1 号泊位按预留 40 万吨级建设为盼。结语，妥否，请示复！落款日期的后面，还有附注联系人及联系电话，切记不要漏了。

**案例二：**

## 关于申请建设“福建 ×× 汽车产业园”的报告（初稿）

××× 经济开发区管委会：

党的“十九大”报告指出：“建设现代化经济体系，必须把发展经济的着力点放在实体经济上，把提高供给体系质量作为主攻方向，显著增强我国经济质量优势。

随着中国汽车产业的快速发展，在外部规模经济和内部规模经济的共同作用下，汽车工业对产业协作要求越来越高、产业集聚效应越来越明显。汽车产业园区是企业或政府为促进汽车产业的充分发展、实现聚集效应、增进产业联系、学习及快速发展而规划的专业化产业区，是汽车产业发展的一种空间布局和专业化产业环境；汽车产业园区对促进产业升级、促进区域经济的发展具有重要的作用。

汽车不仅是代步工具，成为现在市民生活的必需品，更成为检验一座城市管理能力和治理水平的标准之一。×× 市作为极具发展潜力的沿海城市，对城市汽车销售服务水平也提出更高要求。建设现代化、专业化“福建 ×× 汽车产业园”，不仅对改善 ×× 汽车销售市场的起到积极作用，也对 ×× 城市品位提升起到推动作用。

一、投资企业概况（略）

二、“福建 ×× 汽车产业园”便民服务设计（略）

三、“福建 ×× 汽车产业园”建设、投资规模（略）

四、建设“福建 ×× 汽车产业园”的价值意义

（一）节约土地、方便汽车消费者、改善城区空间布局（略）

（二）社会经济效益

(1)“福建 ×× 汽车产业园”的建成，对开发区原有汽车消费基础上促进增长，另衍生效益可达 20 多亿，而且，大大减少经营成本。

(2) 有效集中二手车消费征税，据行业内调查计算，×× 市 每年流失的二手车赋税达到 8000 万元以上，“福建 ×× 汽车产业园”开发二手车交易市场，能有效遏制税源流失。

(3) 促进新增就业岗位 200 个以上。

(4) 优化环境，美化城市，提高城市品位。

建设“福建 ×× 汽车产业园”，为消费者提供“汽车消费 + 商业休闲一站式便捷购车环境”，为汽车后市场行业寻找到新的增长点。形成汽车贸易与综合商业的有机结合，形成以汽车主题为特色的城市功能。是城市发展的需求，是产业升级的必要。同时，对推动我区经济又快又好发展具有重要意义。

根据“福建 ×× 汽车产业园”的规划布局和设计方案，特向 ×× 市 ×× 经济开发区管委会申请：

1. 在 ×× 位置工矿用地 100 亩；

2. 出台政策,鼓励 ×× 片区 4S 店搬迁到“福建 ×× 汽车产业园”集中经营；

3. 在“福建 ×× 汽车产业园”内,设立车管所窗口、汽车年检站、征税点等与汽车相关公共服务机构窗口。

福建省 ×× 汽车产业集团有限公司

201× 年 × 月 × 日

## ×× 市汽车行业协会关于
## 建设“福建 ×× 汽车产业园”的请示（定稿）

×× 经济开发区管委会：

随着中国汽车产业的快速发展，在外部规模经济和内部规模经济的共同作用下，汽车工业对产业协作要求越来越高、产业集聚效应越来越明显。当前，×× 市正在大力实施“×××”发展战略，进入产业大发展的重要机遇期，特别是随着 ×× 项目的成功落地，对 ×× 汽车销售服务水平提出了新的更高要求。但目前为止，我市尚未形成规范化、高档次的大型汽车产业园区，难以适应广大用车人群对“汽车前市场”和“汽车后市场”及汽车周边服务产业的旺盛需求，尽快建设汽车产业园已成当务之急。为此，在 ×× 市委、市政府和 ×× 经济开发区党工委、管委会及相关部门的大力支持下，经过一段时间的洽谈协商，由 ×× 市汽车行业协会牵头，福建 ×× 汽车产业集团有限公司投资，在 ×× 经济开发区建设福建 ×× 汽车产业园已达成初步意向。现将有关情况请示如下：

一、项目建设的重要性和必要性

（一）有利于实现聚集效应，促进产业升级（略）

（二）有利于节约土地，改善城区空间布局（略）

（三）有利于方便汽车消费者，提高东侨地方财政收入（略）

（四）有利于降低经营成本，实现更好的经济和社会效益（略）

二、项目建设的基本思路

（一）投资企业概况（略）

（二）建设目标（略）

（三）投资规模（略）

（四）便民服务设计（略）

三、请求在前期达成初步意向的基础上，协调帮助解决以下几个问题

（一）请求在 ×× 位置，安排工矿用地 100 亩，作为项目建设用地。

（二）请求出台优惠政策，协调鼓励 ×× 片区 4S 店搬迁到“福建 ×× 汽车产业园”集中经营。

（三）请求协调有关部门在“福建 ×× 汽车产业园”内，设立车管所窗口、汽车年检站、征税点等与汽车相关公共服务机构窗口，搭建“一站式”服务平台，为市民提供便利，以促进园区的良性发展。

妥否，请示复！

×× 市汽车行业协会

201× 年 × 月 × 日

（联系人：×××，联系电话：×××××××）

案例二的初稿，是前些年受朋友之托，帮其修改了一份报送开发区的材料。我想在这里和大家探讨一下，为什么这样改。第一，标题申请建设产业园，不是报告，而是请示，从标题三要素来说，标题应该加上发文单位，即 ×× 市汽车行业协会。第二，开头语部分，写了三段，内容比较空和零乱，而且条理性差，缺乏建设产业园的依据。我在这里将其做了调整，即“随着中国汽车产业的快速发展，……产业集聚效应越来越明显。当前，……对 ×× 汽车销售服务水平提出了新的更高要求。但目前为止，……，尽

快建设汽车产业园已成当务之急。为此，在 ×× 市委、市政府和 ×× 经济开发区党工委、管委会及相关部门的大力支持下，经过一段时间的洽谈协商，由 ×× 市汽车行业协会牵头，福建 ×× 汽车产业集团有限公司投资，在 ×× 经济开发区建设福建 ×× 汽车产业园已达成初步意向。现将有关情况请示如下。”第三，对材料的框架部分进行了比较大的调整，特别是把建设产业园的理由，用四个小点来叙述，符合请示件的写作要求。第四，将初稿的一二三点，归到第二大点，作为基本思路。第五，将请求在前期达成初步意向的基础上，协调帮助解决以下几个问题，放在第三大点。也许大家有一个疑问？请示件要求一文一事，但在这里却有三个事。为此，我特地找了市政府办的文电专家进行了探讨，我们认为，就整个项目而言，只有建设汽车产业园项目，其中的三个事，应该属于项目实施过程中的具体事项，可以并入，以便分管领导帮助协调。五是该请示件的行文单位与开发区属于不相隶属机关，按理文种应该采用请示函，有时为了表示尊重，就改用了请示件。

## 第三节　报告类

偶尔，我会想起多年前的那一趟旅行。那一年，是 1997 年的 7 月上旬，烈日炎炎的夏季。地委组织北上南下学习考察，地委书记带领各县（市）委书记和地直部门领导北上，行署专员带领各县（市）政府县长和地直部门领导南下。南下的路线是漳州的东山岛—广东汕头—东莞—中山—珠海—深圳—海口—三亚等地。作为行署办的工作人员，我也参加了南下考察活动，由于随行人员少，我的任务是白天负责后勤接待工作，包括领导行李搬运、车辆前后联络、住宿安排等等，晚上负责撰写考察报告。大约从第二天晚上开始，我即着手考察报告的撰写工作，一般都要半夜 12 点后，方可熄灯休息。记得，到达海南兴隆农场时，晚上写材料很迟了，房间里只有芒果充饥，是我这辈子吃过的最好吃的芒果，也是这辈子再也不敢碰的水果，原因是芒果汁流到哪里，哪里就红肿，考察回来后问了市医院皮肤科的医生，才知道是芒果过敏。考察的最后一站是海南的三亚。刚好此时传来台风即将登陆宁德的消息，由于行署专员要提前赶回宁德指挥防台防汛，临时决定就在三亚召开南下考察总结会。作为文字工作人员，特别需要超前性，因此，一路服务考察，一路加班加点赶稿，到达三亚时完成了考察报告初稿的撰写任务，确保了考察总结会的顺利召开。

根据《党政机关公文处理工作条例》规定：报告适用于向上级机关汇报工作、反映情况、答复上级机关的询问。

报告是上行文，发文时应标注签发人姓名。比如《×× 市 ×× 局关于 ××、×× 县松材线虫病发生情况的报告》，该文属上行文，未标注签发人姓名，应标注。报告具有汇报性、陈述性、总结性三大特点。同时，报告还具有报送的功能，一些不能直接行文的非规范性公文（如计划、总结、汇报、调查报告等）如需向上级机关报送材料，均采用报告的形式。比如，《×× 市 ×× 区人民政府关于 ×× 区生态环境保护自查整改情况汇报》，该文生造文种，“汇报”不属于法定文种，应将“汇报”改为“报告”。

## 一、报告的类型与结构

1. 工作报告。一般是工作情况、存在的问题和今后的意见，重点放在工作情况部分。比如，总结报告、考察报告、调研报告、述职述廉报告、政府工作报告。它的结构分为四个部分：一是情况；二是经验；三是问题；四是今后意见。

2. 情况报告。突发事件、意外事故、个别问题的处理情况，需要向上级机关报告。它的结构分为四个部分：一是情况；二是原因；三是责任；四是处理情况和意见。

3. 答复性报告。针对上级机关的询问汇报有关情况的报告。它的结构类似于命题作文，上级机关询问什么，你就答复什么。

## 二、报告和请示的区别

1. 行文目的不同。报告不需要上级批复，而请示要一文一事一请示，需要上级做出批复。比如，《×× 市茶业管理局关于举办 2016 年中国·宁德“海上丝绸之路”茶业博览会的申请报告》（宁茶〔2016〕21 号），该文文种使用不当，应使用“请示”。

2. 行文时间不同。请示是事前行文，报告一般制发于工作任务完成或问题解决之后，不要求批复。因此，报告与请示不能结合使用，在报告中不得夹带请示事项。报告中凡需上级机关解决的问题、批准的事项应另外行文上报，可在报告中加注“上述事项另行专题请示”等字样。比如，《××市水利局关于 ×× 市 ××× 排涝渠（×× 路至 ××× 段）工程进展情况的报告》（× 水建管〔20××〕33 号），该文有 2 处错误。一是使用“报告”文种，不仅未标注签发人姓名，而且主送为“市委办、市政府办”，不符合《党政机关公文处理工作条例》中“报告适用于向上级机关汇报工作、反映情况，回复上级机关的询问”的规定。如使用“报告”文种，应主送“市委、市政府”或“市政府并报市委”，并标注签发人姓名；如主送“市委办、市政府办”应使用“函”或“意见”文种。二是该文抄送领导个人，不符合《党政机关公文处理工作条例》中“除上级机关负责人直接交办事项外，不得以本机关名义向上级机关负责人报送公文”的规定。

## 三、报告的案例与点评

### （一）经验总结报告

2004 年，由于申报全国“民族团结进步模范集体”，需要撰写相关典型经验总结材料，以市委、市政府名义上报。当时市委办分管综合文字的领导和我分工各撰写一半材料，这样我们两个人关在军分区招待所埋头苦干了三天三夜，完成了这篇文稿的撰写任务。

从结构上看，导语部分，介绍基本情况，分五大点阐述主要措施和做法；结尾部分，由两个自然段构成，分别撰写体会和下一步的工作思路和打算。由于是典型经验总结材料，所以必须用主要篇幅，突出经验做法。

从具体材料上看，导语分成两个部分，分别是少数民族现状和总的做法，然后分成五大点阐述做法和主要措施，其中第一大点是强乡富民，谋求发展，先以大概念切入，类似于文章开头的导语，然后分小点阐述；第二点是发展民族教育，注重干部培养。虽然没有分点，但实际上介绍了民族教育和民族干部培养两个方面的内容。中间用“同时”来过渡。体会部分，以“保证、基础、根本、关键、方法”作为关键词。这也是写体会材料的常用方法。最后一段，点出我市民族工作存在的问题和不足后，顺理成章，提出当前和今后一个时期民族工作思路，并分成六小点阐述今后打算。

从写作方法上看，我们仍然以第二点“发展民族教育，注重干部培养”进行分析。一是先讲述发展民族教育。首先讲述做法，即“坚持优先发展教育，把发展民族教育纳入本地区经济和社会发展规划。先后开展两轮为期五年的民族中小学扩建工程。”然后介绍成效，即“目前全市拥有 6 所民族中学，93 所独立设置的寄宿制民族小学。民族村少数民族儿童入学率达 99.6%，巩固率 98.8%，毕业率 98.5%，升学率保持 98% 以上。少数民族每万人拥有在校大中专学生达 81.4 人。”二是讲述注重干部培养。即“同时，重视做好少数民族干部的培养选拔工作，作为培养民族人才的重要环节，及时将优秀少数民族干部选拔到领导岗位。”然后介绍成效，即“目前，全市 9 县（市、区）党委、人大、政府、政协领导班子中共有少数民族干部 14 人，占班子成员总数的 5.9%。现有少数民族干部 2164 人，其中地厅级 1 人，处级 40 人，科级 286 人。2003 年市委新提拔了少数民族处级干部 12 人，占同级提拔人数的 28.5%。近年来，全市被推选为党的全国代表、全国人大代表、政协委员的少数民族代表就有 19 人；福建省党代表、人大代表、政协委员 48 名。在 2000 年宁德撤地设市首次召开的党代会、人代会、政协会上，占全市总人口 6% 的少数民族代表所占的比例达 13.8%，有效保障了少数民族参政议政权利。”大家可以以此为范例，掌握其“做法 + 成效”的写作要义。

## 案例一：

### 大力发展民族经济　促进共同繁荣进步

中共 ×× 市委

×× 市是我省少数民族聚居最多的地区，也是一个典型的散杂居民族地区。全市有 21 个少数民族 18.9 万人，占总人口的 6%，其中畲族人口 17 万人，分别占全国畲族人口的 1/4，全省的 1/2，分布在全市 9 个县（市、区）的所有乡镇和 734 个村，少数民族人口千人以上乡镇 57 个，少数民族人口占 30% 以上的民族村 233 个，设一个畲族经济开发区、8 个畲族乡。多年来，在省委、省政府的正确领导下，我们紧紧围绕民族团结进步这一主题，努力探索和实践做好民族工作的思路和办法，走出了一条富有 ×× 特色的散杂居地区民族工作的新路子，有力推进了民族地区经济社会事业的发展和进步，巩固和发展了平等、团结、互助的社会主义民族关系。市委、市政府因此连续三次被国务院授予“全国民族团结进步模范集体”的光荣称号。我们的主要措施和做法是：

一、强乡富民，谋求发展。我们坚持把发展民族经济作为民族工作的主线，大力实施少数民族地区与全市同步发展战略，做到强乡富民、激活内力与帮扶相济相结合。一是抓好资源开发。（略）二是大力推进工业化进程。（略）三是坚持开展挂钩帮扶活动。（略）

二、发展民族教育，注重干部培养。坚持优先发展教育，把发展民族教育纳入本地区经济和社会发展规划。先后开展两轮为期五年的民族中小学扩建工程。目前全市拥有 6 所民族中学，93 所独立设置的寄宿制民族小学。民族村少数民族儿童入学率达 99.6%，巩固率 98.8%，毕业率 98.5%，升学率保持 98% 以上。少数民族每万人拥有在校大中专学生达 81.4 人。同时，重视做好少数民族干部的培养选拔工作，作为培养民族人才的重要环节，及时将优秀少数民族干部选拔到领导岗位。目前，全市 9 县（市、区）党委、人大、政府、政协领导班子中共有少数民族干部 14 人，占班子成员总数的 5.9%。现有少数民族干部 2164 人，其中地厅级 1 人，处级 40 人，科级 286 人。2003 年市委新提拔了少数民族处级干部 12 人，占同级提拔人数的 28.5%。近年来，全市被推选为党的全国代表、全国人大代表、政协委员的少数民族代表就有 19 人；福建省党代表、人大代表、政协委员 48 名。在 2000 年 ×× 撤地设市首次召开的党代会、人代会、政协会上，占全市总人口 6% 的少数民族代表所占的比例达 13.8%，有效保障了少数民族参政议政权利。

三、实施造福工程和五通工程，改善生产生活环境。由于历史原因，我市的少数民族绝大多数散居在山高路陡的老区、边远和高寒山区，道路不通、信息闭塞。福鼎、霞浦境内 22 个乡镇 216 个自然村的 4930 名少数民族群众甚至长期以来一直住在茅草房里，生产生活环境恶劣。为了改善少数民族群众生产生活环境，近年来，我们举全市之力做好两件事：一是组织实施“造福工程”。（略）二是实施“五通”工程（通水、电、道路、电话、电视覆盖率）。（略）

四、加强抢救保护，弘扬发展畲族文化。（略）

五、强化领导，合力干事。市委、市政府始终把做好民族工作作为重大的政治责任和使命，坚持做到“三个倾斜”，形成齐心协力抓好民族工作的氛围。一是在领导力量上向民族工作倾斜。（略）二是在财力物力上向民族乡村倾斜。（略）三是在组织措施上向民族地区倾斜。（略）

回顾几年来我市做好民族工作的实践，主要体会有：第一，思想上重视是做好新时期民族工作的保证。市委、市政府始终坚持把民族团结进步作为工作主题，正确认识和处理好民族工作与全局工作的关系，不断加强对民族团结进步事业工作的领导，真正把民族工作纳入全局工作中。各级各部门结合各自实际，采取切实可行措施，扎实做好民族工作，有力推进我市民族团结进步事业。第二，坚定不移地贯彻落实党的民族政策和法律法规，是做好民族工作的基础。（略）第三，加快少数民族和民族地区的发展，是解决民族问题的根本。（略）第四，大力培养少数民族人才，大胆选拔使用民族干部，是解决民族问题的关键。（略）第五，抓点带面是做好民族工作的有效方法。（略）

我市民族工作取得的这些成绩，是省委、省政府正确领导和国家、省民族工作部门大力支持的结果，是全市少数民族地区干部群众团结奋斗的结果。但由于我市的少数民族多散居于边远、偏僻的山区和临海无渔的海边，自然条件十分恶劣，少数民族同胞尤其是畲族同胞的生活水平与汉族地区相比还是偏低；我们的工作还存在着许多不足。当前和今后一个时期民族工作思路是：坚持以邓小平理论和“三个代表”重要思想为指导，以党的十六大、十六届五中全会、省委七届十次全会精神为动力，认真贯彻落实党的民族政策和全国、全省民族工作会议精神，立足××实际，坚持把加快民族地区发展作为第一要务，坚持民族团结进步主题，大力发展民族经济，增进民族团结，实现共同富裕。一是切实转变思维观念。（略）二是大力发展民族经济。（略）三是着力打破少数民族地区发展的制约瓶颈。（略）四是坚持不懈地抓好扶贫开发。（略）五是加快民族地区社会事业协调发展。（略）六是继续培养和选拔少数民族干部。（略）

### （二）考察报告

前面，我已经介绍了南下撰写考察报告的经历。这里，我再回顾2018年省住建厅组织各设区、市住房公积金管理中心负责人北上赴青海、新疆考察公积金工作的经过，或许对大家撰写考察报告有所启迪帮助。时值初冬，北方已是大雪纷飞的时节。我们周一飞青海西宁，周三飞新疆乌鲁木齐，周五即返回。虽然在西宁和乌鲁木齐分别仅仅考察了一天，但在新疆感动于当地的人和事，我在周五回来的飞机上撰写了一篇《新疆新故事》，分别用三个小故事，介绍新疆公积金的信息化建设、新疆住建厅公积金监管处李处长挂村任第一书记、福安老乡在新疆种植三千亩和田枣的故事。没有想到这篇文章得到住建部公积金监管司司长的点赞，欣慰感油然而生。案例二的初稿是由其他设区市住房公积金管理中心的同志撰写，然后由我组织××市住房公积金管理中心的同志在原稿和《新疆新故事》的基础上讨论研究修改完成。虽然，他们没有到青海、新疆考察，但经过认真修改，文稿质量确实不错。我们把初稿和定稿在后面做一个对比，以便找出撰写考察报告的一般规律。

案例二：

## 青海、新疆住房公积金信息化建设调研报告（初稿）

据从住建部公积金监管司了解，青海、新疆率先在全国实现住房公积金信息系统和数据的全省统一集中，与我省模式相似。为学习借鉴两省的先进经验，进一步提升我省住房公积金信息化管理水平，更好地完善全省住房公积金信息系统管理暂行办法，经厅领导批准同意，2018 年 11 月 5 日至 9 日，我厅住房公积金监管处××调研员带领我省已上线新版系统的公积金中心领导及业务骨干一行 8 人赴青海和新疆两省调研学习住房公积金信息化建设的经验做法。调研组与两省住建厅公积金监管处、承建单位以及软件公司围绕公积金信息系统及综合服务平台的建设模式、系统架构、安全建设、维护管理以及资金保障等情况开展深入座谈，同时前往服务网点调研考察信息系统、综合服务平台的实际应用情况。此次调研得到了两省的热情接待与支持，均表示收获良多，望双方能进一步加强交流学习，共同创新住房公积金事业发展思路。现将有关情况报告如下：

一、两省基本情况

（一）青海省公积金基本情况

（二）新疆自治区公积金基本情况

二、两省经验亮点

（一）掌上公积金便捷高效。

（二）统招分签保障建设资金

（三）引入项目监理保证建设质量

（四）综合服务平台统一管理

（五）完善稽核管理子系统

（六）监管系统保驾护航

（七）省级数据平台互联共享

三、下一步工作建议

针对目前我省存在的问题，结合青海、新疆两省的经验做法，对下一步工作提出以下几点建议：

（一）进一步完善新版业务系统和综合服务平台

（二）加快实现部门间数据共享

（三）抓紧促进协作机制建立

（四）积极推进公积金监管平台建设

（五）适时引入第三方安全审计和软件评测

## 青海、新疆住房公积金信息化建设调研报告（定稿）

2018 年 11 月 5 日至 9 日，根据省住建厅安排，由住房公积金监管处 ××× 调研员带队，全省已上线新版系统的公积金中心领导及业务骨干一行 8 人组成考察调研组，赴青海省和新疆自治区调研学习住房公积金信息化建设的经验做法。调研组与两省住建厅公积金监管处、承建单位以及软件公司围绕公积金信息系统及综合服务平台的建设模式、系统架构、安全建设、维护管理以及资金保障等情况开展深入座谈，并前往服务网点调研考察信息系统、综合服务平台的实际应用情况。此次调研工作得到两省的热情接待和大力支持，调研成果丰硕，对创新我省住房公积金信息化发展思路提供了有益的借鉴经验。现将有关情况报告如下：

一、青海省住房公积金信息化的主要做法与亮点青海省共有12家公积金管理中心（含分中心），全省住房公积金行业有资金规模小、从业人员少、服务半径大、管理成本高的特点，部分自治州之前还一直处于手工办理业务、管理混乱的阶段。为加强全省住房公积金管理，青海省住建厅于2012年4月在省直公积金中心增挂“青海省住房公积金信息中心”的牌子，按照“统一建设、集中管理”的建设思路，由省直公积金中心承担起全省公积金信息化统一建设职责，其信息化工作有以下六大亮点：

（一）起步时间早

（二）运行思路好

（三）服务水平高

（四）安保能力强

（五）解决问题巧

（六）工作效果佳

二、新疆自治区住房公积金信息化的主要做法与亮点

新疆全区共有14个地州市住房公积金管理中心，大部分州市幅员辽阔、交通不便，为切实解决各地州公积金人员缺乏、信息水平落后等问题，在住建厅牵头组织下，通过采取集中统一、统招分签、优势互补的建设模式。历经9个月时间，在全国率先建成全区统一的信息化系统，2018年10月，新疆全区高分一次性通过住建部双贯标和综合服务平台验收，其中综合服务平台的验收分数目前全国最高。同时，与人行、民政、房产等部门对接的数据共享平台也在推动建设中，全区住房公积金标准规范体系已基本建成，资金管控能力和风险防范能力显著增强，住房公积金管理和服务水平大幅提升，在全国省级住房公积金系统中，呈现出以下“八最”亮点。

（一）信息化覆盖最全面

（二）新系统建设最迅速

（三）落实放管服最到位

（四）业务办理最便捷

（五）建设资金最节省

（六）运营实力最雄厚

（七）平台技术最标准

（八）省厅领导最重视

三、下一步工作建议

纵观青海、新疆两省的公积金信息化工作，有一个共同的特点是："互联网＋公积金"深度融合、综合服务平台全面普及、手机公积金便捷利民，这应是我们公积金未来发展的趋势和方向。结合我省住房公积金信息化建设的实际，对下一步工作提出以下几点建议：

（一）对省级公积金监管层面的建议

1. 设立监管平台。

2. 建立协作机制。

3. 实现数据共享。

4. 推动跨省"联建"。

（二）对省公积金系统项目组的建议

1. 完善新版业务系统。

2. 引入第三方安全审计和软件评测。

3. 加强项目组人员配备。

（三）对各设区市公积金中心的建议

初稿与定稿的区别：

从导语上看，分别介绍前往两省的目的及简要过程，但初稿的文字略有几个不够通顺的地方。比如初稿的第一小段内容："据从住建部公积金监管司了解，青海、新疆率先在全国实现住房公积金信息系统和数据的全省统一集中，与我省模式相似。"文字有拖泥带水的味道，故删除。

从结构上看，一是初稿把两省的亮点合并在第二大点中介绍，比较凌乱。定稿把青海和新疆两省的信息化工作分开表述，与初稿比较层次清晰，有条理。而且，两省的公积金基本情况刚好放在第一和第二大点的导语中介绍，与初稿比较文字更系统、逻辑性更强。二是定稿的第一大点的亮点用“早、好、高、强、巧、佳”，第二大点的亮点从《新疆新故事》中吸纳“八个最”来表述，给人以耳目一新的感觉。三是第三大点的下一步工作建议，用省级公积金监管层面、省公积金系统项目组、各设区市公积金中心等三个方面来叙述建议，系统直观，条理清楚。

（三）调研报告

前些年，市委组织部先后两次在蕉城区上金贝举办金笔计划培训班，学员们基本来自各县（市、区）乡镇党政办，我有幸受聘担任他们的授课老师。期间，在讲授调研报告这一章节时，为了提高学员们的感性认识，我特地安排半天时间，让学员们到上金贝村开展调研活动，请学员们结合调研成果，分别撰写一份调研报告，然后在授课时请学员分组上台对初稿进行点评，并据此再次进行修改，我以为这种授课方式，对提高学员的写作水平有一定的帮助。

案例三是为响应习总书记下党回信重要精神，如何走出一条具有闽东特色的乡村振兴之路而撰写的一份调研报告。为此，我专程去寿宁凤阳镇进行了认真的调研总结。我觉得寿宁县乡村振兴的凤阳样板，特别是它们的葡萄产业发展模式，符合乡村振兴第一要素产业兴旺的要求，很有借鉴意义。因此，我整整花了近一个月时间，撰写了案例三。这里我仅介绍其框架结构，希望大家在学习中消化吸收其可取之处。

**案例三：**

## 甜蜜奔小康，走闽东特色乡村振兴之路

### ——寿宁县乡村振兴的凤阳样板

近年来，寿宁县凤阳镇根据省委、省政府和市委、市政府和县里的部署，紧紧按照习总书记提出的“产业兴旺、生态宜居、乡风文明、治理有效、生活富裕”的乡村振兴目标，准确把握镇情特点，用心谋

划乡村振兴的美丽蓝图，形成了产业带动型的寿宁乡村振兴凤阳样板。

一、模式和做法

（一）做强特色主导产业，筑牢乡村振兴的“奠基石”

1. 打造葡萄产业发展新模式。一是“新模式”体现在“产业五化”上。二是“新模式”体现在“五个统一”上。三是“新模式”体现在市场营销上。四是“新模式”体现在“智慧农业”上。五是“新模式”体现在脱贫致富上。

2. 培育茶业产业发展新优势。一是新优势基于高山生态。二是新优势基于富锌富硒。三是新优势基于“互联网 +”。

3. 拓宽文旅产业融合新渠道。紧紧围绕“一湖秀水、十里葡萄、百年老戏、千层梯田、万亩茶园、亿朵樱花、兆颗星星”的特色农业、文化主题，多措并举，拓宽渠道，实现从单一的农产品种植模式到生态农旅产业的转变。一是新渠道来自文旅结合。二是新渠道来自农旅结合。三是新渠道来自村旅结合。

（二）致力治理生态环境，打好乡村振兴的“组合拳”

1. 做好“多规合一”文章。

2. 做好“除脏治乱”文章。一是“垃圾革命”。二是“污水革命”。三是“厕所革命”。

3. 做好“造绿添彩”文章。一是立面改造方面。二是农户整治方面。

4. 做好“灯亮路通”文章。

（三）厚植乡村乡土文化，铸造乡村振兴的“主心骨”

1. 厚培文明乡风。一是坚持文化引领。二是丰富文化业态。

2. 挖掘乡土文化。

3. 涵养淳朴民风。一是留住美丽乡愁。二是留住村规民约。三是留住优良家风。

（四）创新“党建 +”，培育乡村振兴的“领头雁”

1. 党建统领，在“强基”上持久用力。一是重在“强堡垒”。二是重在“选人才”。三是重在“建场所”。

2. 健全机制，在“引才”上激发动力。一是“外引”吸人才。二是“内挖”聚人才。三是“精准”育人才。

3. 打造品牌，在“治理”上聚焦发力。一是打造先锋品牌。二是打造特色阵地。三是打造富民品牌。

4. 创新模式，在“村财”上多方助力。一是以托管“增财”。二是以资源“增财”。三是以出租“增财”。

**点　评：**

整份材料采用常见的三段式结构，即“模式与做法、经验与启示、问题与建议”。第一大点是材料的重中之重，用“奠基石、组合拳、主心骨、领头雁”，这四个比较接地气的语言，作为关键词切入，体现了文章的厚重感。每一个小点，都精心思考和排列。比如，“五个体现”“三个基于”“四个来自”等等。

二、经验与启示

1. 最关键在于创新模式。

2. 最重要在于产业兴旺。

3. 最基础在于生态宜居。

4. 最直接在于文化振兴。

5. 最根本在于党建引领。

三、问题与建议

虽然，凤阳镇在打造乡村振兴凤阳样版上，取得有目共睹的成绩，但还存在一些问题，主要体现在以下几个方面：一是农产业仍以一家一户分散经营为主。二是多数行政村规划不尽合理。三是镇村环境整治还有差距。四是乡道村道建设欠债多。五是村民自治、法治、德治基础还较薄弱。这些都有待于在今后的工作中，逐步加以解决。

今日凤阳，正以习总书记下党回信重要精神为指引，按照省市县的部署要求，围绕贯彻市委四届十次会议精神，坚定信心、埋头苦干、久久为功，努力走有凤阳特色的乡村振兴之路，使之真正成为寿宁乡村振兴的凤阳样板。

五点建议：一是乡村规划需要更高标准；二是产业格局需要更加优化；三是环境整治需要更大力度；四是乡土文化需要更有特点；五是乡村治理需要更为和谐。

**点　评：**

第二大点的“四个最”，第三大点，除了指出问题之外，还给出了五点建议，用了“四个更”。这些都与之前列举的案例有相似之处，大家可以学习借鉴并灵活运用。

（四）述职报告

考虑到述职报告，是比较常用的一种公文文体，我在这里特地用案例四给大家做个说明。从案例四中，我们可以看到，述职主要围绕履职、团结、素质三个方面展开。当然，大家要注意到每一小点的安排，比如，写各自单位的发展，似乎应该贴近各自单位的实际，正职应写全面的发展，副职则只要写分管工作范围内的发展。再比如，写素质，应该涵盖学习、作风、廉政。具体的写作方法，希望大家认真分析述职报告与专题民主生活会报告的相同点和不同点。

**案例四：**

## 述职报告

××市×××× ××

（20××年×月××日）

20××年，在市委正确领导下，在市人大、市政协和社会各界的监督支持下，我能够团结带领市 ×× 班子，认真贯彻落实中央、省里和市委的一系列决策部署，用心做事、勤勉尽责，努力推动 ×× 科学发展加快发展。现述职如下：

一、积极应对风险挑战，集中精力推动发展

面对复杂多变的宏观环境和经济下行压力，坚持一线办公，及时协调调度，抓好督查落实，着力稳增长、调结构、促改革、惠民生，全市经济运行总体保持稳中有进的态势。……

（一）围绕发展大局，着力重点突破。一是突出产业集聚。坚持调存量、优增量、扩总量，促进三次产业协调发展。农业方面（略）工业方面（略）服务业方面（略）二是突出项目带动。三是突出城乡统筹。

（二）注重科学运作，努力破解难题。一是全面深化改革。二是积极帮扶企业。三是强化运行调度。

（三）坚持统筹兼顾，致力改善民生。一是提高社会保障水平。二是大力发展社会事业。坚持扩总量、提质量，协调发展科教文卫体各项社会事业，中心城区中小学扩容“4+2”工程加快建设，全民低成本健康“海云工程”得到全面推广，申办第十六届省运会成功获批。三是加强生态文明建设。四是努力防范金融风险。五是维护社会安定稳定。

### 点　评：

我曾经到宁德市三都澳新区开发建设有限公司讲授公文写作课程，前段时间，公司有一位学员，发来他帮助领导撰写的述职述廉报告，我分析该材料讲述履职时，只讲述成效，缺少如何研究、协调以及下基层督促的内容。因此，我再次强调写作时必须遵循“做法 + 成效”。比如案例四第一大点的第三点中大力发展社会事业。就是先讲述做法，即坚持扩总量、提质量，协调发展科教文卫体各项社会事业，然后再讲述成效，即中心城区中小学扩容“4+2”工程加快建设，全民低成本健康“海云工程”得到全面推广，申办第十六届省运会成功获批。

二、注重团结加强协作，提高班子整体效能

（一）坚持市委领导。

（二）协调好与各套班子的关系。

（三）发挥 ×× 班子整体效能。

三、着力提高自身素质，努力树立良好形象

（一）自觉加强学习。

（二）积极转变作风。

（三）坚持廉洁从政。

一年来，我虽然做了一些工作，取得一些成绩，但与组织的要求和群众的期望还有一定差距：一是工作的创造性和开拓意识不够。二是履职成效还不够突出。三是工作作风有待进一步改进。对这些问题，我将在今后的工作中努力加以克服和改进，不断提高领导能力和工作水平。

（五）政府工作报告

说到起草政府工作报告，总有一些美好的回忆，铭记在我们的心里；总有一些酸甜苦辣，如今想起足以慰藉。曾经负责过撰写专员在地委工作会议结束时的讲话稿，业务科室叶、林两同志帮忙，一起熬夜，一起逐段逐句推敲，特别是在思维短路的时候，我们在署前路的闽东大酒店边上，我们命名为“怡然居”的简陋茶楼，一起苦思冥想，一起构建文字之基，分管领导曾有一句名言：“茶为花世界、酒为色媒人”，我以为是“茶楼筑框架、怡然留佳话”。

曾经从撰写第一届人民代表大会的政府工作报告开始，在周宁岁暮天寒之夜，单兵独斗，穷尽词汇，罗列提纲，撰写文稿;也曾经率队群策群力，集思广益，各司其职，反复修改，锻造成文，见证审定付印的时刻。这样集中写作的日子，每年一次，屈指算来，已有 20 余次。这些铅字记得每一个为此奉献的同事，铭刻着每一个部门参与写作人员付出的努力，更是书写了宁德 20 多年发展变化的瑰丽长卷。我把撰写政府工作报告的时间，分成四个阶段描述。

第一阶段，准备写作素材阶段。大约在年底的十月之初，就要以市政府办的名义，发文成立政府工作报告起草小组，由常务副市长任组长，并通知市直单位报送年终工作总结和明年工作思路。同时，广泛收集省内外历年政府工作报告、市委、市政府主要领导工作思路相关材料。

第二阶段，拟写提纲初稿阶段。集中市直各部门精兵强将到指定地点关门造车，酝酿提纲，这是最费心费力的事情，我之前说过，撰写提纲的时间占到整个报告写作过程的三分之二以上，好在政府工作报告的提纲基本上以套路开路，只是遇到五年计划收官之年或者换届之年，较难把握之外，其余年份，还算是基本顺利。比如，案例五，就是换届之年的政府工作报告，就需要高度重视年度与五年之间材料的无缝链接。请看此处是这样处置的："各位代表，随着 201× 年工作的收官，本届政府任期目标任务已顺利实现。五年来，我们在抢抓机遇中加快发展，在应对挑战中克难奋进，谱写了宁德发展新篇章。"然后说，这是什么的五年、什么的五年。转过来，先从今后五年切入，只需要简要阐述今后五年的奋斗目标、总体要求和主要任务，写作时主要是简述，以避免整篇材料篇幅过长。

第三阶段，征求意见阶段。初稿完成后，一般先发市直主要部门征求意见，特别是一些专业性的提法，需要及时更正，然后由政府领导分别带队到各县（市、区）征求意见，其间还要征求市人大代表、政协委员以及人大常委会机关、政协机关领导意见。每次征求意见，都要做较大篇幅的修改调整。

第四阶段，修改定稿阶段。征求意见结束后，起草小组，开始在市政府领导的指导下，重新进行认真细致的修改完善，补缺补漏。比如，从政府工作报告的角度，所有政府部门的工作都要有所体现。再比如，我们专门安排一位同志一句句一段段念稿，大家针对语病、逻辑、条理修正。最终经市政府主要领导审定后，我们还要在印刷厂再次校对，确保无一个错别字，无一处错误。

## 案例五：

### 市政府工作报告

201× 年 1 月 6 日在 ×× 市第四届人民代表大会第一次会议上

×××

各位代表：

现在，我代表 ×× 市人民政府向大会作政府工作报告，请予审议，并请各位政协委员和列席人员提出意见。

一、201× 年和过去五年的工作回顾

201× 年，在省委、省政府和市委的正确领导下，×× 市各级政府认真贯彻党的十八大和十八届三中、四中、五中、六中全会精神，学习贯彻习近平总书记系列重要讲话精神，积极适应新常态，认真落实新理念，扎实推进供给侧结构性改革，深入实施环三都澳区域发展战略，加快建设“×××××”，经济社会发展保持总体平稳态势，实现了“十三五”良好开局。预计全市地区生产总值 1615 亿元、增长 7.6%;（略）一年来的主要工作和成效是：

（一）转型升级扎实推进，产业结构逐步优化。

（二）“五个一批”滚动实施，项目投资有效接续。

（三）城乡建设步伐加快，人居环境呈现新貌。

（四）改革开放力度加大，关键领域取得突破。

（五）环境整治成效明显，生态质量保持优良。

（六）民生福祉不断增进，社会事业长足进步。

（七）自身建设持续加强，工作作风得到改进。

## 点 评：

这一部分是回顾当年工作，从提纲上看，讲成效，用到倒装句，比如转型升级扎实推进，产业结构逐步优化。不能写成扎实推进转型升级，逐步优化产业结构。

各位代表，随着201× 年工作的收官，本届政府任期目标任务已顺利实现。五年来，我们在抢抓机遇中加快发展，在应对挑战中克难奋进，谱写了宁德发展新篇章。

——这是 ×× 综合实力跃升晋位的五年。

——这是 ×× 产业发展转型提升的五年。

——这是 ×× 城乡面貌显著变化的五年。

——这是 ×× 基础设施取得突破的五年。

——这是 ×× 民生保障持续改善的五年。

**点　评：**

讲五年的成效，要概括成什么的五年。比如这是 ×× 综合实力跃升晋位的五年；这是 ×× 产业发展转型提升的五年。

各位代表，回顾五年历程，成绩来之不易。这是中央和省委、省政府正确领导、关心支持的结果，是在市委坚强领导下全市干部群众团结一心、奋力拼搏的结果，是市人大、市政协加强监督、鼎力支持的结果。在此，我代表市人民政府，向全市人民，向人大代表、政协委员、各民主党派、工商联、各人民团体、无党派人士、离退休老同志和社会各界人士，向中央及省属驻宁机构、驻宁部队、武警官兵、公安民警，表示衷心的感谢和崇高的敬意！

在肯定成绩的同时，我们也清醒认识到，发展中还存在不少困难和问题，主要表现在。（略）对此，我们一定要高度重视，采取有力措施加以解决。

二、今后五年发展的总体要求和主要目标任务今后五年，是全面建成小康社会的决胜期，是全面深化改革的攻坚期，也是××市科学发展、加快发展的关键期。综观国内外形势（略）我们要坚定信心、振奋精神，滴水穿石、久久为功，把各项事业继续向前推进。

今后五年，政府工作的总体要求是（略）

今后五年，我们的奋斗目标是（略）

今后五年的中心任务，归结起来就是："开发三都澳、建设新宁德"。（略）

三、扎实做好201×年政府工作

今年是实施"十三五"规划的重要一年，是推进供给侧结构性改革的深化之年。我们要坚持稳中求进工作总基调，积极适应经济发展新常态，围绕"开发三都澳、建设新宁德"的目标，……推动经济社会平稳健康发展。

经济社会发展的主要预期目标是（略）

实现上述目标，重点要抓好八个方面工作：

（一）加快产业转型升级

着力振兴实体经济。

培育壮大现代服务业。

大力发展特色现代农业。

（略）

（八）切实保障和改善民生

加大社会保障力度。

推进文化强市建设。

坚持教育优先发展。

维护社会安定稳定。

**点 评：**

确定新的一年任务，一要注意提纲的高度概括，分点不能太多，每一大点都可以涵盖小点。比如民生大点，就涵盖了社会保障、文化、教育三个小点。

四、加强政府自身建设

各位代表，新常态要有新状态，新起点要有新作为。我们一定要提振精气神，凝聚正能量，奋力求作为，切实增强发展紧迫感和责任感，切实加强政府自身建设，切实提高执行力、创新力和公信力，不断开创改革发展新局面。

对党忠诚，严守纪律规矩。

加强学习，提升履职能力。

依法行政，规范权力运行。

开拓创新，展现担当作为。

各位代表，“开发三都澳、建设新宁德”目标催人奋进。让我们紧密团结在以习近平同志为核心的党中央周围，在省委、省政府和市委的坚强领导下，同心同德，励精图治，为全面建成小康社会、实现第一个百年目标而努力奋斗！

**点 评：**

最后的大点按惯例是政府自身建设，也是撰写政府工作报告容易出彩的地方。我们都会采用一些排比手法，以便市长做报告的时候，读起来琅琅上口，富有感染力。

## 第四节　议案类

根据《党政机关公文处理工作条例》规定，议案适用于各级人民政府按照法律程序向同级人民代表大会或人民代表大会常务委员会提取审议事项。我们经常会看到每当政府组成部门需要任免负责人时，常用议案。

### 一、议案的结构

（一）议案的标题。由“发文机关 + 案由 + 文种”组成。

（二）议案的主送机关。是与政府同级的人民代表大会及其常务委员会，主送机关要在正文前面顶格写，并且要写主送机关全称。

（三）议案的正文。分别由议案的缘由、议案具体事项和审议请求三部分组成。

（四）议案的结束语与落款。采用“现提请审议”“请审议决定”“请审议批准”等。落款通常由政府行政首长签署，并盖公章。比如，宁德市政府提交给宁德市人民代表大会的议案，要由市长签署。日期，即为签署日期。

### 二、议案的类型

一是立法性议案；二是任免性议案。

### 三、议案的特点

一是限定性。只能是人民政府向同级人民代表大会及其常务委员会制发议案。二是法定性。凡经人民代表大会审议通过的议案，任何人、组织和个人都不能推翻，有异议也只能在下次人民代表大会上提出，并通过会议有关法定程序进行修改。三是单一性。按照“一文一案”的原则，不得将两件或两件以上的事项写进同一议案。

由于下面的立法性案例和任免性案例，都比较简单，这里不再点评阐述。

## 案例一：

### ×× 市人民政府关于提请审议《×× 市停车场管理条例（草案）》的议案

市人大常委会：

《×× 市停车场管理条例（草案）》已经 20×× 年 8 月 28 日 ×× 市人民政府第 ×× 次常务会议通过，现提请审议。

市长（签名章）：

20×× 年 8 月 29 日

## 案例二：

### ×× 市人民政府关于提请 ××× 等职务任命的议案

×× 市人民代表大会常务委员会：

根据《中华人民共和国地方各级人民代表大会和地方各级人民政府组织法》第 ×× 条第 ×× 项的规定，现提请：

××× 任 ×× 市人民政府副市长；

××× 任 ×× 市人民政府副市长。

请审议决定。

市长（签名章）：

20×× 年 11 月 8 日

## 练习题：

一、请代拟一份贵单位赴兄弟单位学习考察的函。比如城市建设、企业经营管理等专项考察内容。

二、某单位由于办公人员不断增加，其中处级领导6人，科室4个，总计办公人数已达20人。现有的5个办公用房已经远远无法满足工作需求，同时，尚缺会议室1间，请代某单位拟文，要求××市政府帮助协调机关事务管理局增加办公用房5间，会议室1间。

# 第七章　指导指令应权威　庄重严肃不可违

不同的时间和空间，对文字的理解，总会产生不同的解说者和领悟者。这一章，我们将与文字相遇在纪要、决议、公报、决定类的公文写作中，虽然它们的铺陈转折不同，但却有一个共通之处，常以会议认为、会议指出、会议要求、会议强调的形式，展现各自不同的侧面，不同的闪光点。作为领悟者，需要不离不弃，与我这个解说者一同走下去，继续了解文字和词语背后的无数故事。相信，总有精彩等着你。

## 第一节　会议纪要类

《党政机关公文处理工作条例》规定，会议纪要“适用于记载会议主要情况和议定事项”。顾名思义，会议纪要，议定的事项具有法规作用。市政府办的职责分工是：市长和副市长召开会议形成的会议纪要，分别由综合科和业务科室撰写。因此，我在政府办 20 多年，基本上全程参加过市长牵头召开的市政府党组会议、常务会议、市长办公会议、市政府专题会议，形成的会议纪要视同市政府文件，市政府会议议定的事项，市政府有关部门和县（市、区）必须坚决执行。由此，充分说明会议纪要的重要性。

### 一、会议纪要的特点与类型

#### （一）会议纪要的特点

会议纪要是对会议成果的记录和整理，它与决议、决定不同，有自身特点：一是专题性。会议纪要的内容，一般分成单个或多个专题记录。二是概括性。会议纪要的精髓在“要”，它是对会议内容全面、深刻、集中、概括的反映，是在分析整理的基础上去粗取精的结果，不是会议的原始记录。

三是法规性。会议纪要经过批准后，具有法规作用。四是指导性。经常用于沟通情况、统一认识、指导工作。

（二）会议纪要的类型

前面说到的市政府党组会议、常务会议、市长办公会议、市政府专题会议，它们对应到机关单位或者公司，应该是这样的：市政府党组会议，对应单位或公司的党组（党委、党支部）会议；市政府常务会议、市长办公会议，对应单位的局（办、委、校）务会议或公司的董事长（总经理）会议，以上会议由市长或者委托常务副市长主持，党组或班子成员出席，其余人员列席；市政府专题会议，对应到单位或公司的专题会议，由市长或副市长主持，相关县（市、区）企事业单位负责同志参加。请注意，由于出席、列席、参加这三个语句之间有区别，所以在撰写会议纪要的写法上，也略有不同，具体留待后面阐述。

## 二、会议纪要的格式与写法

（一）会议纪要的格式。一般由标题、开头、正文三部分组成。

标题部分。中共 ×× 市人民政府党组会议纪要、×× 市人民政府常务会议纪要、×× 市人民政府市长办公会议纪要，这三种纪要，红头已有标识，只需要标注文号，但是 ×× 市人民政府专题会议纪要，需要有具体标题：即关于 ×××× 有关问题的纪要。也有一些企事业单位，加上会议名称、纪要内容。比如：2018 年度 ×× 市医学学会年会会议纪要。

开头部分。简述会议的基本情况，即会议概况，包括会议内容、会议地点、参加人员、简要过程、讨论事项、会议成果等。这里举两个会议纪要的开头，分述如下。

### 案例一：

6 月 28 日下午，市政府 ××× 市长主持召开第 5 次市长办公会议，研究分析 1 — 5 月全市经济运行情况，听取我市赴泉州学习考察、申报世界地质公园迎检筹备工作、全市和古田县强降雨受灾等情况汇报，研究宁古二级公路虎贝连接线建设和 ×× 市第四届科学技术奖评审等有关问题。纪要如下：

### 案例二：

7 月 29 日上午，市长 ××× 主持召开市政府第 56 次常务会议，传达学习全国安全生产电视电话会议、省委常委会、省政府常务会议精神，听取市应急局（市安办）××× 关于上半年全市安全生产工作情况及下一阶段重点工作安排、省对市 2018 年安全生产履职情况点评涉及我市存在问题及整改措施的汇报（暨市政府第三季度防范遏制重特大生产安全事故会议及安委会成员会议）；传达学习习近平总书记对贵州水城“7•23”特大山体滑坡灾害作出的重要指示精神和省委常委会、省政府常务会议精神，听取市自然资源局 ××× 关于我市贯彻意见的汇报；听取市交通运输局 ××× 关于《促进公路水路货物运输业发展的若干措施》（送审稿）起草情况的汇报，市司法局 ××× 关于市政府法律顾问聘请及费用调整情况的汇报。纪要如下：

我们做个对比，相同点，都有会议的时间、地点、主持人、会议过程、讨论事项。不同点，案例二，多了汇报人的姓名。这是根据主持人的习惯，来确定的。不过，从省政府的相关会议纪要来看，基本上有汇报人姓名，而且，若有姓名，若干年后，再查纪要，可以很方便地找到当时的汇报人。

正文部分。按会议讨论与决定的事项，分成两个方面阐述：一是会议讨论事项的分析和评价，一般宏观认识，也就是“虚”的放在这里，谈看法时，重要意义、成绩和问题，常用“会议认为”“会议指出”等词语；谈要求时，今后工作的指导原则和具体安排，常用“会议强调”“会议要求”等词语。具体写作过程，可以灵活把握。二是会议议定的事项，一般“实的干货”的内容，放在这里。举一个简单的案例，大家可能看的更清楚一些。

## 案例三：

会议指出，现在距离茶博会开幕仅剩五天时间，各项筹备工作已进入最后扫尾冲刺阶段。会议要求，各级各有关部门要进一步增强紧迫感，科学制定倒计时时间表，全力抓好工作落实，相关单位责任人要深入项目一线检查茶博会各项筹备工作进展情况，确保责任落实到位；要争分夺秒，督促业主单位加强力量，科学组织施工，确保项目按计划如期完工并投入使用；要密切配合，主动沟通衔接，及时协调解决工程建设过程中的用水、用电、通讯、有线电视、消防验收等实际问题;要确保安全，完善社会治安、安全保卫、道路交通、宾馆接待、食品质量安全、甲型流感防控等各项预防措施和应急预案，确保万无一失。

会议议定：

一、关于配套建设问题（略）

二、关于会展中心周边绿化问题

由市建设局、市园林局、市林业局组织力量加紧植树、植草皮等绿化工作，确保 11 月 12 日 8 时前全面完成茶博会绿化工程。其中，华庭小区周边、闽东路北侧绿化问题，蕉城区政府要做好周边群众思想工作，排除施工障碍。

三、关于安保问题（略）

案例三，第一部分，分别用会议指出和会议要求，即会议指出，现在距离茶博会开幕仅剩五天时间，各项筹备工作已进入最后扫尾冲刺阶段。会议要求，各级各有关部门要进一步增强紧迫感，科学制定倒计时时间表，全力抓好工作落实，相关单位责任人要深入项目一线检查茶博会各项筹备工作进展情况，确保责任落实到位；要争分夺秒，督促业主单位加强力量，科学组织施工，确保项目按计划如期完工并投入使用；要密切配合，主动沟通衔接，及时协调解决工程建设过程中的用水、用电、通讯、有线电视、消防验收等实际问题；要确保安全，完善社会治安、安全保卫、道路交通、宾馆接待、食品质量安全、甲型流感防控等各项预防措施和应急预案，确保万无一失。会议要求有四小点：要增强紧迫感；要争分夺秒；要密切配合；要确保安全。第二部分，会议议定了三个问题，其中，第二点，要求确保11月12日8时前全面完成茶博会绿化工程。

（二）会议纪要的写法。在解析会议纪要的写作方法之前，先说一个小故事。由于涉及市长的市政府会议纪要，均由市政府办综合科负责起草。多年前，综合科的林××和龚××分别考到副处级岗位和沿海省的某市政府办公厅，应该是与他们在综合科打下的文字基础密切相关，我以为更重要的是，他们经常撰写会议纪要的经历，功不可没。因为会议纪要，对语言的简练准确要求更高。我自己在负责综合科工作时，曾经和行署办分管综合文字的领导就专员在会议上表述的口头语，如何转化成书面语言，伤透了脑筋。所以，会议纪要的写作要求：一是准确反映，实事求是。会议纪要中所叙述的问题，必须遵循会议的实际情况准确反映，绝不能随意发挥，绝不能按主观意图随意增添内容。凡是会议没有研究讨论的问题，一律不能写入会议纪要。对会后工作的安排，包括责任分工，时限要求，务求表述准确具体，以利传达贯彻与督促检查。比如，“要确保11月12日8时前全面完成茶博会绿化工程”，责任人是××单位或××领导。二是虚实结合，层次灵活。这一点将在下面第三点会议纪要的案例与点评中详细解读。三是概括完整，要点突出。对与会者的发言和议定事项，可归纳概括，提炼或做必要的删节。一般来说，会议纪要的内容以主持人确定的事项为准。当然，涉及到财政列支什么科目多少钱和专业术语的表述，我在多年会议纪要的起草过程中，经常半夜给有关部门领导打电话请教确认，以确保表述的准确性。

## 三、会议纪要的案例与点评

在开始点评案例之前，我们先说说作为会议纪要的记录人或拟稿人，应该如何做好会前准备和会后拟稿工作。会前准备时，与会议议题相关的材料，要及时带入会场，尤其是前不久刚刚研究过相同的议题内容，记得带上这一份办公会议的纪要，我们经常在开会的过程中，主要领导突然要这份纪要，带上了就不会措手不及，而且，领导也会觉得你有超前服务意识。会后拟稿，应及时根据素材，抓紧拟稿，同时，一定要有时间观念，一般市政府的会议纪要，都要求上午开完会，下午出纪要；下午开完会，晚上出纪要；晚上开完会，次日上午出纪要。所以，才有前述的半夜打电话打扰部门领导的情况。

按照会议的议题多少，我们把它分成"单项式"和"多项式"两种表述方式。

（一）单一式的会议纪要。一是只有一个议题，只写会议议定事项的。二是虽然只有一个议题，但也有会议认为、会议指出等宏观内容的表述。这里，分别以两个案例来解读。

**案例四：**

## 关于研究《×× 日报》社有关问题的纪要

8 月 28 日，市长 ××× 带领市直有关部门负责人到《×× 日报》社调研，并召开座谈会，听取了《×× 日报》社工作情况汇报，研究了《×× 日报》社要求协调解决的有关问题。经与会同志认真讨论，议定了有关事项，现纪要如下：

一、关于编制问题。原则同意《×× 日报》社增加 1 名处级领导职数；增设 ×××、×××××、××× 三个内设科室，增加三名科级领导职数；××××× 室更名为 ×××× 部，其职能做相应调整。由市编办报市编委会审定。

二、关于职称问题。市人事局在统筹全市专业技术职称指标的基础上，适当增加《×× 日报》社专业技术职称评定指标，促进新闻事业发展。

三、关于财政专储广告费返还问题。同意全额返还《×× 日报》社在财政专储的 ×× 费，用于扶持报业发展。市财政局要提出具体意见报市政府审批。

四、关于新闻大楼建设问题。保留《×× 日报》社在东侨开发区已规划的 ×× 亩新闻大楼建设用地，与《×× 日报》社联合建设新闻大楼。具体合作建设事宜由《×× 日报》社与《×× 日报》社协商确定。

参加会议人员：

××× ××× ××× ××× ×××

××× ××× ××× × ×

记 录：×××

点 评：

这是一份市长到 ×× 日报社调研并召开座谈会时的专题会议纪要，没有写会议认为、会议强调，所以比较简单。这里交待一句，凡是专题会议纪要，一般都有标题，比如这一份的："关于研究《×× 日报》社有关问题的专题会议纪要。"开头部分，与前面讲述的一致，就是市政府主要领导到报社调研，现场办公协调解决几个问题。正文部分，就需要解决的四个问题：一是关于编制问题。二是关于职称问题。三是关于财政专储广告费返还问题。四是关于新闻大楼建设问题。确定了的具体议定意见。同时，因为是专题会议，只有市长参加，所以，只写参加会议人员和记录人。

案例五，是一份只有一个议题的市长办公会议纪要，与案例五不同的有两点：一是增加了会议要求、会议强调的内容。二是由于是市长办公会议，市政府市长、副市长都参会，所以，市政府班子成员、县（市、区）和市直部门领导要分别写成出席和列席。如果对应到机关单位公司，可以比照上述写法。接下来，我们分段落进行点评。

**案例五：**

1月30日下午，×××市长主持召开201×年第2次市长办公会议，听取中央、全省农村工作会议和扶贫开发工作会议精神及我市贯彻意见的汇报，经与会同志认真讨论，形成一致意见。现纪要如下：

**点　评：**

这一段是纪要的开头部分，需要体现会议时间、会议名称、会议内容等。

会议要求，各级政府及各涉农部门要认真贯彻中央、全省农村工作会议精神，按照环三战略的总体部署和市委的统一要求，把握现代农业、政策力度、农民增收、公共服务、和谐稳定、服务大局六个关键点，大力推进农业产业化、规模化、组织化经营，区域化、市场化、品牌化带动，科技化、生态化、制度化支撑，全面提升我市农村工作水平。

会议强调，我市县域经济总体实力相对薄弱，还有相当数量的贫困人口、贫困村以及地处偏远需要实施"造福工程"搬迁的群众，扶贫开发工作任务重、压力大，要认真贯彻中央、全省扶贫开发工作会议精神，根据扶贫新标准，重新摸底登记造册，统筹规划分步实施，制定完善工作措施，深入开展专项扶贫、行业扶贫和社会扶贫，切实完成和落实好各项扶贫工作任务。

**点　评：**

会议要求，主要讲要认真贯彻中央、全省农村工作会议精神，按照环三战略的总体部署和市委的统一要求，把握六个关键点、推进九化。会议强调，要认真贯彻中央、全省扶贫开发工作会议精神，做好扶贫工作。从中，我们可以悟到这一部分分别讲贯彻、讲问题、讲举措。

会议议定：

（一）原则同意市农办提出的全市农村工作和扶贫开发工作的思路、目标和重点，市农办要根据会议讨论意见进一步修改完善，报市委研究审定后抓紧部署实施。

（二）关于扶贫投入问题。一是关于造福工程资金，从 2012 年起，至 2015 年，市财政每年安排的造福工程配套资金 ×× 万元，将根据县（市、区）年度造福工程搬迁规模、财政投入、任务完成情况和集中安置点基础设施配套情况，采取“以奖代补”“先建后补”等多种方式给予补助和奖励；二是……

……

（五）同意近期召开全市农村工作暨扶贫开发工作会议，市农办要做好会议筹备工作，并将会议方案报市委研究审定。

此项工作由 ×× 副市长负责协调落实。

**点　评：**

主要根据汇报材料提出的问题，市长确定的议定意见，写入纪要中。需要注意它与上一点不同，这里讲人、财、物都是具体的。比如：原则同意市农办提出的全市农村工作和扶贫开发工作的思路、目标和重点，市农办要根据会议讨论意见进一步修改完善，报市委研究审定后抓紧部署实施。再比如：关于造福工程资金，从 2012 年起，至 2015 年，市财政每年安排的造福工程配套资金 ×× 万元，将根据县（市、区）年度造福工程搬迁规模、财政投入、任务完成情况和集中安置点基础设施配套情况，采取“以奖代补”“先建后补”等多种方式给予补助和奖励。还要注意议定的事项后面，都会写上由谁负责，比如：此项工作由 ×× 副市长负责协调落实。

出　席：×××　×××　×××　×××　×××

×××　×××　×××

邀　请：×××　×××

列　席：×××　×××　×××　×××　×××

略

记　录：×××　×　×

点　评：

前面，我们已经讲过市长办公会议与专题会议纪要的区别，但在这里，还要关注两点：一是多了邀请人，这是因为市人大常委会、市政协、军分区领导，按规定属于邀请参会对象，需要体现。二是按现有市政府办公室的有关公文格式规定，出席、列席、邀请、记录人都顶格写。

分送：市委常委，市人大常委会主任，市政协主席，市政府副市长，市政府副秘书长、办公室副主任。

市委办公室、组织部、宣传部、政法委、农办，各县（市、区）政府、东侨经济开发区管委会，市发改委、教育局……

市人大常委会办公室、市政协办公室。

点　评：

分送单位，主要分为必送对象和参会对象，比如：市委常委、市人大常委会主任、市政协主席、市政府副市长等；还有就是参会单位要分送，有时候，有的单位虽然没参会，但议定的内容涉及到，也要记住添加上去，以便分送。

（二）多项式的会议纪要。直观上看，前面讲的单项式会议纪进行组合，就是多项式。就是把讨论的问题和决定的事项，分条分项写出，会议议题有几个，纪要就按几个议题，各自成一大点写出即可。工作会议纪要基本上采用这种写作格式。这样条条项项井然有序，便于理解、记忆、执行。

案例六，是一份市政府常务会议纪要。通常市政府常务会议基本上研究重要文件、重要事项。比如，案例六，分别研究游艇产业发展规划、奖励和保护见义勇为人员管理规定、电影公司体制改革工作方案等三个重要议题，我们按照这三个议题分项写出来。接下来，我们以案例六和案例七，分别解读会议议要的写作和修改方法。

### 案例六：

12 月 19 日上午，×× 市长主持召开 20×× 年第 16 次市政府常务会议，研究审议《×× 市游艇产业发展规划》（送审稿）、《×× 市奖励和保护见义勇为人员管理规定》（送审稿）、《×× 市电影公司体制改革工作方案》（送审稿）。纪要如下：

一、关于《×× 市游艇产业发展规划》（送审稿）

会议听取了市发改委关于《×× 市游艇产业发展规划》（送审稿）的说明。会议指出，我市拥有得天独厚的区位优势、海洋资源和船舶产业基础，发展游艇产业有条件、有空间，市场前景良好，也有利于促进我市船舶、旅游等产业转型升级和海洋经济发展。会议强调，一要注重合理布局。（略）二要发挥联动效益。（略）三要完善配套政策。（略）

会议议定，市发改委要根据会议讨论意见，进一步修改完善《宁德市游艇产业发展规划》（送审稿）后，再次提交市政府研究审定。

此项工作由 ××× 常务副市长负责协调落实。

### 点　评：

这一部分是开头和第一个议题，开头部分，就是什么时间，×× 市长主持召开 20×× 年第 16 次市政府常务会议，研究审议了三个议题，第一个议题，研究审议《×× 市游艇产业发展规划》（送审稿），第一句是听取市发改委关于《×× 市游艇产业发展规划》（送审稿）的说明。体现由什么单位汇报，然后用会议指出和会议强调两个惯用语。会议指出，主要讲发展游艇产业的潜力之所在。会议强调，主要讲要发展游艇产业，我们应该怎么做，即：一要注重合理布局；二要发挥联动效益；三要完善配套政策。会议议定部分，要求根据会议讨论意见，进一步修改完善，再次提交市政府研究审定。主要原因有两点：一是会议讨论的修改意见，一般不直接写入纪要，通常由汇报人会后修改在送审稿上。二是规划稿本身比较严谨，需要不断修改，一稿能过的少，所以需要再次提交审定。同时，需要体现由哪一位分管副市长协调落实，以便会后督查。

二、关于《×× 市奖励和保护见义勇为人员管理规定》（送审稿）

会议听取了市见义勇为工作委员会关于《×× 市奖励和保护见义勇为人员管理规定》（送审稿）的说明。会议指出，见义勇为是中华民族的传统美德，弘扬见义勇为精神、加大对见义勇为人员的奖励和保护力度，对维护社会稳定、建设“平安 ××”具有积极的促进作用。会议强调，要加大力度，继续做好弘扬见义勇为精神、保障见义勇为人员权益的各项工作。一要加强宣传引导。（略）二要抓好组织实施。（略）三要做好帮扶慰问。（略）

**点　评：**

第二议题，是关于研究审议《×× 市奖励和保护见义勇为人员管理规定》，会议指出，主要讲这一项工作的重要性。我们在撰写意义时，常用这样的句式：见义勇为是 ×××××××，弘扬 ×××，××× 对 ××××　×××× 具有积极的促进作用。希望大家在撰写会议纪要时模仿，也可以上网输入关键字，查新华网、人民网、求是网的描述。会议强调，用一小段导语：要加大力度，继续做好 ××××× 的各项工作。然后，分点写，一要 ×××。×××　××××。二要 ×××。×××　×××。三要 ××××。××××　××××。

会议议定：

（一）原则同意《×× 市奖励和保护见义勇为人员管理规定》（送审稿），市见义勇为工作委员会根据会议讨论意见修改完善后，以市政府名义抓紧下发实施。

（二）同意由市本级财政每年安排 ×× 万元专项经费用于开展见义勇为人员的表彰奖励和权益保护工作。

此项工作由 ××× 副市长负责协调落实。

**点　评：**

议定事项，如果只有一项，那就按照第一议题的写法，用"会议议定，"议定后面用逗号。如果有两个以上，需要分点写出来的，那就按照第二议题的写法，用"会议议定：（一）原则同意 ×××××"。议定后面用冒号。这里的议定一和议定二，与第一个议题类似，就不再重复。

三、关于《×× 市电影公司体制改革工作方案》（送审稿）

会议听取了市文广新局关于《×× 市电影公司体制改革工作方案》（送审稿）的说明。会议指出，做好市电影公司改制工作，是深化文化体制改革，加快文化产业发展，维护职工切身利益和社会安定稳定的必要举措。会议强调，一要抓紧实施。（略）二要强化配合。（略）三要严肃纪律。（略）

会议议定：

（一）原则同意《×× 市电影公司体制改革工作方案》（送审稿），市文广新局要根据会议讨论意见，进一步修改完善后下发实施。

（二）同意市财政局从 ×× 市电影公司土地出让金收入中安排 ×× 万元用于职工安置经济补偿费、补缴住房公积金及各类社会保险费、省电影制片厂纠纷案件执行款、补缴原房屋租金漏税款及安置工作经费等费用。××× 借款纠纷及法院诉讼执行费用问题，请文广新局另行研究。

（三）同意市财政局每年根据农村电影放映工程开展情况，在财政预算资金中安排 × 万元用于配套补助。

此项工作由 ××× 副市长负责协调落实。

**点　评：**

第三议题，是研究审议《×× 市电影公司体制改革工作方案》，写作方法与第一二两个议题类似，会议指出，强调电影公司改革的重要性，即：“做好市电影公司改制工作，是深化文化体制改革，加快文化产业发展，维护职工切身利益和社会安定稳定的必要举措”。会议强调，分别阐述三点，即抓紧实施；强化配合；严肃纪律。我在这里提醒大家，写作时，需要讲究逻辑性。比如，“坚持公开、公平、公正的原则，加强监督检查，纪检、监察部门要严肃查处改制工作中的违纪行为，确保改制工作依法合规”。这种语序是层层递进的。

会议议定是三个内容，分开阐述：一是原则同意改革方案；二是同意市财政安排多少钱，用于解决什么问题；三是市财政从什么地方，每年安排多少钱，用于配套补助。这也是撰写原则同意 ××× 和同意财政安排 ××× 的基本写作方法。至于出席、列席、邀请、请假、列席、分送等等的写法，前面已经做了专门介绍。比如，列席的写法，就是按每一个议题分别列出，有时候为了省点文字，也可以把三个议题都参加的人员，单独放到列席第一个议题的前面单列。

出　席：×　×　×××　×××　×　×　×××<br>
　　　　×××　×××　×××　×××

邀　请：×××

请　假：×××　×××

列席第一议题：

……

列席第二议题：

……

列席第三议题：

……

记　录：×××　×××

分　送：市委常委、市人大常委会主任、市政协主席，市人大常委会副主任、市政府副市长、市政协副主席，市政府秘书长、副秘书长、办公室副主任。

……

综上所述，纪要写作时要注意语言的运用，把握好语气的软硬度，既要区别于语气较强硬的“通知”“决定”，又要有别于商榷性很强的“函”，特别要注意使用研究性语言。同时，层次安排要灵活。前面讲到的标题、开头、正文（包括会议认为、会议议定）、名单、分送等内容一般来说是必不可少的。然而文章层次的划分却要根据不同情况灵活掌握。如果会议过程不很复杂，所讨论的问题又比较容易理解，可以会议概况开头，将情况分析和问题症结两项内容合并在一起作简要叙述，然后以较大篇幅分条目地讲工作措施。如果会议过程要撰写的东西比较多，讨论情况也比较复杂，那就应该把层次划分得多一些，分别加以叙述。

案例七，是一份市政府常务会议纪要。我们以这个案例为范本，重点介绍如何修改纪要。接下来，我们以原稿和终稿，加上点评的形式，逐段分析修改。由于格式部分，上述案例已经做了介绍，这里就不再重述了。

**原稿：**

8月1日上午，××市长主持召开20××年市政府第9次常务会议。会议传达了全省统计工作会议精神，提出了我市贯彻意见；审议了《××

市人民政府关于与 ×× 总公司合作开发 ×× 工业区若干问题的请示》（讨论稿）、《福建 ×× 工业区管理规定》和《×× 市人民政府关于进一步改进和完善残疾人就业保障金征收管理办法》；听取了 110 社会联动工作情况汇报，研究了有关问题。经与会同志认真讨论，议定了有关事项，现纪要如下：

**终稿：**

8 月 1 日上午，×× 市长主持召开 20×× 年市政府第 9 次常务会议。研究 110 社会联动有关工作，听取全省统计工作会议精神及我市初步贯彻意见汇报，审议《×× 市人民政府关于与 ×× 总公司合作开发 ×× 工业区若干问题的请示》《福建 ×× 工业区管理规定》《×× 市人民政府关于进一步改进和完善残疾人保障金征收办法》，研究了有关问题。经与会同志认真讨论，达成一致意见，现纪要如下：

**点　评：**

我们把开头部分的原稿和终稿做个对比，一是把原稿部分的 110 联动从后面调上来，虽然 110 联动是最后一个议题，但从材料的结构上说，短句放在前面，以梯形状态出现，有前轻后重的厚重感。当然，这是语序排列的基本形态，也有人习惯按议题的顺序，这也是可以的。二是把传达了全省统计工作会议精神，提出了我市贯彻意见，改为听取全省统计工作会议精神及我市初步贯彻意见汇报，语句比较流畅一些。三是仅写审议几个文件不够，所以加上研究了有关问题。

**原稿：**

一、关于 ×× 工业区开发问题

会议认为，环三都澳区域发展战略是宁德市委、市政府加快 ×× 跨越式发展的核心战略。近年来，随着我市基础设施的不断改善，后发优势日益显现。此次××项目是省政府和中国××总公司的重要决策。在×××和×××副省长的推动下，项目启动开发的前期工作已进入实质性运作阶段。目前，项目进展情况良好，××党组已批准设立××开发公司筹建处并将于近期召开第二次领导小组会议，各项筹备工作正有条不紊开展。

会议指出，××半岛具备着港口与岸线结合良好的条件。目前，仅城澳和白马港的开发，难以达到区域重点港口要求，要把三都澳的置换和开发作为××半岛的开发建设的前提，抓紧项目落实，加快项目落地。在考虑××项目的同时，对××项目的选址要慎重，要充分考虑中心城市的港口和公共口岸的位置，可以邀请钢铁、规划、环保、生态等方面的专家共同探讨，不仅要做科学、环保、长期的规划，还要考虑项目及时落地的需要。

**终稿：**

一、关于开发建设××半岛有关问题

会议认为，开发建设××工业区是省政府和中国××总公司的重要决策，对于我市启动××半岛开发、加快推进环三都澳区域发展具有十分重要的意义。在省委、省政府的高度重视和大力支持下，××半岛启动开发前期工作已进入实质性运作阶段，近期省政府和××总公司将召开××半岛开发领导小组第二次会议，××县政府、市直有关部门要按照省政府要求配合做好相关准备工作，促进××半岛开发尽快进入实施阶段。

**点　评：**

我们先说说议题题目，用“开发建设××半岛有关问题”，比“××工业区开发问题”，覆盖面更广一些。再来看原稿的这一段内容，“会议认为，环三都澳区域发展战略是××市委、市政府加快××跨越式发展的核心战略。近年来，随着我市基础设施的不断改善，后发优势日益显现。此次 ×× 工业区项目是省政府和中国 ×× 总公司的重要决策。在 ××× 和 ××× 副省长的推动下，项目启动开发的前期工作已进入实质性运作阶段。”至少有三个问题，一是讲环三战略是什么战略，扯的有点远；二是从后发优势日益显现，到此次 ×××，再到在 ××× 和 ××× 副省长推动下，语句的逻辑有很大的问题。三是纪要中不宜点领导的名字。修改后变成开发 ×× 工业区是省政府和中国 ×× 总公司的重大决策，对于什么具有重要意义，是纪要常用的写法，大家可以学习借鉴。接下来，体现两层含意，一是开发建设进入实质性阶段；二是近期将开会；三是 ×× 县与市直部门要如何做。条理很清楚。至于，会议指出的内容，全部删去。为什么呢？因为这一段，是会议要求的具体内容，不宜在会议指出中体现。

**原稿：**

会议议定：

1. 会议原则同意《×× 市人民政府关于与中国 ×× 总公司合作开发 ×× 工业区若干问题的请示》（讨论稿）和《福建 ×× 工业区管理规定》，市发改委要根据会议讨论意见进一步修改完善后提交市委常委会审定。

2. 关于建设用林问题。关于 ×× 工业区涉及到 ×× 平方公里生态公益林要求调整为商品林林地和非防护林基干带林地的问题，由市林业局负责落实。

3. 关于管委会管辖范围问题。×× 工业区管委会管辖范围为整个半岛 ×× 平方公里还是 ×× 工业区 ×× 平方公里范围的问题，需报请市委常委会研究确定。

4. 关于铁路路网规划问题。建议原有规划保持不变，增加连接 ×× 疏港铁路，与原有 ×× 支线同步建设。

终稿：

会议原则同意《×× 市人民政府关于与中国 ×× 总公司合作开发 ×× 工业区若干问题的请示》和《福建 ×× 工业区管理规定》，市发改委要按照会议讨论意见进一步修改完善后，提交市委常委会研究。

点　评：

原稿的会议议定内容比较多，为什么到终稿时，把第二小点到第四小点全删了，主要考虑可以把这些内容直接修改在请示件和管理规定里。当然，也可以把这些内容保留下来，主要根据市政府领导的习惯。

原稿：

二、关于残疾人就业保障金征收工作

会议认为，推进残疾人事业发展是构建社会主义和谐社会的要求，是各级政府和全社会义不容辞的责任。我市从 200× 年起，出台了《×× 市人民政府关于改进和完善残疾人就业保障金征收管理办法的通知》（宁政〔200×〕文 ×× 号），极大促进了我市残疾人就业保障金征收和管理工作。但是，由于各种原因，保障金无法应收尽收，特别是对长期少缴或拒缴残疾人就业保障金的行政事业单位和企业缺乏强制手段，影响了保障金的征收工作。如今，随着宁德经济社会全面发展，残疾人在就业、康复、教育及社会保障等方面的要求越来越高。对此，会议要求，各级各部门要认真履行残疾人就业保障金征缴职责，保证残疾人就业保障金及时征缴入库，减少工作环节和不必要的开支，做到真正为残疾人排忧解难，促进全市残疾人事业的发展，维护社会稳定。

终稿：

二、关于残疾人工作

会议认为，残疾人是一个特别需要帮助的社会群体，改善残疾人状况，促进残疾人事业发展，是社会文明进步的重要标志，也是构建社会主义和谐社会的必然要求。各级政府及有关部门要切实采取有力措施，努力提高为残疾人提供社会保障和公共服务水平，帮助残疾人解决就业、康复、教育及社会保障等困难和问题。各级残联要切实履行职能，维护残疾人合法权益，努力为残疾人服务。社会各界要积极参与，增强全社会扶残助残意识，支持残疾人事业发展。

会议强调，残疾人就业保障金是一项促进残疾人就业的政府性基金，各级各有关部门要依法加大残疾人就业保障金的征缴力度，并依据保障金使用范围，严格实行“收支两条线”，规范使用保障金，确保专款专用和用到实处。

**点　评：**

从原稿上看，属于重起炉灶另开张的情况，基本上已经重写，所以，我经常说，凡是一篇文章可以改，还算不错。如果，全部推翻重写就表明这一份材料质量很差了。接下来，我们讲修改。首先，和第一议题类似，题目范围太小，不能只讲残疾人就业保障金征收工作，要以残疾人工作做题目较为妥当。其次，会议认为和会议强调部分，也要按照从大到小的顺序来写。会议认为部分，讲残疾人工作的重要性，各级政府及有关部门要怎么做。会议强调，专门讲残疾人就业保障金征收工作。既有重要性，又有具体要求。

**原稿：**

会议议定：

1. 会议原则同意《×× 市人民政府关于进行进一步改进和完善残疾人就业保障金征收管理办法》，根据会议讨论意见将标题改为《××市人民政府关于进行进一步改进和完善残疾人就业保障金征收办法》后，下发执行。

2. 关于收支管理问题。财政部门负责残疾人就业保障金的收支管理，专用票据的发放和核销，严格按照规定实行收支两条线。

3. 关于地税代征工作经费问题。由市地税局负责保障金的代征工作，财政每年从地税部门征收的就业保障金总额中提取 ××% 的金额，作为地税代征工作经费。

4. 关于残疾人群体的保护和管理问题。要确保残疾人群体的基本生产生活，理顺与残疾人群体的关系，维护社会稳定。

5. 关于做大做强特殊学校问题。要利用好残疾人就业保障金，扩大 ×× 区特殊教育学校办学规模，提高教学质量，从而更好地提高残疾儿童的素质，保障残疾儿童今后更好地就业，提高社会竞争力。

**终稿：**

会议议定：一是原则同意《关于进一步改进和完善残疾人就业保障金征收办法》，市残联要按照会议讨论意见进一步修改完善后，以市政府文件下发执行。二是由 ××× 副市长牵头，在现有 ×× 区特殊教育学校基础上研究提出中心城市特殊教育学校规划布局方案，报市政府研究。

**点　评：**

会议议定部分，由于第二小点到第三小点的内容，属于征收办法里的修改内容，不需要再写到纪要中。而第四小点的内容，是虚话，不宜写入议定事项。另外，第五小点要删去“利用好残疾人就业保障金，扩大 ×× 区特殊教育学校办学规模，提高教学质量，从而更好地提高残疾儿童的素质，保障残疾儿童今后更好地就业，提高社会竞争力。”这些虚话，改写成这样“由 ××× 副市长牵头，在现有 ×× 区特殊教育学校基础上研究提出中心城市特殊教育学校规划布局方案，报市政府研究。”

**原稿：**

三、关于统计工作

会议认为，统计工作提供了大量准确可靠的信息，真实地反映了我市社会经济发展状况，很好地发挥了综合参谋作用。近年来，统计系统紧紧围绕统计数据质量建设，不断深化统计体制改革，努力提高统计服务水平，出色地完成了各项统计工作任务，取得了很好的成绩。会议要求，20×× 年各级各部门要更加重视和支持统计工作，统计部门要紧紧抓住数据质量这个中心，加强统计工作领导、突出统计工作重点、密切统计协作配合、全面提高统计服务水平和服务质量。

（一）会议基本同意市统计局和国家统计局 ×× 调查队提出的 20×× 年统计工作思路。

（二）关于第二次农业普查和经济普查工作。要统筹协调，认真做好第二次全国农业普查和经济普查工作，准确客观地反映我市农业和经济建设的成果，并做好数据衔接。特别要加强规模以下工业增长、限额以下市场交易、农村投资和主导产业方面的统计。

（三）关于加强统计法制建设。要充分认识统计法制工作面临的形势，针对提高统计工作效能方面着手，重视法制宣传教育及加强法制队伍建设。一是形式多样，进一步加强统计“五五”普法工作；二是突出重点，进一步加强统计执法检查工作；三是下大力气，进一步加强统计法制基础工作 .

（四）关于加强统计基础建设。一要建立健全各级统计队伍，特别是要注重在统计网点的布局、基层统计网络建设和乡村二级统计队伍建设方面增强基层基础统计工作力量。二要充分发挥调查队在统计调查中的重要作用，目前尚未设立调查队或调查队力量较弱的县区，要统盘考虑，切实予以加强。三要进一步加强统计部门对政府各部门统计工作的指导、管理和协调，进一步理顺工作关系。

（五）关于统计经费。在原基数不变的基础上，由市财政追加安排 ×× 万元用于今年开展农业普查和经济普查专项经费。给予调查队

××万元，作为扩大统计抽样调查点建设经费。

（六）关于召开全市统计工作会议。同意以市政府的名义召开全市统计工作会议，具体会议时间由市统计局安排。

**终稿：**

三、关于统计工作

会议指出，统计是经济社会发展的重要基础性工作。近年来，统计部门积极适应经济社会发展要求，进一步优化统计服务，加强统计监测，提高统计数据质量，为市委、市政府科学决策提供了重要依据。会议要求，统计部门要认真贯彻落实全省统计工作会议精神，继续围绕市委、市政府中心工作，以统计数据质量为中心，突出经济普查、能源统计和服务业统计三个重点，不断提高统计服务水平。特别要认真做好第二次全国经济普查准备工作，及时完成农业普查后续工作，切实做好历史数据和普查数据的衔接工作；继续推动统计法制建设，严格落实统计执法责任制，加大经常性统计执法检查力度，坚决查处统计违法案件；加强统计基础建设，科学布局统计网点，组织好对基础数据的评估审核，切实提高基层统计数据质量；加强统计队伍建设，大力引进统计专业人才，积极开展业务技能培训，进一步提高统计队伍综合素质。

会议议定：一是同意在今年市财政预算基础上另外增加统计信息化专项建设经费××万元、人口抽样调查工作经费××万元、环境评价工作经费××万元，以上合计××万元由市财政追加安排。二是同意由市财政今年安排××万元、20××年安排××万元作为国家统计局××调查队开展限额以下贸易餐饮业和农村住户抽样扩点调查工作专项经费。

**点　评：**

这个议题，最大的问题是会议指出、会议要求和会议议定部分搅在一起，属剪不断、理还乱的情况。比如，原稿议定部分的第二小点到第四小点，都是宏观措施，不能列入议定部分。另外，此议题是听取省统计工作会议精神汇报，应该要有相关语句。所以，这个议题也需要重新梳理。思路应该从统计工作的重要性，到近年来市统计工作的成效，再到贯彻落实全省统计工作会议精神，做好几项工作。显然，会议议定只能保留如下实的内容：“一是同意在今年市财政预算基础上另外增加统计信息化专项建设经费××万元、人口抽样调查工作经费××万元、环境评价工作经费××万元，以上合计××万元由市财政追加安排。二是同意由市财政今年安排××万元、20××年安排××万元作为国家统计局××调查队开展限额以下贸易餐饮业和农村住户抽样扩点调查工作专项经费。”其余虚的内容，也要删去或调到会议要求部分写。

**原稿：**

四、关于110社会联动工作

会议认为，我市110社会联动体系自1998年建立以来，始终坚持服务群众、服务社会的宗旨，开展了一系列卓有成效的工作，促进了精神文明建设和平安宁德建设，在构建和谐社会方面发挥了巨大的作用，得到了社会各界和人民群众的充分肯定。

会议指出，我市110社会联动工作在各级党委政府的指导下，经过联动单位的共同努力，取得了一定的成绩。随着经济社会的发展，社会各界对110社会联动工作提出了新的要求，各相关单位要积极探索在新形式下发展110社会联动工作的新办法，更好地服务人民、服务社会。

一要总结全市110联动工作情况，对先进集体和个人进行表彰，同时加大宣传力度，积极争取社会的重视和部门的支持。二要明确领导小组以及相关部门的责任，研究110社会联动工作如何更好地为人民服务，规章制度如何进一步完善，成效机制如何建立。该项工作由×××副市长牵头，市公安局配合落实。三要加大对弱势群体的关注和救助力度，在弃婴、无主精神病人、无主尸体、流浪乞讨人员及医疗欠费等问题上，民政、公安、卫生等多个部门要协调配合，各负其责，共同推进。特别是弃婴的问题，有关部门要加紧研究，建立专项保障基金，通过社会募捐、企业赞助等方式筹集资金，加强这方面的救助力度。

会议议定：

（一）关于领导机构问题。要加强领导、加快调整充实110社会联动工作领导小组及成员单位，该项工作由市公安局提出意见，报市政府审批。

（二）关于办事机构问题。强化110社会联动办事机构，充实工作人员。常设办事机构可以从市公安局现有的文职人员中抽调两名作为专职工作人员。

（三）关于配备车辆问题。同意增加两部桑塔纳轿车作为110巡逻用车，分两年配齐。

（四）关于工作经费问题。由市财政局安排××万元作为110社会联动工作经费。

**终稿：**

四、关于110社会联动中心建设问题

会议指出，我市“110”社会联动体系建设以来，不断拓展服务范围，提高服务质量，为维护社会稳定、促进经济发展、保障人民群众安居乐业做出了重要贡献。“110”作为政府联系群众的桥梁和纽带，已成为社会公认的一个品牌、一面旗帜，得到了社会各界和人民群众的充分肯定。但是，由于运行体制不够顺畅、机制不够健全、责任不够落实等原因，“110”社会联动工作仍然存在不少困难和问题，距离人民群众的期望还有一些差距。对此，各级政府及联动部门要进一步统一思想认识，按照“以民为本、服务人民”的要求，加强组织领导，健全规章制度，增强应急救援联动能力，继续深入推进110社会联动工作，为打造平安××，优化发展环境，构建和谐社会，促进我市经济社会又好又快发展做出新的贡献。

会议议定：

（一）关于机构问题。一是原则同意调整充实市“110”社会联动工作领导小组，由市政府×××副市长任组长。二是市“110”联动工作领导小组下设联动办，挂靠在市公安局，市公安局要从现有编制中调整2名干部作联动办专职工作人员或从下一步招收文职人员中增加2名作为联动办专职人员。三是由×××副市长牵头，研究提出加强市“110”联动工作的具体意见，以市政府文件形式下发执行。

（二）关于车辆与经费问题。一是同意由市财政每年安排××万元作为市“110”社会联动办工作经费。二是同意由市财政安排资金今明两年各购置一部车辆作为市“110”巡逻专用车。

（三）关于建立“110”社会联动专项保障基金问题。为切实解决“110”社会联动工作遇到的弃婴、精神病人等弱势群体的保障问题，原则同意建立“110”社会联动专项保障基金，所需资金除市财政安排部分外通过社会募捐办法解决。此项工作由×××、×××副市长牵头研究提出具体方案报市政府研究。

**点　评：**

这个议题的原稿与上面的议题比较，会议要求部分写得太细了，与会议纪要简明扼要的要求相去甚远，并且把议定的内容放到会议要求中写，写作方法上就有问题。比如：“明确领导小组以及相关部门的责任，研究110社会联动工作如何更好地为人民服务，规章制度如何进一步完善，成效机制如何建立。该项工作由×××副市长牵头，市公安局配合落实。”为此，我们修改后，会议指出部分，主要讲了三个方面，一是肯定“110”社会联动体系建设成绩；二是指出存在的问题；三是简要提出要求。把原稿放在会议指出的内容修改后，调整到会议议定部分。这样思路清晰，也进一步明确了会议纪要的写作方法，希望大家在写作时，多多借鉴。

## 第二节　决议类

根据《党政机关公文处理工作条例》规定，决议适用于会议讨论通过的重大决策事项。

### 一、决议的特点

一是从权威性上看，决议是在党的领导机构的会议上研究、讨论后形成的，代表着发文机关的意志，一经发布，其下属必须严格遵守，认真落实，不得违背。二是从内容上看，决议必须是重要决策事项，一般的事项、决策性事项不能采用决议这一公文文种。三是从程序上看，决议必须通过大会表决通过以后，才是合法有效的。四是与会议纪要对比看，纪要有具体事项，决议没有具体事项。

### 二、决议的类型

一是批准性决议。比如，中国共产党第十八次全国代表大会通过的《中国共产党第十八次全国代表大会关于十七届中央委员会报告的决议》。二是专项性决议。比如，中共 ×× 市委三届十八次全会审议通过的《关于召开中国共产党 ×× 市第四次代表大会的决议》。三是政策性决议。比如《中国共产党中央委员会关于建国以来党的若干历史问题的决议》。

### 三、决议的格式

1. 标题。由会议名称 + 事由 + 文种组成。以会议名称作为标题结构要素中的发文机关，这是决议与其他公文的显著不同之处。

2. 题注。与一般公文文种不同，决议的通过日期括号标于标题之下居中位置，如果标题已注明会议的名称，题注可不注明通过决议的会议名称。如果没有注明会议的名称，则在题注中注明会议名称。比如，（2019 年 12 月 26 日中国共产党 ×× 市第四届委员会第十一次全体会议通过）。

## 四、决议的写法

我们用案例，分段说明决议的写作方法。

**案例：**

### 中国共产党 ×× 市第四届委员会第十一次全体会议决议
（201× 年 12 月 26 日通过）

中国共产党 ×× 市第四届委员会第十一次全体会议，于 2019 年 12 月 26 日在 ×× 召开。会议由市委常委会主持。全会深入学习贯彻党的十九届四中全会、省委十届九次全会精神，讨论了市委常委会工作报告，审议通过了《中共 ×× 市委深入贯彻〈中共中央关于坚持和完善中国特色社会主义制度、推进国家治理体系和治理能力现代化若干重大问题的决定〉的实施意见》。市委书记 ××× 就《实施意见》（讨论稿）向全会作说明并讲话。

**点　评：**

导语部分简要说明会议的过程，即会议的时间，由谁主持。会议学习了什么文件，讨论了工作报告，审议通过了什么决定的实施意见等等。接下来介绍的正文内容，以全会充分肯定、全会认为作为第一大点。实际上跟我之前给大家介绍的传达提纲的写法一致，即把市委书记主报告的第一大点进行删减，涵盖了主报告的工作回顾、党的十九届四中全会主要精神。

全会充分肯定了市委四届八次全会以来市委常委会的工作。全会认为，党的十九届四中全会，是在新中国成立70周年、党的“两个一百年”奋斗目标交汇点召开的一次具有开创性、里程碑意义的重要会议。党的十九届四中全会，专题研究坚持和完善中国特色社会主义制度、推进国家治理体系和治理能力现代化问题并作出决定，充分体现了以习近平同志为核心的党中央高瞻远瞩的战略眼光和强烈的历史担当。习近平总书记在党的十九届四中全会上的重要讲话，围绕坚定制度自信深入回答了一系列方向性、根本性、全局性重大问题，提出了一系列新思想新论断新要求，为夺取新时代中国特色社会主义伟大胜利、实现中华民族伟大复兴提供了科学指南和重要遵循。党的十九届四中全会通过的《决定》，回答了“坚持和巩固什么、完善和发展什么”这个重大政治问题,是一篇马克思主义的纲领性文献和政治宣言书。全市各级党组织和广大党员干部要认真学习领会，把握精神实质，坚决把思想和行动统一到党的十九届四中全会精神上来，增强“四个意识”，坚定“四个自信”，做到“两个维护”，毫不动摇坚持、与时俱进发展中国特色社会主义制度。要保持高度认同，坚定制度自信；牢记使命重托，强化政治担当;认真对标对表，坚决贯彻执行，切实把中央、省委各方面制度安排落实到新时代新宁德市域治理的各领域各方面。

全会指出，宁德是习近平总书记曾经工作过并且始终念兹在兹的地方，是习近平新时代中国特色社会主义思想的重要萌发地。习近平总书记在宁德工作期间,带领闽东儿女先行先试,提出了“弱鸟先飞”“滴水穿石”“四下基层”等一系列前瞻性创新理念，并在各领域进行了一系列开创性探索实践。担任党和国家领导人以来，习近平总书记不仅嘱咐我们“多上几个大项目，多抱几个‘金娃娃’，加快跨越式发展”，而且就精准脱贫、军民融合、三都澳开发等具体工作给我们作出重要指示批示。特别是今年，习近平总书记在参加第十三届全国人大二次会议福建代表团审议时，充分肯定我们打好脱贫攻坚战、抱上“金娃娃”等方面的成绩；在给下党乡的乡亲们重要回信中，又勉励我们“努力走出一条具有闽东特色的乡村振兴之路”。这些重要理念、重大实践、重要指示批示，既饱含着习近平总书记对闽东人民的特殊厚爱，也承载着习近平总书记对宁德发展的特别期望，是我们与时俱进推进制度创新和治理能力建设的行动指南和巨大动力。我们要坚定不移沿着习近平总书记指引的方向，把传承弘扬习近平总书记在宁德工作时的探索实践、创新理念，与贯彻落实习近平总书记对福建工作、对宁德工作的重要讲话重要指示批示精神紧密结合起来，大力推进新时代新宁德治理现代化，努力把宁德打造成为展现中国特色社会主义制度优越性的一个重要窗口。

全会强调，要深入贯彻落实党的十九届四中全会精神，按照省委十届九次全会部署，着眼于全面提高新时代新宁德的治理能力和水平，努力把制度优势更好转化为治理效能。①坚持和完善党的领导制度体系，坚决把党的领导落实到新时代新宁德建设各领域各方面各环节。②坚持和完善人民当家作主制度体系，扎实推进社会主义民主政治制度化规范化程序化。③坚持和完善中国特色社会主义法治体系，持续深化法治宁德建设。④坚持和完善中国特色社会主义行政体制，努力建设人民满意的服务型政府。⑤坚持和完善社会主义基本经济制度，切实推动经济高质量发展。⑥坚持和完善繁荣发展社会主义先进文化制度，大力推进文化强市建设。⑦坚持和完善统筹城乡的民生保障制度，不断满足人民群众对美好生活的向往。⑧坚持和完善共建共治共享的社会治理制度，着力建设更高水平的平安宁德。⑨坚持和完善生态文明制度体系，全力建设宜居宜业的美丽宁德。⑩坚持和完善服从服务国家大局的制度机制，积极贡献宁德力量。⑪坚持和完善党和国家监督体系，确保党和人民赋予的权力始终用来为人民谋幸福。

全会要求，全市各级党委（党组）要切实扛起推进治理现代化的政治责任，科学谋划、精心组织，远近结合、整体推进，全力推动党的十九届四中全会部署要求落地生根，以扎扎实实的治理成效交上合格答卷。①要始终以政治建设为统领，把制度执行和监督贯穿区域治理、部门治理、行业治理、基层治理、单位治理的始终，确保新时代新宁德治理方向正确、充满活力。②始终以为民服务为中心，把“为人民”作为不变的价值追求和永恒的价值底色，贯穿于推进市域治理现代化的全过程，始终同人民想在一起、干在一起，汇聚起团结奋斗的磅礴力量。③始终以改革创新为路径，及时总结、提炼和推广基层破解体制性障碍、机制性梗阻的成功实践，以及创造出的行之有效的治理理念、治理方式、治理手段，并将成熟的经验和做法上升为制度、转化为地方法规。④始终以提升能力为保障，把制度执行能力和治理能力作为干部选拔任用、考核评价的重要依据，把工作部署落到实处、干出成效作为衡量干部作风、能力、水平的重要标准，引导广大干部运用制度干事创业。

全会号召，全市各级党组织和广大党员干部要更加紧密团结在以习近平同志为核心的党中央周围，高举中国特色社会主义伟大旗帜，以只争朝夕的精神状态、舍我其谁的使命担当、建功有我的心胸格局，真抓实干、埋头苦干，加快推进新时代新宁德治理现代化，为坚持高质量发展、深入实施“一二三”发展战略作出新的更大贡献！

**点　评：**

全会指出、全会强调、全会要求，阐明会议的主要精神，写作方法与会议纪要的会议认为、会议指出完全一致，这里分别说明习总书记对宁德的关心和嘱咐、全面提高新时代新××的治理能力和水平需要采取“十一个坚持和完善”的措施、对各级各部门的“四个始终”要求。我用数字序号和划线标识一下，实际上就是市委书记主报告中各大小点的题目及主要内容，方便大家将来写决议时把握。

最后，全会号召，一般是主报告的结束语，具有鼓舞士气、振奋精神的重要作用。

## 第三节　决定类

我在想，决定类公文，由于是对重要事项作出决策和部署，奖惩有关单位和个人，变更或者撤销下级机关不适当的决定事项时而制定的一种指挥性公文，比较刚性。因此，在撰写其规范写法过程中，是否可以柔性一些，更灵活一点。这样，也许公文的写作，会多些引导大家继续往前行走的勇气和力量。比如，作为决定类公文，上至党和国家的重大决策和战略部署，下至基层单位的奖惩事项均可使用，具有广泛性。不妨我们把常用的四种决定类公文，用四个案例分开阐述。

### 一、任免类的决定

关于任免类的决定，比较简单。比如案例一，是任免市政府组成人员的决定，标题下方要求注明某年某月某日某会议通过的字样，其余大家可以模仿案例一撰写。从任命决定，我想起在市政府办工作期间，每当市长变动之时，往往在时间很紧的情况下，需要迅速写出一份新老市长在全市领导干部大会的表态发言，这就要求平时积累好与此相关的资料，通常老市长的表态讲话，要做到有温度、有牵挂、有情感；写出难忘的人、难忘的事、难忘的经历；而新市长刚到任，需要写出对宁德的初步了解，对老领导的感谢，对未来工作的表态。记得，我曾专门在收集的资料库中，留存不少各地领导干部大会的表态发言稿，以备急需之用。

案例一：

**××市人民代表大会常务委员会**

**决定任免的政府组成人员名单**

（2019年3月×日××市第四届人民代表大会常务委员会

第二十次会议通过）

任命 ××× 为 ×× 市人民政府副市长；

免去 ××× 的 ×× 市林业局局长职务；

任命 ××× 为 ×× 市林业局局长。

## 二、奖罚性的决定

关于奖罚性的决定，我们在这里稍微对奖与罚做个对比：奖是对有突出贡献的先进集体、先进个人进行表彰奖励；罚是对一些影响较大、群众关心的事故和错误进行处理。由此带来文章结构的不同，即表彰以表彰的理由开头，继而指出给予被表彰的先进集体、先进个人什么奖励，然后提出希望。惩处以事故的责任开头，继而提出具体的处理意见，然后提出会议责成、会议希望，要求整改。应该说，惩处决定采用的会议认为、会议责成、会议希望的习惯用语，与上述的纪要、决议、公报相类似。

### 案例二：

**×× 市人民政府关于给予**

**×× 市食品药品监管局记集体二等功**

**××× 等 2 名个人记二等功奖励的决定**

各县（市、区）人民政府、×× 经济技术开发区管委会，市政府各部门、各直属机构：

近年来，×× 市食品药品监管局坚持落实“四有两责”，践行“四个最严”，各项工作卓有成效，尤其在全国打击二手进口医疗器械工作中，执着排查案件线索、锲而不舍锁定关键证据，为全国海关部门侦破“××”走私案件作出了重要贡献，保障了人民群众的合法权益。市食品药品监管局“××”专案组成员在案件调查中，坚持原则、依法办案、勇于担当、全力以赴，充分展示了我市食药监系统干部为民监管、执法为民的精神风貌。为树立榜样、激励先进，经研究，决定给予 ×× 市食品药品监管局记集体二等功奖励，给予 ×× 市食品药品监管局 ×××、×× 两位同志记个人二等功奖励。

希望受表彰的单位和个人珍惜荣誉，谦虚谨慎，再接再厉，再创佳绩。全市各级各有关部门要按照党中央、国务院，省委、省政府和市委、市政府全面做好食品药品安全工作的部署要求，严防、严管、严控食品药品安全风险，推动食品药品安全形势持续改善，不断提高人民群众满意度和获得感。全市食品药品监管系统要以此次表彰为契机，坚持“守土有责”，严抓细管、长抓常管、真抓实管，撸起袖子加油干，在更高层次上保障人民群众“舌尖上的安全”，为“开发三都澳、建设新宁德”提供强有力的食品药品安全保障，为全面建成小康社会作出新的更大的贡献。

**点　评：**

案例二是一份表彰决定，发文主送单位为“各县（市、区）人民政府，东侨经济技术开发区管委会，市政府各部门、各直属机构”，应该看到发文的范围相当广泛，主要目的是扩大决定的影响面，提高群众知晓率。第一段，先阐述表彰的理由，即“为全国海关部门侦破‘××’走私案件作出了重要贡献”，然后决定对有功集体和个人进行表彰。第二段，提出希望，共有三层意思，即受表彰单位和个人、各级各有关部门、食品药品监管系统分别要怎么做，提出具体要求。

### 三、公布性决定

关于公布性决定，我们在这里仅以案例三进行说明，这份决定是关于宣布失效一批市政府文件的。因此，必须提出宣布失效的理由，即按照省政府全面清理文件的工作部署，并经市政府常务会议研究决定。最后对清理文件工作提出要求。

案例三：

## ×× 市人民政府关于<br>宣布失效一批市政府文件的决定

各县（市、区）人民政府、×× 经济技术开发区管委会，市政府各部门、各直属机构，各大企业，各大中专院校：

为加快转变政府职能，推进简政放权、放管结合、优化服务，促进依法行政，建设法治政府，营造良好发展环境，按照省政府全面清理文件的工作部署，市政府开展对 1949 年以来的以市政府及市政府办公室名义发布公文的清理工作，并于 2017 年 8 月对 2005—2014 年市政府文件 368 件（含密级文件 5 件）宣布失效。在此基础上，市政府继续对 1979—2004 年以市政府及市政府办公室名义发布的文件进行全面清理。

经市政府第 ×× 次常务会议研究决定，对与现行法律法规规定不一致、已被新规定涵盖或替代、不适应经济社会发展实际需要、调整对象已消失、工作任务已完成或者适用期已过的 1364 件市政府文件宣布失效（其中 12 件因涉及国家秘密按规定另行通知）。其中 36 件于 2017 年 11 月 23 日被《宁德市人民政府关于公布规范性文件清理结果的决定》（宁政〔2017〕28 号）宣布失效。凡宣布失效的市政府文件，自本决定印发之日起一律停止执行，不再作为行政管理的依据。

各县（市、区）政府、东侨开发区管委会和市政府各部门要充分认识文件清理工作的重要性和紧迫性，按照《宁德市人民政府办公室关于开展市政府文件清理工作的通知》（宁政办〔2016〕254 号）要求，明确责任，倒排进度，对 1949 年以来各自印发的文件进行全面清理，确保 2017 年底以前全面完成文件清理工作。清理结果及时报送市政府办公室、市政府法制办备案。

附件：宣布失效的1979—2004年宁德市政府文件目录（1316件）

××市人民政府
2017年12月5日

## 四、部署性决定

关于部署性的决定，我们以案例四来说明，需要把握三点：一是标题，与公报类似，标题以“发文机关+事由+文种”组成。二是题注，标题下注明决定通过的时间及在什么会议上，这里是201×年1月××日××市第五届人民代表大会第三次会议通过。三是导语，阐述做出这个决定的理由和依据。四是正文，采用分项式，共有八大项决定。

### ××市第五届人民代表大会<br>关于加快县乡村教育均衡优质发展的决定

（201×年1月××日××市第五届人民代表大会第三次会议通过）

为深入学习贯彻习近平总书记关于教育的重要论述和全国全省教育大会精神，全面落实党的教育方针和教育法律法规，推动市委市政府《关于加快县乡村教育均衡优质发展助推脱贫攻坚乡村振兴的若干意见》“1+7”文件落地落实，大会审议了市人大教育科学文化卫生委员会提出的《关于加快我市县乡村教育均衡优质发展的议案》，做出如下决定：

一、坚持教育优先发展，落实立德树人根本任务。

二、建强校长教师两支队伍，优化城乡师资配置。

三、适应城镇化和城乡一体化，统筹规划城乡学校布局建设。

四、创新办学模式教学方式，提升教育教学质量。

五、加大公共财政投入力度，集中力量办教育。

六、减轻学校、学生、教师、家长负担。

七、加强学校环境治理体系和治理能力建设。

八、落实市委关于建立“党委领导、党政齐抓共管、部门协同落实、社会广泛参与”的教育发展体制机制的要求。

## 第四节　批复类

《党政机关公文处理工作条例》规定：批复适用于答复下级机关的请示事项。比如，宁德市中心城市总体规划、宁德市环三都澳区域综合规划编制完成以后都要以请示的文种上报省政府，由省政府给予批复。

### 一、批复的规定动作

（一）从标题上看，主要采用“发文机关 + 主要内容 + 文种”的形式。比如，《×× 市直机关党工委关于 ××× 局机关党支部换届选举结果的批复》。

（二）从主送机关上看，只有一个主送机关，即报送请示的发文机关。

（三）从结束语和落款看，结束语一般用“此复”“特此批复”“特此函复”等习惯用语，有时也可省略。落款为批复机关的单位名称和批复时间。

（四）从批复的类型看，有表态式批复和阐述性批复两种。

### 二、批复的对比动作

（一）批复的单向性。批复是下行文，下级有请示，上级才有批复，请示是“一文一事”，批复则是根据请示“一文一答”。

（二）批复的针对性。批复是回答下级机关的请求事项，只针对某一具体公文的内容来回答。

（三）批复的指令性。批复是指导性意见以及表明的批准或不批准的态度，下级机关必须坚决执行。

（四）批复的及时性。通常我们在机关工作都有“事不过夜”的习惯，批复更是需要及时答复，以免误事。

## 三、批复的示范动作

我们还是用案例一来说明批复的写作方法。我记得在街头巷尾或在一些待建小区的门口，经常都会看到一些有关规划批复前的公示，这是眼下批复某一项目必经的一个程序。因此，我在讲正文写作前，先交待一句，批复要以党和国家的相关政策作为依据。

### 案例一：

**××市人民政府关于××市中心城区燃气专项规划（2016—2030）的批复**

市××局：

贵局《关于请求审批〈××市中心城区燃气专项规划（2016—2030）〉的请示》（××〔20××〕××号）收悉。经市城市规划委员会20××年第二次会议研究，现批复如下：

一、原则同意你局组织编制的《××市中心城区燃气专项规划（2016—2030）》（以下简称《规划》）。

二、原则同意《规划》的规划范围、规划年限、规划燃气场站布局等内容。

三、你局要根据《规划》确定的发展策略和各项技术要求，加强燃气工程建设的管理，并结合总规、片区规划或控规、路网等最新成果及时动态调整优化。

四、市发改、规划、国土、环保等相关部门和××区政府、××管委会应及时落实《规划》确定的要素管控，抓紧研究形成项目并尽快组织实施。

五、请严格按照本批复要求，依法加强燃气工程建设管理，切实保障规划的严肃性。实施中如有重大调整，应按程序报批。

××市人民政府
20××年12月29日

点　评：

案例一是关于中心城区燃气专项规划的批复，因此，在导语部分，必须要有报送单位请示件的标题和文号，如你局《关于请求审批〈××市中心城区燃气专项规划（2016—2030）〉的请示》（××〔20××〕××号）收悉。接下来，经市城市规划委员会20××年第二次会议研究，现批复如下。正文部分，要求写作时态度要明确、语言要简洁，行文不宜过长，这里分五点阐述，前两点是批复决定，即两个原则同意。后三点是对下级的要求。

## 第五节　意见类

按照《党政机关公文处理工作条例》的规定，“意见”适用于对重要问题提出见解和处理办法。意见属于常用的公文文种，我从几个方面进行阐述。

一、从意见的特点上看，一是由于其既可以用于上行文，也可以用于下行文，甚至可以用于平行文。因此，具有行文的广泛性。二是由于其用于上行文时的语气，需要有请示的口吻；用于平行文时，需要有商量的口气；用于下行文时，需要有指示的语气。因此，具有语态的多样性。三是由于意见的内容限制在对重要问题提出见解和处理办法。因此，具有内容的限定性。

二、从意见的类型上看，可以分成指导性意见、建议性意见、评估性意见。

三、从意见的写法上看。根据意见的行文方式，我们分别用案例一与案例二分析指导性意见与建议性意见的异同点。

案例一是一份指导性意见，是《关于加快推进新能源汽车推广应用和产业发展的实施意见》，其导语部分，主要写行文的依据，并市政府同意，结合实际，制定以下实施意见。正文部分，分成三个大点目标任务、重点工作、保障措施。每一大点分别叙述，这些与之前的下行文类似，这里就不再展开了。重点是大家要把握好它的结构特点，安排好提纲。

### 案例一：

## ×× 市人民政府办公室关于加快推进新能源汽车推广应用和产业发展的实施意见

各县（市、区）人民政府、×× 经济技术开发区管委会，市政府各部门、各直属机构，各大企业，各大中专院校：

根据省政府《关于印发福建省新能源汽车产业发展规划（2017—2020 年）的通知》（闽政〔2017〕36 号）和省政府办公厅《关于加快全省新能源汽车推广应用促进产业发展的实施意见》（闽政办〔2017〕110 号）精神，为加快推进我市新能源汽车推广应用和产业发展，构建绿色发展的产业体系，经市政府同意，结合 ×× 实际，制定以下实施意见：

一、目标任务

（一）加快新能源汽车推广应用。扩大新能源汽车在城市公交、环卫、物流快递、邮政、车站、景区等公共服务领域推广应用，鼓励公共机构和私人消费者购买使用新能源汽车，到 2020 年，全市累计推广新能源汽车 3 万辆。其中，城市公交车方面，(略)。公路客运车方面，(略)。城市出租车方面，(略)。城市专用车方面，(略)。私人乘用车方面，(略)。

（二）打造锂电新能源全产业链。依托我市锂电新能源产业基础，……，打造锂电新能源全产业链。到 2020 年，×× 锂电新能源产业总产值超过 1000 亿元，其中锂电池产业产值达 700 亿元，配套材料及设备产业产值规模超过 300 亿元；力争培育形成新能源汽车产业集群，实现年产值 1000 亿元以上。

（三）完善新能源汽车充电设施。按照“适度超前、车桩相随、智能高效”的原则，……到2017年底前，全市境内的高速公路干支线固定充电桩及移动储能充电设施实现全覆盖，到2020年全市累计建成固定充电桩及移动储能充电设施3万个以上。

二、重点工作

（一）加快车辆推广应用。（略）

（二）支持充电设施建设。（略）

（三）优化企业融资服务。（略）

（四）创新商业合作模式。（略）

（五）强化人才引进培养。（略）

三、保障措施

（一）建立联席会议制度。（略）

（二）建设监测管理平台。（略）

（三）抓好工作任务落实。（略）

本意见自发布之日起施行，有效期至2020年12月31日，执行期间若遇国家、省政策调整，视情作相应调整，由市经济和信息化委员会负责解释。

××市人民政府办公室

20××年××月××日

案例二是一份请求批转实施意见，从结构来说，与案例一基本相同。分成总体要求、保障范围、工作任务、保障措施四个部分。与案例一比较，总体要求中有工作目标、基本原则，特别是基本原则，在撰写时需要从宏观的角度写，切不可写得过于详细。同时，责任单位，放在工作任务的各个小点之后，有利于明确责任。此外，结尾部分，一定要有以上意见如无不当，请求批转的表述。

## 案例二：

# ×× 市民政局关于
# 加强困境儿童保障工作的实施意见

市人民政府：

为贯彻落实《国务院关于加强困境儿童保障工作的意见》（国发〔2016〕36 号），进一步推进我市困境儿童分类保障制度建设，切实保障困境儿童的合法权益，促进困境儿童健康成长，现结合我市实际，提出如下实施意见。

一、总体要求

（一）工作目标。（略）

（二）基本原则。

1. 坚持政府主导、家庭尽责原则。（略）

2. 坚持分类保障、适度普惠原则。（略）

3. 坚持城乡并重、属地管理原则。（略）

4. 坚持社会参与、专业服务原则。（略）

二、保障范围

三、工作任务

（一）分类保障基本生活。（略）

（二）强化健全医疗康复。（略）

（三）全面加强教育保障。（略）

（四）明确落实监督保护。（略）

（五）逐步提升保障水平。（略）

（六）加快建设基础设施。（略）

（七）分级构建保障网络。（略）

（八）合力打造关爱机制。（略）

（责任单位：各县（市、区）人民政府，×× 经济技术开发区管委会，

市公安局、司法局、民政局、文明办、教育局、卫计委、妇联、团委、工会、残联、关工委）

四、保障措施

（一）加强组织领导。（略）

（二）建立联动机制。（略）

（三）加大宣传引导。（略）

（四）加强检查问责。（略）

以上意见如无不当，请批转各县（市、区）人民政府、×× 经济开发区及市直各部门执行。

×× 市民政局

×××× 年 × 月 × 日

## 第六节　命令（令）类

命令（令），适用于公布行政法规和规章，宣布施行重大强制性措施，批准授予和晋升衔级、嘉奖有关单位和人员。在讲到命令这个文种之前，我想表达一件事。多年前，我在市政府办从事综合文字工作时，时常会接到军分区送审的征兵材料，当然包括征兵命令。总体感觉，军分区的材料语言清晰流畅，结构严谨合理，属于免检产品。为什么呢？经过了解，他们的材料，层层把关甚严，最后是军分区首长审定好了才送到政府办，让我们十分欣赏和佩服，充分感受到部队的优良作风和战斗力，帮我们减轻了很多文字工作负担。

### 一、命令（令）的规定动作

（一）命令（令）的标题。一是发文机关 + 事由 + 文种，如《国务院中央军委关于授予 ××× 等 10 名同志武警警衔的命令》。二是发文机关 + 文种，如中华人民共和国主席令。三是事由 + 文种。四是文种。

（二）命令（令）的类型。一是发布令。用于发布重要法规、规章等。二是行政令。用于宣布施行强制性行政措施等。三是嘉奖令。用于表彰和嘉奖有关人员等。四是任免令。用于宣布高层人士任免事项。当然，还有赦免令、惩处令、通缉令、撤销令等。

## 二、命令（令）的对比动作

（一）从制发单位范围上看，具有权威性。命令的制发单位有明显要求，范围小。只有国家主席、全国人大常委会和委员长、国务院、国务院总理和各部部长、地方人民代表大会和人民政府及其军事领导机关。可以发布命令，其他机关和人员不能发布命令。

（二）从内容重要程度上看，具有限定性。命令适用于颁布各种法律法规，指挥和处理重大事项，采取重大行政措施。一般不轻易使用命令（令），使用时要特别慎重；表现形式要有威严感，语言要高度准确，语气要坚决果断。

（三）从执行的强制程度上看，具有强制性。命令一经发布，有关下级机关和人员必须无条件地服从与贯彻执行，决不允许延误、怠慢甚至违抗。否则将被追究相应的责任，给予严肃处理。

（四）从发文字号上看，具有专属性。发文字号为专用，采用流水号，一般不按年度编号，而是从发文机构或领导人就职开始编号，到任期期满结束编号，下任重新编号。

## 三、命令（令）的示范动作

案例：

××市人民政府　××军分区

201×年冬季征兵命令

（×政〔201×〕16号）

各县（市、区）人民政府，人民武装部：

根据省政府、省军区201×年冬季征兵命令，我市今年冬季征集新兵××××人（含女兵××人），其中补充中国人民解放军××××人，中国人民武装警察部队×××人。

一、征集任务的分配（略）

二、征集对象和范围（略）

三、征集年龄（略）

四、征集条件（略）

五、征集办法（略）

六、征集时间（略）

七、征兵经费（略）

八、有关要求（略）

（一）加强组织领导（略）

（二）积极宣传发动（略）

（三）严格审查把关（略）

（四）狠抓廉政建设（略）

××市人民政府　　××军分区

201×年×月×日

**点　评：**

这是一份征兵命令，由三部分组成。首先，开头部分，说明为什么发布命令，以及发布命令的根据，即根据省政府、省军区201×年冬季征兵命令。其次，是命令正文的主体部分。不同类型的命令，主体有不同的内容，有的简单到全文只有一句话或一段文字，如公布令。但有的较为复杂的命令，如行政令、动员令、嘉奖令的正文，可以采取分段或者分条列项目的形式进行表述。这里，从第一大点到第七大点，就是分条列出。再次，是指要求有关单位和人员在执行命令时必须遵守的规定。这里的第八大点就是执行要求。

## 练习题：

一、福鼎市管阳镇广化村位于福鼎市西北部，距管阳镇3.5公里，土地面积6.1平方公里。现有24个自然村，总户数630户，2200人，外出人口1000余人。主要经济产业为农村种植业，全村耕地面积922亩，菜园1520亩、毛竹880亩、生态村635亩。2016年农民人均纯收入10740元，村集体收入1万元。村基础设施落后，洋头、溪坪尾等9个自然村为简易公路。

2017年3月，福鼎市×××副市长带领水利局、交通局、住建局、财政局领导赴该村调研，并召开现场办公会议。

请根据该村提出的整治河道需28万元，洋头——溪坪洋自然村公路水泥硬化几配套设施需33万元，整村垃圾卫生情况及美化绿化建设需投资50万元等要求，模拟××副市长议定意见，并形成一份市政府专题会议纪要。

二、针对某医院涌现出的抗疫英雄人物及其先进事迹，请代市政府拟写一篇表彰性决定。

# 第八章　公布知照宜通俗　准确简洁利阅读

公文写作，套路比较多，以至于阅读者，常常感到困惑和单调，没有乐趣。但如果没有套路，公文写作的规矩没有，就没有办法统一上上下下的意志，所谓“没有规矩，不成方圆”就是这个道理。这一章，由于通报、通告、公告、公报的公文写作，套路多，我们和第六章类似，用规定动作、对比动作、示范动作来安排章节结构；在具体的讲解过程中，用小故事的“小楼昨夜听春雨”来点缀，也许“深巷明朝卖杏花”的美妙，会随之飘来。

何谓规定动作、对比动作、示范动作呢？先做个解释。放到这里来解读，也是自然而然的一件事。我觉得，规定动作，就是这一类公文文种的基本原理和一般的规定要求；对比动作，就是这一类公文文种与其他公文文种的异同点；示范动作，就是通过案例理清各类公文文种的写作思路。

## 第一节　通报类

通报类的公文，日常工作中经常遇到。它是一种告知性的下行文种，适用于表彰先进，批评错误，传达重要精神和告知重要情况。目的在于通过典型的人和事，引导人们辨别是非，吸取教训，总结经验，具有表彰奖励或惩戒、警示的作用。比如，表彰见义勇为模范的通报。

### 一、通报的规定动作

借此机会，我先讲一个工作经历，之前，我在市政府办分管政府门户网站期间，发现各县（市、区）及政府部门，由于人手少等原因，常出现更新不及时、空栏目等问题，甚至个别县，被省厅点名通报存在安全隐患的情况。为此，我们采取了督查、监测、绩效评比等措施，确保了市政府门户网站在全省的排名处于前六的位置，其中，有一个很重要的措施，就是每季度以市政府办的名义发文通报政府网站检查情况，从而，有效促进了政府网站工作的开展。案例一，就是当时的季度通报件。

### 案例一：

## ××市人民政府办公室关于20××年第4季度政府网站检查情况的通报

宁政办〔20××〕××号

各县（市、区）人民政府、××经济技术开发区管委会，市政府各部门、各直属机构：

根据国家、省、市关于政府网站建设管理的有关要求，市数字办牵头定期对全市政府网站运行管理等情况进行监督检查，督促相关责任单位限期整改到位。截至第四季度末，市×××局、市×××局、××县政府等三个单位未按《宁德市人民政府办公室关于进一步加强政府网站建设管理工作的通知》（宁政办〔201×〕179号）要求按时报送《政府网站建设管理自查情况表》；市×××局网站“网上办事”栏目存在空栏目和不可用链接，市×××局网站“全局概况”栏目长时间未更新，市×××局网站“网上办事”栏目存在空栏目，目前三家单位仍未落实整改措施。请各有关单位切实提高思想认识，认真对本地区、本部门政府网站建设管理情况进行自查自纠，做好网站问题整改和相关材料报送，务必于本月26日前落实整改措施，并将工作落实情况函报市数字办备查。逾期未整改的，市效能办将按相关规定予以问责。

××市人民政府办公室

20××年×月××日

（一）通报的标题。一是发文机关 + 事由 + 文种，如上述案例《×× 市人民政府办公室关于 2016 年第 4 季度政府网站检查情况的通报》。二是直接以文种“通报”做标题。

（二）通报的主送机关。专指性的要写主送机关，普发性的不写主送机关。案例一，就是有主送机关。

（三）通报的落款。安排在正文之后，署上发布通报的机关和成文日期。案例一的署名是：×× 市人民政府办公室，成文日期是：20×× 年 × 月 ×× 日。接下来，介绍案例的时候，由于标题、主送、落款都讲了，后续就不再介绍了。

（四）通报的类型。一是表彰性通报。用于表彰先进单位和先进个人，旨在树立典型。二是批评性通报。用于批评错误，宣布纪律处分结果等，旨在引以为戒。三是告知性通报。用于在一定范围内，传达重要情况的动向，旨在指导工作。比如，发布领导讲话常用内部情况通报。

## 二、通报的对比动作

（一）通报的特点。我希望大家从内容上，掌握通报具有典型性；从事件和发文的时序上，掌握通报具有时效性；从事件的表扬或批评上，掌握通报具有奖罚性；从叙述事件的因果上，掌握通报具有说理性。这一点与通知、通告、决定不同，通报重在让事实说话。

（二）指示性通知与指导性通报的区别。我以为，应以综合性和典型性进行区分，指示性通知所依据的事实是某一方面的情况综合。比如，做好扶贫开发工作，用通知发文。指导性通报是刚刚发生的典型事例。比如，对扶贫开发工作刚刚进行督查后，用通报发文。至于通报与通告的区别，我们留到第二节通告类讲解。

## 三、通报的示范动作

### （一）表彰性通报的写法

好比我们小时候读书时，凡是典型的好人好事，类似学校登在通报栏上的表扬信，其内容有为什么受表扬，如何表扬？再有一些“虚心使人进步，骄傲使人落后”鼓励的话，号召同学们向典型学习。案例二，就是这个套路。

**案例二：**

## ××市人民政府关于表彰2004年度安全生产目标管理责任制考核先进单位的通报

（宁政〔200×〕文××号）

各县（市、区）人民政府，市政府各部门、各直属机构：

过去的一年，在市委、市政府的正确领导下，各级各部门认真按照国务院、省政府、市政府关于加强安全生产工作的一系列重要部署，不断强化安全生产工作责任，狠抓各项工作落实，有效遏制重特大事故的发生，实现了我市安全生产形势平稳，涌现出一批安全生产工作先进单位。为了总结经验，鼓励先进，经研究决定，对200×年度县（市、区）政府安全生产目标管理责任制综合评定获得第一名的××县人民政府、第二名的××区人民政府、第三名的××县人民政府及对市直单位安全生产目标管理责任制完成较好的市质量技术监督局、市建设局、××海事局、市交通局、市安全生产监督管理局、市海洋与渔业局、市公安局治安支队，通报表彰，以资鼓励。受表彰的单位可根据有关规定，对本单位相关人员给予适当的奖励，希望受表彰的单位，戒骄戒躁，再接再厉，在新的一年里，争取更大的成绩。

各级各部门要以先进为榜样，认真按照省、市安全生产工作部署，进一步贯彻落实安全生产目标管理责任制，积极探索安全生产长效监管机制，扎实抓好安全生产各项工作，为推进海峡西岸经济区东北翼增长极港口中心城市建设，创造更好的安全生产环境。

××市人民政府（印章）

200×年×月×日

点　评：

第一段，可以分成三个个内容。一是为什么涌现一批安全生工作先单位，主要原因是“过去的一年，在市委、市政府的正确领导下，各级各部门认真按照国务院、省政府、市政府关于加强安全生产工作的一系列重要部署，不断强化责任，狠抓落实，有效遏制重特大事故的发生，实现了我市安全生产形势平稳”。这是比较典型的对客观事物进行评价的写法。二是做出表彰决定。写作时需要讲清楚是予以表扬，还是记功、晋级还是给予物质上的奖励。比如，这里是通报表彰，加上一句，“受表彰的单位可根据有关规定，对本单位相关人员给予适当的奖励”。三是希望受表彰的单位要如何做，即“戒骄戒躁，再接再厉，在新的一年里，争取更大的成绩”。

第二段，比较简单，要求各级各部门怎么做，提出希望和要求。

（二）批评性通报的写法

在第五章介绍信息类的写作方法时，曾经说过，市政府总值班室经常会发值班信息，遇到应急事件时，我们常会被办公室叫到总值班室值守，以便随时向省政府报送值班快讯。记得，2012年，宁德市域内连续发生几起交通事故，我们也多次和总值班室的同事一起起草值班快讯。我们在赶工时，一般是按照事故的基本情况、采取的措施、后续怎么办的思路，组织材料。我觉得批评性通报的写作方法，基本上也是遵循这种写法。我们以案例三，稍作说明。

案例三：

××市关于当前安全生产事故情况的通报

（×安委办〔20××〕××号）

各县（市、区）人民政府，市直有关单位：

今年以来，全市上下继续深入贯彻落实习近平总书记关于安全生产重要指示批示精神和国家、省安全生产工作部署要求，以企业创建安全标准化和安全生产风险管控为抓手，继续坚持企业、政府和社会同向发力，全市安全生产形势总体平稳。但截止目前，全市已发生工商贸事故4起，死亡4人。其中：建筑施工事故2起，死亡2人；特种设备相关事故1起，死亡1人；一般工商贸事故1起，死亡1人，现通报如下：

**点　评：**

第一段，先肯定今年以来，全市安全生产形势总体平稳，然后，通报事故的总体情况。

20××年×月×日8时30分左右，×××有限公司在铁路（××至××段）工程站前1标（HTZQ -1标段）桥面运输工字钢梁过程中，发生物体打击事故，造成1人死亡。

20××年×月××日16时左右，××县××织布厂在搭建彩钢瓦房子时发生高空坠落事故，造成1人死亡。

20××年×月××日8时30分左右，××县××××有限公司东厂区北二跨车间内，员工在进行预制阳台板混凝土浇筑作业时，钢丝绳断裂，发生物体打击事故，造成1人死亡。

20××年×月×日上午10时40分，××县××××公司生产车间内工人在对中心料斗安装螺丝时，料斗重心失稳侧翻，发生物体打击事故，造成1人死亡。

**点　评：**

这一部分，分段落通报四起事故具体情况。

上述事故的发生，充分暴露出当前部分县（市、区）建筑工地施工、企业安全生产管理和日常安全监管执法等工作未真正落到实处：一是（略）；二是（略）；三是（略）

点　评：

分析事故的三点原因。

为深刻吸取事故教训，引以为鉴，举一反三，有效防范类似事故的发生，现提出以下要求：

一、继续深入开展隐患排查治理（略）

二、全面督促企业落实整改（略）

三、切实加大惩处整治力度（略）

××市安全生产委员会办室

20××年×月×日

点　评：

提出吸取教训，引以为鉴，举一反三的三点要求。我记得，过去每当有事故发生时，市政府主要领导的批示，这八个字是常用的，即“引以为鉴，举一反三”。

（三）告知性通报的写法

告知性通报，一般分成三种：一是直接叙述式。如案例四。写法上通常陈述情况、指出问题、提出要求。二是说清情况式。如案例五。阐明情况，广而告之。三是转述转发式。比如，领导在一些会议的讲话，需要下级认真贯彻落实时，常用内部情况通报发文，或者转发其他机关的通报，并类似于批转或转发性通知的写法，即不直接叙述主要内容，而是将主要内容放在附件中予以交待，只在通报开头以类似按语的形式出现。开头加上这几句：× 月 × 日，领导在什么会议上讲话，现将讲话印发给你们，请认真抓好贯彻落实。当然，现在提倡精简文字，有时内部情况通报，不加按语，直接发文。

下面分别以案例四和案例五，阐述告知性通报的写法：

**案例四：**

**×× 市扶贫办关于脱贫攻坚督查情况的通报**

（× 扶办〔2016〕22 号）

各县扶贫开发领导小组，市直有关单位：

为深入贯彻落实市委、市政府关于脱贫攻坚工作部署，扎实推进精准扶贫精准脱贫，确保完成年度脱贫任务，按照市领导要求，市扶贫开发领导小组从成员单位抽调人员成立三个督查组，分别对 ××、×× 和 ×× 三县脱贫攻坚工作进行督查，现将有关情况通报如下：

**点　评：**

告诉我们为什么要进行督查。

一、总体情况

12 月 5 日至 6 日，三个督查组以明察的形式，以工作进展相对滞后乡镇为重点，选择基层党组织软弱涣散村以及今年脱贫任务较重的村进行实地督查，每个村随机抽取 3 户今年脱贫户，以户看村、以村看乡（镇）。此次共督查了 11 个乡镇、22 个村（其中 5 个贫困村），调查走访贫困户 66 户，全面、真实地了解掌握各地脱贫攻坚工作进展情况。

点　评：

讲述督查的概况，以明察的形式，实地督查，以确保全面、真实。这也是写作时保证事实准确的要求。

在督查重点上，以模拟第三方评估的方式，查脱贫攻坚档案资料，解决扶贫对象信息不准、进出程序不规范问题；查脱贫户目前状况，解决帮扶措施落不实、脱贫不精准问题；查贫困村任务指标完成情况，解决贫困村如期出列存在的问题；查乡（镇）村干部对政策的了解，解决基层扶贫干部会干问题；查脱贫户对扶贫政策和帮扶措施的了解，解决如何提高贫困户政策知晓率和对扶贫工作满意度问题。

在督查方法上，采取“四看、四问”的方式，“四看”即到村看脱贫攻坚档案和村容村貌，到户看扶贫手册和贫困户居住环境；“四问”即到村问乡镇干部、村干部和扶贫专干，到户问贫困户。共填写村调查表22份，乡（镇）、村干部访谈问卷35份，脱贫户调查问卷66份。通过实地看和问，了解各地脱贫攻坚工作落实情况，各级干部对扶贫政策的掌握情况，贫困户对帮扶工作和扶贫工作的满意度等。

点　评：

在督查重点上，采取什么方式；在督查方法上，采取什么方式，从而确保材料的真实、可靠，达到以理服人的目的。

二、存在的问题

总体上看，今年以来，各地高度重视脱贫攻坚工作，认真贯彻落实市委、市政府的决策部署，创新机制，完善措施，压实责任，注重实效，着力推进精准扶贫精准脱贫，取得了较好的成效。同时，这次督查中也发现一些问题和不足，表现较为突出的有以下几个方面：

（一）工作进展不够平衡（略）

（二）基础工作不够扎实（略）

（三）少数脱贫户不达标（略）

（四）现有政策落实不到位（略）

（五）政策掌握不够全面（略）

（六）村庄环境不够整洁（略）

（七）宣传氛围不够浓厚（略）

**点　评：**

分析存在的问题和原因，有七个方面问题，为下一步提出要求，提供依据。

三、整改要求

各地必须坚持问题导向，举一反三，查缺补漏，对存在的问题立即进行整改，确保精准扶贫各项措施落到实处，脱贫攻坚取得实效，圆满完成年度目标任务。

（一）要在压实工作责任上狠下功夫（略）

（二）要在夯实基础工作上狠下功夫（略）

（三）要在落实脱贫举措上狠下功夫（略）

（四）要在宣传学习政策上狠下功夫（略）

（五）要在村庄环境整治上狠下功夫（略）

（六）要在营造攻坚氛围上狠下功夫（略）

××市扶贫办公室

2016年12月12日

点 评：

提出具有针对性的要求，共有六点，以发挥通报对实际工作的指导作用。

案例五：

关于××镇××村“2·20”山火烧林的情况通报

2021年2月20日下午2时许，××镇××村发生山火烧林，××县森林防灭火指挥部迅速组织力量进行全力扑救，于2月20日下午6点50分将明火扑灭。经初步调查，起火原因系周边群众在开垦荒地种植马铃薯过程中，因焚烧荒地上的杂草而不慎引燃山火，烧至周围林地。目前嫌疑人已被公安机关控制，过火面积及损失林业部门正在调查中。进一步的调查处理情况将及时向社会公布。

我们再次郑重提醒，野外禁止使用明火，违者造成严重后果的，将依法追究刑事责任。敬请广大群众注意：谁烧山、谁坐牢；放火烧林，要被判刑。

××县森林防灭火指挥部

2021年2月21日

点 评：

多年前，我曾经参加过全省组织召开的新闻发言人培训班，其中说到面对突发网络舆情，就是快速回应社会关切。这一份通报就是非常典型的由网络舆情引发的事件，所幸××县及时通报山火烧林的情况，没有造成舆情的发酵漫延。通常做法，就是说清事实情况，快速回应。

## 第二节　通告类

通告适用于在一定范围内公布应当遵守或周知的事项，属于一种告知性公文。通告的使用者，可以是各级各类机关企事业单位，它的内容又往往涉及到社会的方方面面，与老百姓的生活息息相关。比如，因道路施工需要，为确保道路交通安全和施工顺利进行，而发布的交通管制通告，见下例：

**案例：**

### 关于 ×× 大道部分路段施工实行交通管制的通告

因 ×× 大道新建桥梁和箱涵等工程施工需要，依 ×× 市 ××× 建设投资有限公司申请，为确保道路交通安全和施工顺利进行，根据《中华人民共和国道路交通安全法》第三十九条之规定，决定自 2019 年 10 月 4 日起至 2020 年 1 月 20 日止，对 ×× 大道部分路段（×× 路至 ×× 路）实行半幅封闭施工、半幅双向通行，通行车辆限高 3.5 米交通管制措施。

敬请过往车辆及行人途经施工路段时注意观察交通信号，减速慢行、有序通行，并自觉服从现场交通管理人员的指挥，限行车辆请提前择道绕行。

特此通告。

×× 市公安局交通警察支队

201× 年 9 月 23 日

## 一、通告的规定动作

（一）通告的标题。一是发文机关 + 事由 + 文种，如《福建省海洋与渔业局关于实施海洋伏季休渔制度的通告》。二是发文机关 + 文种，省略事由，如《中华人民共和国交通部通告》。三是事由 + 文种，省略发文机关，如《关于世纪大道部分路段施工实行交通管制的通告》。四是直接以文种“通告”做标题。

（二）通告的类型。一是事务性通告。用于公布具体事务，社会和公民需要周知或遵守的事项。比如，停水停电停气、行车路线变更等通告。二是约束性通告。在一定范围内公布政府有关法令、法规、政策要求有关人员遵守、执行的通告。如《国务院关于保障民用航空器安全的通告》，就要求乘坐民用飞机的旅客遵守有关规定。再比如，每年清明节以及冬季风高物燥之时，常常需要发布森林防火通告。

## 二、通告的对比动作

（一）通告的特点

从使用次数多，使用范围广，国家机关，社会团体，以及企事业单位都可以使用的角度，通告具有广泛性。从其一定的法规和行政约束力的角度，通报具有强制性。从党和国家的方针政策在某些事项具体体现的角度，通报具有政策性。

（二）通报和通告的区别

一是对象不同。通报是上级机关把工作情况或带有指导性的经验教训通报下级单位或部门，无论哪种通报，受文单位只能是制发机关的所属单位或部门；通告所告知的对象是全部组织和群众，它所宣布的规定条文，具有政策性、法规性和某种权威性，要求人们遵照执行，一般都要张贴或通过电台、电视台等新闻媒体大力宣传。

二是制发时间不同。通报制发于事后，往往是对已经发生了的事情进行分析、评价，通报有关单位，从中吸取经验教训；通告制发于事前，都有预先发出消息的意义。

三是目的不同。通报主要是通过典型事例或重要情况的传达，向全体下属进行宣传教育或沟通信息，以指导、推动今后的工作，没有工作的具体部署与安排；通告公布在一定范围内必须遵守的事项，有着较强的、直接的和具体的约束力。

四是作用不同。通报可以用于奖惩有关单位或人员，通告无此作用。

五是通报有主送单位，通告无主送单位。

## 三、通告的示范动作

1. 约束性通告的写法

案例一，是海洋伏季休渔通告，这是针对渔业资源过度捕捞、鱼类等资源基本在夏季繁殖生长的情况，每年由海洋渔业部门发布的。

**案例一：**

### ××省海洋与渔业局关于实施海洋伏季休渔制度的通告

×海渔〔2019〕××号

为贯彻落实党的十九大对加强生态文明建设提出的新要求，更好地养护和合理利用海洋生物资源，根据《中华人民共和国渔业法》和《农业部关于调整海洋伏季休渔制度的通告》（农业部通告〔2018〕1号），现将我省海洋伏季休渔有关规定通告如下：

**点　评：**

由于通告的广泛性，一般通告没有主送单位。这份约束性的通告，开头部分阐明伏季休渔的依据，是根据《中华人民共和国渔业法》和《农业部关于调整海洋伏季休渔制度的通告》（农业部通告〔2018〕1号），有理有据。紧接着通告如下，是习惯用语。

一、休渔对象、时间和区域

（一）除钓具外的所有作业类型，以及为捕捞渔船配套服务的捕捞辅助船。

（二）5月1日12时至8月1日12时，全省海域禁止灯光围（敷）网、张网、刺网、桁杆虾拖和笼壶作业。

（三）北纬26度30分至“××海域交界线”的我省海域从5月1日12时至8月16日12时，北纬26度30分以北的我省海域从5月1日12时至9月16日12时，禁止拖网、杂渔具和围网（围缯）作业。

（四）兼作不同作业类型的渔船，休渔时间从最早的作业开始至最晚结束的作业为止。

（五）捕捞辅助船休渔时间为：北纬26度30分至“××海域交界线”的我省海域，从5月1日12时至8月16日12时；北纬26度30分以北的我省海域，从5月1日12时至9月16日12时。

（六）“××海域交界线”是指××省和××省间海域管理区域界线以及该线远岸端（117° 31′ 37.40″ E，23° 09′ 42.60″ N）与××岛南端×××灯塔（120° 50′ 43″ E，21° 54′ 15″ N）连线。

**点　评：**

对休渔的对象、时间和区域，即对什么类型的捕捞船、什么渔网禁止作业，什么时间禁止捕捞、什么区域禁止捕捞，都提出了明确的要求，以便沿海渔民遵守和执行。这也是通告写作时要明确说明什么可以做，什么不可以做。

二、休渔要求

（一）所有休渔渔船原则上应回渔船船籍港所在地的港口、码头或者澳口停泊，休渔期间不得擅自离港或改变停泊地点。因修船、避风等特殊情况需在省内跨地区、跨县域休渔的，必须向船籍港所在地渔业执法机构报告，并由船籍港所在地渔业执法机构委托停泊地渔业执法机构监管。

（二）休渔渔船的渔具在休渔期间应捆扎、搬离渔船进库或封存于船舱等固定位置存放；需修理的渔具，应在修理完毕后立即进库或封存；具备条件的地区，渔具应与渔船分离。

（三）所有渔船不得携带休渔作业渔具进入休渔海域。

（四）伏休期间原则上不得变更作业类型、作业方式。

（五）除维持日常生活需要外，休渔渔船在伏休期间不得擅自加水、加冰、加油。

（六）伏季休渔期间，各级渔业行政主管部门不得违规审批伏休渔船被租用进行教学、科研、资源调查等特殊活动，确因工作需要，应按程序报请有权机关审批。

三、实施时间

本通告自发布之日起施行。

××省海洋与渔业局

2019年4月4日

**点　评：**

这一段主要阐述实施休渔的措施，即对渔船、渔具、监管部门都提出要求，共六条，逐一说明，逻辑清楚、要求具体，可操作性强。结尾告之施行日期，有的通告，只写特此通告。

2. 周知性通告的写法

案例二，是一份周知性的通告，由于涉及餐饮业、娱乐业等社会服务行业，需要它们遵照执行，故以通告的形式发文。

案例二：

××市人民政府关于加强市区两级
副食品价格调节基金征收管理的通告
（×政文〔2005〕108号）

为进一步增强政府调控市场的能力，维护市场稳定，根据××省人民政府×政（1996）文217号、×政（1999）文168号和××市人民政府宁政（2000）文28号、（2005）32号专题会议纪要规定，现就加强××市区两级副食品价格调节基金（以下简称价调基金）征收管理工作有关事项通告如下：

一、价调基金的主要用途（略）

二、征收范围和征收标准（略）

（一）餐饮业（略）

（二）娱乐业（略）

三、代征单位（略）

四、缴纳时限（略）

××市人民政府
2005年5月11日

点　评：

开头部分，与前述的案例一类似，主要讲述征收市区两级副食品价格调节基金的法规和政策依据，接下来用习惯用语“现就加强××市区两级副食品价格调节基金（以下简称价调基金）征收管理工作有关事项通告如下”。第一大点，告知征收价调基金的用途。第二大点，告知哪些范围的企业需要征收，以及征收标准。第三大点，告知去什么地方交纳。第四大点，规定缴纳的时间节点。从中，我们感到通告是权力机关和行政机关对某一具体工作提出的具体要求，要求通告有政策观念，确保不与现行政策矛盾，更不能违背法律。语言准确、通俗、简明，结构严密合理，层次逻辑清楚。

## 第三节　公告类

公告适用于向国内外宣布重要事项或者法定事项。公报因其告知的范围更广，包括国内外的一切人士，就这个问题，我和市政府办长期负责文电工作的专家，进行了探讨，我们认为，公告的发布人应为党和国家、政府的高级机关、涉及国内国际事务的管理机关，以及它们授权的发言人，一些地方的机构公布非常重要的事项或法定事项，如省人民代表大会公布选举结果，也往往使用公告。至于具体适用范围，我们待后研究讨论。

### 一、公告的规定动作

（一）公告的标题

与通告类似。一是发文机关 + 事由 + 文种，如《中华人民共和国关于发行国库券的公告》。二是发文机关 + 文种，省略事由，如《中华人民共和国交通部公告》。三是事由 + 文种，省略发文机关，如《关于 ××× 的公告》。四是直接以文种“公告”做标题。

（二）公告的类型

1. 重要事项公告。是指公布国家重大的政治、经济活动或重要法律法规等内容的公告。例如公布国家领导人的选举或任命事项、公布重大事件或重要科技成果等。

2. 法定事项公告。指由政府有关部门根据某一法律或法规的规定，依照法定程序发布的某些具有专门性质事项的公告。例如，国家工商行政管理部门发布的关于企业法人登记注册的公告等。

## 二、公告的对比动作

（一）公告的特点

从发布者看，一般是国家立法机关或行政领导机关，公告具有权威性；从内容看，事关全局或在国内外能产生重大影响的重要或法定事项，公告具有重要性；从发布范围看，向国内外或某一地区发布，范围最广泛，公告具有广泛性。

（二）公告与通告的区别

1. 内容不同。公告适用于向国内外宣布重要事项或者法定事项。而通告则适用于在一定范围内公布应当遵守或者周知的事项。因此，如果影响范围比较小的事项是不能通过公告进行发布的。比如，我国要召开全国人民代表大会，可以发布公告；但如果某某市行政服务大厅要停业三天，不能发布公告，但可以发布通告。

2. 机关不同。这两种公文发布的事项重大性有明显的差异，因此，它们的发文机关的级别也是不同的。公告的发文机关级别较高，往往是省级及以上党政机关及其职能部门，而通告则是高级别机关和基层单位都可以使用的。

3. 范围不同。公告主要是向国内外发布，但通告则主要是在一定范围内周知即可，且很多时候可能针对的是特定范围和特定人群。比如，部队举行海上演习，要在某海域禁渔禁航，需要国内外航行船只周知，就应该选用公告。但如果是某市某区域，需要严禁森林用火，则应该选用通告进行公布。

4. 方式不同。公告因为是向国内外发布，所以往往依托新闻媒体进行发布，一般情况下不用红头文件的方式下发，也不印刷成布告进行张贴。但通告既可以通过新闻媒体发布，也可以制成红头文件进行下发，当然也可以公开张贴。

（三）需要防止滥用公告

我们在社会上经常会看到很多商品促销、饭店开业、招聘人员、出租房屋，招收学员等公告。从公告的定义上看，是不允许的。特别提示，一般的基层机关，地方各级行政主管部门和企事业单位不得使用“公告”来发布遵守或周知事项，应当按照公文处理法规的规定，使用“通告”。

错例：×× 市人民政府办公室关于在 ×× 中心城区烟花爆竹禁限放区域时间和允许销售燃放品种的公告。这属于混淆“公告”“通告”而导致错用文种的现象。公告与通告都属于周知性的泛行文，但是公告“适用于向国内外宣布重要事项或者法定事项”。通告“适用于在一定范围公布应当遵守或者周知的事项”。《条例》对二者的规定，已经很明确地指出了二者的适用范围。“向国内外宣布”，这说明公告的制发机关都是层次级别较高的。而且，所涉及的事项都是国内外普遍关注的“重要事项或者法定事项”。比如 2020 年 8 月 11 日，第十三届全国人民代表大会常务委员会发布了《全国人民代表大会常务委员会公告》（第十五号），公布了有关代表资格有效、终止的情况，就属于法定事项。而通告发布的事项属于有关职能部门对负有管理责任的社会某一方面工作做出规定和安排的一般业务事项。所以，×× 市人民政府办公室用“公告”发布在 ×× 中心城区烟花爆竹禁限放区域时间和允许销售燃放品种，这一事项，属于错用文种，应该修改为《×× 市人民政府办公室关于在 ×× 中心城区烟花爆竹禁限放区域时间和允许销售燃放品种的通告》。

## 三、公告的示范动作

公告的正文，一般采用一段式写法，由有公告的依据和公告事项两部分组成。接下来，我们用案例一说明。

案例一：

## ××××部关于××××港口岸扩大对国际航行船舶开放的公告

根据《国务院关于同意××港口岸扩大开放的批复》（国函〔20××〕××号）和《×××署关于印送××××港口岸扩大开放验收纪要的函》（×岸函〔20××〕×××号），××××部决定，自本公告之日起，××××港口岸正式扩大对国际航行船舶开放。具体开放范围由××海事局按程序对外公布。

特此公告。

中华人民共和国××××部

20××年××月××日

点　评：

这份公告，先写公告事项的依据：根据《国务院关于同意××××港口岸扩大开放的批复》（国函〔20××〕××号）和《×××署关于印送××××港口岸扩大开放验收纪要的函》（×岸函〔20××〕××号）。后写公告事项的内容：××××部决定，自本公告之日起，××××港口岸正式扩大对国际航行船舶开放。具体开放范围由×××海事局按程序对外公布。最后另起一行，以特此公告作为结尾。署名和成文日期，与过去讲过的类似。这里，交代一句：公告的语言，要求缜密严谨、客观庄重，简明扼要、言简意赅。

## 第四节　公报类

说到公报，我们在阅报或看电视新闻联播时，常会看或听到新闻公报或联合公报。1972 年美国总统尼克松访华时，就有一个中美联合公报。穿过岁月的云烟，对这一事件，我印象仍然深刻。彼此，正值春寒料峭，由于文革期间，学校均以春季作为新学年，我小学即将毕业进入初中。我小时候即有看报读书的习惯。因此，这期间发生的基辛格博士秘密访华及至后来的美国总统尼克松访华，都是非常重大的新闻事件。我从父亲带回来的《人民日报》《参考消息》上，看到这一轰动海内外的新闻。如今，以公文写作的角度，再次回望《联合公报》，确实感到其文字的准确精练。

由于，公报是党和政府以及其他高层社会组织，在法定职责范围内，向国内外公布重要决定或重大事项时使用的文种。在基层的机关企事业单位比较少用。通常中央全会都会发布新闻公报。国家统计局、中央气象台会发布统计公报和气象公报，通报有关的国民经济社会发展情况和数据以及气象方面的情况。因此，接下来，我简要介绍新闻公报、联合公报和统计公报的基本结构和写作方法。

### 一、新闻公报基本结构和写作方法

（一）从标题上看。与决议标题类似，通常采用“会议名称 + 文种”的形式，并在其下用括号标明会议通过的日期。

（二）从特点上看。一是由于代表着党和国家的立场和态度，具有权威性。二是由于以公布重要会议精神为主要功能，类似新闻报道，具有新闻性。三是因为是广而告之，知晓范围越广泛越好，而且，新闻会议的时间很强，具有时效性。

（三）从正文上看。一是导语部分写明会议概况，包括会议时间、地点、参会人员、主持人、讲话人等。二是由于公报是对会议全部内容的反映，代表全体与会人员的意志，因此，公报与决议一样，通常使用“会议听取”“会议指出”“会议强调”“会议审议”“会议号召”等习惯用语。比如，案例一就是新闻公报，写作方法与决议类似，这里就不再重复。

案例一：

## 中国共产党第十九届中央委员会第四次全体会议公报

（2019年10月31日中国共产党第十九届中央委员会第四次全体会议通过）

中国共产党第十九届中央委员会第四次全体会议，于2019年10月28日至31日在北京举行。

出席这次全会的有，中央委员202人，候补中央委员169人。中央纪律检查委员会常务委员会委员和有关方面负责同志列席会议。党的十九大代表中的部分基层同志和专家学者也列席会议。

全会由中央政治局主持。中央委员会总书记习近平作了重要讲话。

全会听取和讨论了习近平受中央政治局委托作的工作报告，审议通过了《中共中央关于坚持和完善中国特色社会主义制度、推进国家治理体系和治理能力现代化若干重大问题的决定》。习近平就《决定（讨论稿）》向全会作了说明。

全会充分肯定党的十九届三中全会以来中央政治局的工作。一致认为，面对国内外风险挑战明显增多的复杂局面，中央政治局高举中国特色社会主义伟大旗帜，坚持以马克思列宁主义、毛泽东思想、邓小平理论、“三个代表”重要思想、科学发展观、习近平新时代中国特色社会主义思想为指导，全面贯彻党的十九大和十九届二中、三中全会精神，准确把握国内国际两个大局，着力抓好发展和安全两件大事，加强战略谋划，增强战略定力，坚持稳中求进工作总基调，继续统筹推进“五位一体”总体布局和协调推进“四个全面”战略布局，团结带领全党全国各族人民攻坚克难、砥砺前行，庆祝中华人民共和国成立70周年系列活动极大振奋和凝聚了党心军心民心，庆祝改革开放40周年系列活动增强了将改革进行到底的信心，“不忘初心、牢记使命”主题教育成效明显，深化党和国家机构改革各项工作胜利完成，改革开放全面深化，经济社会保持健康稳定发展，坚决打好三大攻坚战和应对各种风险挑战工作有力有效，国防和军队现代化深入推进，推动党和国家各项事业取得新的重大进展。

（略）

全会号召，全党全国各族人民要更加紧密地团结在以习近平同志为核心的党中央周围，坚定信心，保持定力，锐意进取，开拓创新，为坚持和完善中国特色社会主义制度、推进国家治理体系和治理能力现代化，实现“两个一百年”奋斗目标、实现中华民族伟大复兴的中国梦而努力奋斗！

## 二、联合公报的基本结构和写作方法

（一）从标题上看。通常用联合公报形式直接点题。

（二）从特点上看。由于联合公报是政党之间、国家之间，就某些重大事项或者问题经过会谈、协商取得一致意见或达成谅解后，双方联合签署发布的文件，因此，具有条约的性质。

（三）从正文上看。导语部分与新闻公报类似，概述公报产生的背景及会谈基本情况。正文用“中方声明”“对方声明”“双方声明”分别表明各方态度立场和双方共同态度立场。比如，当年的中美联合公报，构思比较精妙，语言比较严密，堪称经典之作。

### 案例二：

## 中美联合公报

（一九七二年二月二十八日）

产生背景：

应中华人民共和国总理周恩来的邀请，美利坚合众国总统理查德·尼克松自一九七二年二月二十一日至二月二十八日访问了中华人民共和国。……

尼克松总统于二月二十一日会见了中国共产党主席毛泽东。两位领导人就中美关系和国际事务认真、坦率地交换了意见。

……

中华人民共和国和美利坚合众国领导人经过这么多年一直没有接触之后，现在有机会坦率地互相介绍彼此对各种问题的观点，对此，双方认为是有益的。他们回顾了经历着重大变化和巨大动荡的国际形势，阐明了各自的立场和态度。

中方声明

哪里有压迫，哪里就有反抗。国家要独立，民族要解放，人民要革命，已成为不可抗拒的历史潮流。国家不分大小，应该一律平等，大国不应欺负小国，强国不应欺负弱国。中国决不做超级大国，并且反对任何霸权主义和强权政治。中国方面表示：坚决支持一切被压迫人民和被压迫民族争取…

美方声明……

双方声明

中美两国的社会制度和对外政策有着本质的区别。但是，双方同意，各国不论社会制度如何，都应根据尊重各国主权和领土完整、不相互侵犯、不干涉内政、平等互利、和平共处的五项原则来处理国与国之间的关系。国际争端应在此基础上予以解决，而不诉诸武力和武力威胁。

美国和中华人民共和国准备在他们的相互关系中实行这些原则。……

美国方面声明：美国认识到，在台湾海峡两边的所有中国人都认为只有一个中国，台湾是中国的一部分。美国政府对这一立场不提出异议。它重申它对由中国人自己和平解决台湾问题的关心。考虑到这一前景，它确认从台湾撤出全部美国武装力量和军事设施的最终目标。在此期间，它将随着这个地区紧张局势的缓和逐步减少它在台湾的武装力量和军事设施。

双方同意，……

双方同意，……

双方希望，……

## 三、统计公报基本结构与写作方法

（一）从标题上看。由“内容＋文种”组成。比如，《2018 年 ×× 市国民经济和社会发展统计公报》。

（二）从特点上看。由于统计公报适用于国家和政府统计机关发布国民经济社会发展方面情况的公文，我国统计部门发表公报时，通常每年度发布一次。

（三）从正文上看，与新闻公报、联合公报的写作方法完全不同，没有会议认为、会议指出的习惯性用语，而是以年度总体情况作为导语，或者直接分项阐述，正文部分与图表结合形式，按综合、农业、工业和建筑业、服务业等分点分项介绍。关于统计的具体内容，专业性比较强，恕不展开介绍。如案例二。

案例二：

## 2018年××市国民经济和社会发展统计公报

××市统计局　国家统计局　××调查队

（2019年3月17日）

一、综合

初步核算，全年实现地区生产总值1942.8亿元，比上年增长8.1%。其中，第一产业增加值295亿元，增长4.3%；第二产业增加值968.95亿元，增长8.3%；第三产业增加值678.85亿元，增长9.7%。第一产业增加值占地区生产总值的比重为15.2%，第二产业增加值比重为49.9%，第三产业增加值比重为34.9%。全年人均地区生产总值66878元，比上年增长7.8%。（略）

二、农业

全年农林牧渔业完成总产值526.48亿元，比上年增长4.3%。粮食种植面积133.63万亩，比上年增加0.70万亩，其中稻谷面积89.96万亩，减少1.14万亩；油料种植面积3.61万亩，减少0.18万亩；蔬菜种植面积85.73万亩，增加3.95万亩。（略）

全年粮食产量46.99万吨，比上年增产0.83万吨，增长1.8%，其中稻谷36.78万吨，增产0.06万吨，增长0.2%。（略）

三、工业和建筑业

全年全部工业增加值790.49亿元，比上年增长8.8%。其中，规模以上工业增加值增长9.2%。在规模以上工业中，分经济类型看，国有控股企业增长8.0%；集体企业下降22.8%，股份制企业增长8.6%，外商及港澳台投资企业增长15.3%，其他经济类型企业下降45.8%。分轻重看，轻工业增长11.8%，重工业增长7.2%。分门类看，采矿业下降14.4%，制造业增长9.4%，电力、热力、燃气及水的生产和供应业增长7.8%。工业产品销售率99.0%，比上年提高0.7个百分点。

以下略去……

## 练习题：

一、最近一个时期以来，×× 县接连发生几起森林火灾，给国家和人民群众的财产造成重大损失。×× 县人民政府为此发文，要求各有关乡镇各有关单位举一反三，吸取教训，严防森林火灾再次发生。请你代 ×× 县人民政府拟写一份通报。

二、鉴于 ×× 高速公路 ×× 收费站至 ×× 南站收费站封闭维修施工，请你代 ×× 高速有限公司拟写一份该路段 × 月 × 日封闭施工的通告。

# 第九章　计划规章有依据　规范约束讲程序

写作至此，已接近尾声。说说我的两个外号，一是“江主席”；二是“吴江教授”。后一个外号的故事与总结相关，我先说说第一个外号的故事。10多年前的一个夜晚，我家属接到市政府办主任的电话，说要找“江主席”，刚好我在忙，我家里的接电话后回答：我家没有“江主席”。这是因为我家属不知道“江主席”外号的由来。其实，这个事情，还得从15年前我兼任市政府办工会主席说起。自从担任工会主席以来，承蒙市政府秘书长、主任厚爱支持，各位工会委员们鼎力相助，市政府办工会活动风生水起，亮点纷呈，特别是连续五年的春节联欢晚会更是一道妙趣横生的盛宴。节目以自编自导自演为主，有办领导班子组成的男子十二乐坊、男扮女装的老鼠娶亲过年，有男人版的小天鹅舞、以办公室酸甜苦辣为主题的自编快版，有相声小品、游戏抽奖。这些节目，因其本真而独特，因其趣味而留忆。如今大家忆及，仍然是大家聊天的共同话题，仿佛穿越时空，回到那难忘的精彩瞬间。由此，我的“江主席”外号便应运而生。

为什么在最后的章节，说起外号的故事，因其与我们的生活工作息息相关。因为不管我们从事职责范围内还是职责范围外的工作，奉献定能让爱延续，让精神无限愉悦。其实这个章节的方案、计划、总结、制度，贯穿于我们工作生活全过程，特别要求我们做到有章可循。

## 第一节　方案类

虽然，方案不是公文的文种，但我们在工作中，往往比较经常接触到，制发公文时，通常采用通知的方式下发。一般来说，方案可以分成会议类、接待类、活动类。这里，我们分门别类予以阐述。

## 一、会议类方案

### 案例一：

### 上汽宁德基地项目庆功表彰大会方案

一、会议时间：2019 年 11 月 ×× 日（具体时间待定）

二、会　　标：上汽宁德基地项目庆功表彰大会

三、会议地点：市委市政府附属楼一层会议室

四、会议议程

会议由市委副书记、市政府市长 ××× 主持。

（一）市政府副市长 ××× 宣读市委市政府表彰决定；

（二）颁奖（颁奖过程播放音乐）

1. 由市委书记 ×××、市长 ××× 向获得集体二等功单位授牌（市住房和城乡建设局，蕉城区委、区政府）；

2. 由市领导 ×××、×××、×××、×××、×××、×××、×××、×××、×××、×××、×××、×××、××× 等向获得集体三等功单位授牌（市人民政府办公室、市发展和改革委员会、市工业和信息化局、市财政局、市自然资源局、市交通运输局、市林业局、市海洋与渔业局、市港务集团有限公司，东侨经济技术开发区党工委、管委会，蕉城区七都镇人民政府，蕉城区八都镇人民政府，蕉城区交通运输局）；

3. 由市领导 ×××、×××、×××、×××、×××、×××、×××、×××、×××、×××、×××、×××、××× 等向获得个人二等功同志颁发荣誉证书（×××、×××、×××、×××、×××、×××、×××、×××、×××、×××、×××、×××、×××、×××）。

（三）获得集体立功、表彰单位代表发言（市住房和城乡建设局、

蕉城区、市发展和改革委员会、市公安局交警支队)。

(四)市委书记 ××× 讲话。

五、参会人员(约 270 人)

(一)市委常委,市人大常委会、市政协党组书记,市人大常委会副主任、市政府副市长,市政协副主席,宁德军分区司令员;

(二)市法院院长、市检察院检察长,宁德师范学院、宁德职业技术学院党委书记或院长;

(三)市人大常委会、市政府、市政协秘书长;

(四)蕉城区和福安市党委、政府主要领导,东侨经济技术开发区党工委、管委会主要负责同志,其他县(市区)党委或政府主要负责同志;

(五)市直有关单位(名单附后)主要负责同志;

(六)上汽乘用车福建分公司、蕉城区(30 人)、东侨经济技术开发区(15 人)、上汽指挥部办公室(30 人)有关人员;

(七)先进个人代表(获得个人二等功、三等功)。

六、其他事项

(一)各县(市、区)政府办公室和东侨经济技术开发区管委会办公室及市直有关单位、上汽宁德基地项目建设指挥部办公室负责通知落实所属参会人员提前 15 分钟入场就座,并将参会人员名单于 11 月 ×× 日(星期 ×)上午下班前报上汽宁德基地项目工程建设指挥部办公室(联系人:×××、×××,联系电话:……、……,传真:……)。

(二)上汽宁德基地项目工程建设指挥部办公室负责起草 × 书记讲话稿和 × 市长主持词,分别送市委办公室、市政府办公室把关送审;负责做好会场布置、颁奖安排等会务有关工作,市政府办公室机关后勤保障科配合。市住房和城乡建设局、蕉城区、市发展和改革委员会、市公安局交警支队发言材料于 11 月 ×× 日报上汽宁德基地项目工程建设指挥部办公室。

(三)非蕉城片参会人员于 11 月 ×× 日(星期 ×)下午到 ×× 报到,市政府办公室机关后勤保障科负责做好食宿安排及会场音乐准备等有关工作。

（四）市委宣传部负责邀请中央、省驻宁新闻媒体，通知市相关新闻媒体参加，并作好宣传报道工作。

上汽宁德基地项目工程建设指挥部

2019 年 11 月 ×× 日

从这个案例看，时间、会标、地点、主持人等都属于基本元素。 会议议程部分，是重要环节，一定要充分注意到流程之间的衔接，四个环节，一环扣一环，不能漏了。参会人员，按市领导、县领导、市直单领导位分点写出来，这样比较直观明了，而且参会人员一般要求提前 15 分钟入场，就是为了确保开会时的会场秩序。其他事项，涉及会务工作分工，第一小点，由谁来通知;第二小点，讲话稿、典型发言材料等文稿的撰写工作分工;第三小点，食宿等后勤接待工作分工；第四小点，谁来负责通知新闻媒体参加。

**案例二：**

## ×× 市 2019 年防汛备汛现场会方案

一、日程安排

5 月 17 日（星期五）上午

08:30—09:50　从市委市政府办公楼集中乘车前往柘荣县文体公园广场

①市级和蕉城区、东侨经济技术开发区参加人员 8:20 在市委市政府办公楼前按编号集中乘车前往；市政府办公室机关后勤保障科负责安排 3 部中巴车提前等候。

②其他县（市）参加人员自行前往演练地点柘荣县文体公园广场（青

少年宫广场）。

09:50—10:50　观摩柘荣县防汛应急演练（由柘荣县防汛抗旱指挥部负责组织演练，××× 副市长宣布演练开始并对演练进行点评）

10:50—12:00　演练观摩结束前往福鼎市（由柘荣县负责安排 2 部中巴车运送除蕉城、东侨参加人员外各县参加人员）

12:00—14:30　午餐、午休（地点：福鼎市国际大酒店）

下午

14:30—15:15　前往福鼎市龙安开发区杨岐海堤（由福鼎市安排 2 部中巴车运送除蕉城、东侨参加人员外各县参加人员）

15:15—15:25　参加人员观摩点就座

15:25—17:00　观摩福鼎市防台风演练（由福鼎市防汛抗旱指挥部负责组织演练，××× 副市长宣布演练开始并对演练进行点评）

17:00—17:10　前往福鼎市龙安开发区管委会

17:10—18:00　召开 ×× 市 2019 年防汛备汛现场会

1. 会议地点：龙安开发区管委会办公楼 5 层会议室

2. 会议议程：①市防指常务副指挥长、市水利局局长 ××× 通报今年防汛备汛工作情况；② ××× 副市长讲话。会议由市政府办副主任 ××× 主持。

3. 参加人员：①市领导（×××）；②市防指主要成员单位负责人；③各县（市、区）政府分管领导、水利局局长，东侨开发区管委会分管领导；④福鼎市防指成员单位负责人及乡镇（街道）党委或政府主要负责人、有关行政村村主干。

18:00—　晚餐（地点：福鼎市龙安开发区管委会食堂）

晚餐后返程

二、参加人员

×××　副市长

×××　市政府办副主任

市防指主要成员单位负责人（见附件）；

各县（市、区）政府分管领导、水利局局长，东侨开发区管委会分管领导；

柘荣县防指成员单位负责人及乡镇（街道）党委或政府主要负责人参加柘荣县防汛应急演练观摩；福鼎市防指成员单位负责人及乡镇（街道）党委或政府主要负责人参加福鼎市防汛应急演练观摩。

工作人员若干名（市防汛办联系人：×××，电话：138……；柘荣县联系人：×××，139……；福鼎市联系人：×××，135……）。

三、有关事项

（一）市水利局负责做好现场会各项工作的的联络衔接和组织安排工作，并做好通报材料准备，提交会议材料一式140份会前分发。

（二）请各县（市、区）人民政府和市直有关单位负责通知落实本辖区、本单位参会对象，并将参会人员名单于5月16日下午17：00前报送市防汛办（电话：2822317，传真：2824476）。

（三）柘荣县、福鼎市负责做好现场会相关准备和沿途线路的环境整治及安定稳定工作。

（四）柘荣县、福鼎市参加演练人员统一着装（作训服或制服）参加现场会，服装自行负责。

（五）市政府办机关后勤保障科负责做好车辆安排工作。

附件：市防指主要成员单位名单

××市人民政府办公室

2019年5月16日

领导下乡调研方案和下一节的接待方案有共同点，一般由日程安排、参加人员、注意事项三个部分组成。这里，我先谈一下观摩演练和现场会的内容。这里的观摩演练分两部分，分别在柘荣和福鼎，内容主要是台风来了，如何做好受灾群众疏散和海堤的除险加固，方案中需要留足两个演练的时间。至于现场会和前述的一般性会议类似，这里就不一一阐述了。

## 二、接待类方案

先说一个小故事吧。前些年，我在市政府办工作时，曾接待过时任国家水利部副部长的李××。他大约是在当年的四月份，到宁德检查防汛备汛工作。我印像很深的有三点；一是到宁德中心城区金蛇头检查25孔闸时，重点检查了开启闸门的设备和备用设备是否正常；二是到柘荣检查乡村的防汛备汛物资时，对防汛备汛仓库准备的锣给予充分肯定，他说，一旦洪水到了，敲锣广播是非常有效的示警方式。我从小生活在穆阳溪畔，亲历过1969年的大洪水，当时洪水曾经淹到家里，地上的东西都浮起来了。记得，洪水来时，镇里的打更师傅，就是一遍遍的敲锣示警。三是对防洪堤岸上标示的二十年一遇、三十年一遇提出批评，说这种语言不够接地气，老百姓看不明白。由此，给我们一个提醒，制订领导下乡调研时，特别需要注重细节。

一般来说，行署办时期，省政府领导下乡接待方案都由秘书科或者业务科室拟写，由于当时行署办秘书科人手少，加上接到省长下乡的通知都比较迟，时间比较紧。所以，我在行署办当综合科科长的时候，经常被行署办主任叫去一起拟写省长下乡调研方案。这一类接待方案和前面的防汛备汛现场会方案，有一个共同的特点：就是要精心测算好调研点之间的车程时间，通常，我们请教小车班的司机或者熟知这一段线路的人员。现在，也可以请教高德地图，若是更重要的领导，还要组织人员踩点测算，以便更精确计算车程时间。同时，可以实地了解领导乘坐的中巴车沿途通行道路等是否顺畅，调研点是否有可以掉头的地方等等。

**案例三：**

### ×××副省长赴柘荣、福鼎调研活动方案

（送 审）

一、日程安排

7 月 31 日（星期三）上午

08:30—09:10 从福安出发前往柘荣县（柘荣县参加人员提前在高速互通口等候）

09:10—09:30 前往竹家楼水库坝头

09:30—10:00 察看城乡供水一体化项目

10:00—10:30 前往富溪镇富溪村

10:30—11:20 察看乡村振兴示范村、农村人居环境整治重点村富溪村（“商贸驿站、红色小镇”特色村）

11:20—11:30 前往岭后村

11:30—11:50 察看岭后村（茶产业振兴助脱贫示范村）

11:50—12:00 前往柘荣县宾馆

12:00—14:30 午餐、午休（地点：柘荣县宾馆）

下午

14:30—15:40 从柘荣出发前往福鼎市点头镇马冠村（福鼎市参加人员提前在岩前路口等候）

15:40—16:00 察看福鼎市第三自来水厂

16:00—16:15 从点头镇马冠村前往点头镇大坪村

16:15—16:45 察看大坪村农村人居环境整治及茶产业发展情况（六妙白茶庄园）

16:45—17:25 从点头镇大坪村前往太姥山镇潋城村

17:25—17:45 察看潋城村美丽乡村建设情况

17:45—18:00 从潋城村前往太姥山镇政府

18:00— 晚餐（地点：×× 镇政府），餐后返回福州

二、参加人员

（一）省调研组一行

××× 省政府副省长

××× 省农业农村厅厅长

× × 省水利厅厅长

（二）×× 市陪同人员

×××　市政府副市长

×××　市政府办副主任

×××　市农业农村局局长

×××　市水利局局长

工作人员若干名（联系人：叶 ××　1303090××××）

三、有关事项

（一）市农业农村局负责做好调研活动的协调对接工作。

（二）柘荣县、福鼎市做好调研活动的各项准备工作。

（三）市政府办公室机关后勤保障科负责做好车辆安排。

×× 市人民政府办公室

2019 年 7 月 27 日

案例三的第一部分是行程安排，重点是测算行车时间和调研点停留时间。第二部分是参加人员，省市参加人员需要分开写，名字写前面，空两格，职务写后面，记住方案里要有联系人及电话，以便随时沟通联系。第三部分有关事项，三个内容都很重要。一是市农业农村局负责做好调研活动的协调对接工作，包含汇报材料的拟写，调研点是否有特色；二是柘荣县、福鼎市做好调研活动的各项准备工作，包含雨具草帽茶水的准备；三是市政府办公室机关后勤保障科负责做好车辆安排，包含通知派车和驾驶员及出发的提前量。这些都是细节，需要工作人员提前在发出通知后，再认真落实，而且，车队出发前，要提前到位，并一一清点人员是否到位，未到的，及时打电话催促。

## 三、活动类方案

在解剖案例之前，我先讲讲有关重要活动的两件小事，虽然是小事，但以小见大，希望大家从中吸取经验教训。记得有一年，全省集中搞一个重点项目开竣工仪式，各设区市轮流直播，其中我市的一个项目被列入开工仪式，结果转播到我们的项目举行开工仪式时，电视屏幕出现短暂的黑屏，导致开工仪式无法及时转播。还有一件事，大约在2014年，我市有一个项目举行竣工仪式，现场出现音响没有声音的故障，原因是连接麦克风的电源线裸露在地面，被来来往往的人踩断了。从这两个小事中，我们记住，凡是重要活动一定要养成提前和时刻检查的习惯。

**案例四：**

## 三季度××市<br>重大项目集中开竣工活动方案

| 一、行程安排 | |
|---|---|
| 9月28日（星期五）上午 | |
| 08:10—08:15 | 东侨行政服务中心广场前往宁德火车站综合客运枢纽（路线：东侨行政服务中心→华庭路→闽东东路→金马路→宁德火车站综合客运枢纽）<br>1. 市参加人员于7:55前在东侨行政服务中心广场前集中乘坐中巴车；<br>2. 市政府办机关后勤保障科负责安排2部中巴车和1部商务车于7:45前在东侨行政服务中心广场前等候；<br>3. 市发改委负责引导。 |

续表

| | |
|---|---|
| 08:15—08:30 | 举行宁德火车站综合客运枢纽项目竣工活动<br>主持人：市交通运输局局长　××<br>议　程：<br>1. 市交投集团董事长 ××× 介绍项目基本情况；2. ×××、×××、××、×××、×××、×××，××× 等领导在主席台为项目竣工触球并参观项目。<br>市直部门参加人员（7 人）：×××、×××、××、×××、×××、×××、×××。 |
| 08:30—08:45 | 前往漳湾作业区 7# 泊位（路线：宁德火车站综合客运枢纽→金马路→天山路→宁德东互通口→宁德北互通口→疏港路→漳湾作业区 7# 泊位） |
| 08:45—08:55 | 举行漳湾作业区 7# 泊位项目开工活动<br>主持人：市港务集团董事长　×××<br>议　程：<br>1. 市交投集团总经理 ××× 介绍项目基本情况；<br>2. 中交三航院 EPC 总承包公司副总经理 ×× 表态；<br>3. ×××、×××、××、×××、×××、×××、×××，×××、××× 等领导在主席台为项目开工推杆。<br>市直部门参加人员（10 人）：×××、×××、××、×××、×××、×××、×××、×××、×××、×××。 |

续表

| | |
|---|---|
| 08:55—09:00 | 前往蕉城时代汽车电机生产项目（路线：漳湾作业区 7# 泊位→疏港路→蕉城时代汽车电机生产项目） |
| 09:00—09:10 | 举行蕉城时代汽车电机生产项目开工活动<br>…… |
| 09:10—09:15 | 前往宁德新能源湖西产业园数码项目三期(路线：蕉城时代汽车电机生产项目→疏港路→福宁北路→宁德新能源湖西产业园数码项目三期) |
| 09:15—09:25 | 举行宁德新能源湖西产业园数码项目三期开工活动<br>…… |
| 09:25—09:35 | 前往蕉城区北山区域西林学校（路线：宁德新能源湖西产业园数码项目三期→工业路→疏港路→ 104 国道→北山区域西林学校） |
| 09:35—09:50 | 举行蕉城区北山区域西林学校（一期）及蕉城区北山区域西林校区路网工程集中竣工活动<br>…… |
| 09:50—10:00 | 前往蕉城区八都岙村（路线：北山区域西林学校→ 104 国道→八都岙村＜粮食储备库对面＞） |
| 10:00—10:10 | 举行国道 G104 线蕉城区八都岙村至廉坑村改建及国道 237 八都岙村至八都互通段公路工程集中开工活动<br>…… |
| 10:10—10:50 | 前往福安湾坞宁德新能源材料产业园（路线：八都岙村→ 104 国道→疏港路→宁德北互通口→湾坞互通口→宁德新能源材料产业园，福安市负责引导） |

续表

| | |
|---|---|
| 10:58—11:20 | 举行宁德新能源材料产业园奠基活动<br>…… |
| 11:20— | 返程 |
| 二、参加人员 | |
| ×××　市委书记<br>×××　市政府市长<br>×××　市人大常委会主任<br>×××　市政协主席<br>×××　市委常委、秘书长、宣传部部长<br>×××　市委常委、市政府常务副市长<br>×××　市政府副市长（参加蕉城时代汽车电机生产项目开工、宁德新能源湖西产业园数码项目三期开工、宁德新能源材料产业园奠基活动）<br><br>×××　市委副秘书长、办公室主任<br>×××　市政府副秘书长<br>×××　市发改委主任<br>×××　市经信委主任<br>×××　市教育局局长〔参加蕉城区北山区域西林学校（一期）及蕉城区北山区域西林校区路网工程集中竣工活动〕<br>×××　市住建局局长<br>×××　市交通运输局局长<br>×××　市重点办负责人<br>×××　宁德港口分局局长（参加漳湾作业区7#泊位项目开工活动）<br>工作人员若干人（联系电话：市政府办郑×× 1359984××××、蔡×× 1770593××××，市重点办陈×× 1589212××××） | |

续表

| 三、其他事项 |
| --- |
| 1. 蕉城区、福安市、东侨开发区和市交投集团、港务集团等会同相关项目业主严格按照中央八项规定及《实施细则》精神，做好开竣工项目现场布置、人员组织、秩序维持等各项工作，市发改委配合。蕉城区、福安市、东侨开发区负责做好项目沿线道路交通疏导工作。<br>2. 市政府办机关后勤保障科负责做好车辆安排，市发改委做好引导车辆安排。<br>3. 市委宣传部负责邀请福建日报宁德记者站、省广播影视集团宁德记者站、闽东日报社、宁德电视台安排记者参加。<br><br>中共 ×× 市委办公室<br>×× 市人民政府办公室<br>2018 年 9 月 27 日 |

案例四说的是市委、市政府用半天时间，集中为七个重大项目举办的一次开竣工仪式。主要目的是集中呈现造势，突出重点项目工作成效，从而鼓舞各级各部门的工作热情和干劲。因此，需要七个相关单位报送具体的开竣工初步方案，交秘书科综合形成送审稿，必要时，政府办还要召开协调会，明确任务分工，做好各个项目之间时间节点的衔接。从活动安排的整体上看，前往每个项目开竣工场地，都有一个行车路线。比如，从“东侨行政服务中心广场前往宁德火车站综合客运枢纽（路线：东侨行政服务中心→华庭路→闽东东路→金马路→宁德火车站综合客运枢纽）”“前往漳湾作业区 7# 泊位（路线：宁德火车站综合客运枢纽→金马路→天山路→宁德东互通口→宁德北互通口→疏港路→漳湾作业区 7# 泊位）”。为什么要设置行车路线，主要是考虑，凡是重要活动，事先都要进行踩点，防止沿途出现堵车、修路等突发事件，确保活动顺利进行，也让参加者一目了然。

这个路线应该也是这种情况。其次，这个活动的出发时间是 8：10 分，但参加活动人员都要求 7：50 分到达乘车地点，而且中巴车必须在 7：45 分前到达。这些都是重要活动安排时需要的提前量，因为曾经发生过领导已经准时到达乘车地点了，而驾驶员或者随行人员未到的情况。其三，项目开竣工仪式的议程，主要有主持人，领导致辞和项目负责人介绍情况，不可遗漏。

接下来，我们看看这个方案的第三大点，即其他事项，我把它放在后面稍稍解读一下：

1. 蕉城区、福安市、东侨开发区和市交投集团、港务集团等会同相关项目业主严格按照中央八项规定及《实施细则》精神，做好开竣工项目现场布置、人员组织、秩序维持等各项工作，市发改委配合。蕉城区、福安市、东侨开发区负责做好项目沿线道路交通疏导工作。

2. 市政府办机关后勤保障科负责做好车辆安排，市发改委做好引导车辆安排。

3. 市委宣传部负责邀请福建日报宁德记者站、省广播影视集团宁德记者站、闽东日报社、宁德电视台安排记者参加。

这是方案中必不可少的内容，涉及车辆安排、项目现场布置、人员组织、秩序维持、道路交通疏导、记者邀请等，需要各有关部门的协同配合。我在市政府办公室工作多年，深知集思广益的重要。每年的市政府工作务虚会，都要求各位政府领导和各部门领导不需要准备书面发言材料，就是要让大家通过务虚会，经过认真思考，把自己在具体分管工作中的体会和想法，以研讨的形式讲出来，往往这时就会碰撞出思想的火花。当然，各位领导没有准备书面材料，就苦了我们这些做记录的，经常需要加班加点整理，但是我们更喜欢这些干货，这些都为我们撰写市政府工作思路，提供了很好的素材。因此，2017 年 3 月份，我到市住房公积金管理中心工作后，为做好 2018 年的工作，借鉴原来市政府开务虚会的做法，年底，我也开了一场务虚会，请各县（市、区）办事处和机关各科室的同志，一起研讨后，综合大家的意见，提出了2018年××市住房公积金管理中心“3+2”计划实施方案，即归集扩面“双拓”行动计划、“清逾守信”行动计划、“互联网+公积金”行动计划、“五比五看”岗位竞赛活动计划、“奋进新时代 梦圆公积金”宣传活动计划实施方案。从另外的角度看，一个单位一年的工作安排，确实需要一个抓手。上面讲的“3+2”计划实施方案，就是一个抓手。这里，我在后面以其中的一个方案即案例五，给大家解读一下工作方案的写作要领。

### 案例五：

## ××市住房公积金管理中心<br>2018年度“清逾守信”行动计划实施方案

为加强住房公积金贷款管理，降低贷款逾期率，防范资金风险，促进我市住房公积金安全运行，根据国务院《住房公积金管理条例》及《宁德市个人住房公积金贷款管理办法》等规定，按照省住建厅办公室《关于强化住房公积金个贷违约风险防范的提示函》（闽建办金函〔2017〕16号）要求，经研究，决定在全市开展清收住房公积金逾期贷款的“清逾守信”行动。为确保该项工作顺利开展，特制定本行动计划。

一、指导思想

（略）

二、组织领导

（略）

三、工作目标

（略）

四、工作安排

2018年逾期贷款清收工作分三个阶段进行：

第一阶段：排查准备阶段（3 月 10 日—3 月 31 日）

1. 各办事处（营业部）对各自的存量贷款进行排查，按照“一户一策”的原则，建立和完善逾期借款人档案，核实借款人联系方式，详细记录借款人未还款原因及还款时间，对每个借款人逾期贷款的现状和成因进行深入分析，寻找对策。分类制定催收计划，明确催收措施，并将排查结果上报稽查科。（责任部门：各办事处、营业部、稽查科）

2. 通过中心微信公众号发布信息，宣传推广 12329 短信服务，发动借款人开通 12329 短信服务，完善借款人联系方式。（责任部门：信息科、稽查科、各办事处、营业部）

3. 通过中心官网和微信公众号发布诚信宣传，主要内容为中心从 4 月份开始将在相关媒体上发布公积金逾期贷款的催收公告，要求借款人按时还款。（责任部门：稽查科、信息科）

（二）第二阶段：催收实施阶段（4 月 1 日—12 月 20 日）

（略）

（三）第三阶段：总结阶段（12 月 20 日—12 月 31 日）

（略）

五、工作要求

（一）落实逾期贷款催收责任制。（略）

（二）建立逾期贷款通报分析例会制度。（略）

（三）加强贷前调查、贷中审查、贷后管理。（略）

（四）强化逾期贷款清收工作领导。（略）

案例五，导语部分，阐述为什么要制定这一方案。正文部分五个大点，分别是“指导思想、组织领导、工作目标、工作安排、工作要求”。第一大点的指导思想，与总体要求类似，要求讲宏观，有高度。第二大点的组织领导和第三大点的工作目标，内容比较简单，这里就不展开介绍了。接下来，请大家特别注意第四大点工作安排的写作要求，分成三个阶段来写。一般来说，阶段性安排中，都要求有准备阶段和总结阶段，这也是基本的工作方法。比如，这份方案的排查准备和总结阶段。同时，每个阶段，既有时间要求，比如，第一阶段，排查准备阶段，从3月10日至3月31日；还要有工作要求和责任单位，同时还需要有可操作的具体措施，比如第一阶段的三点要求，请大家在写作时注意把握好。

## 第二节　计划类

俗话说："长计划、短安排。"从"八五"计划到"十三五"规划，计划变规划，提法变了，时空的维度变了，但撰写计划的方法方式没有变，需求没有变。计划始终根植于我们工作生活的方方面面。国家、省、市、县的五年发展规划，机关企事业单位的生产计划、工作计划、培训计划，以及我们常见的综合或者专项工作的纲要、方案、要点、打算、设想、预测、安排等等。比如，我们就曾经帮助农办撰写过山海协作五年发展规划。从时间的长短来说，就有周工作安排，月、季、年工作计划，中长期工作规划纲要等。接下来，我们从安排往计划规划方向过渡。

### 一、周工作安排

作为机关企事业单位，要确保每周工作顺利开展，经常在上周六或周日时，对下周的工作，提出一个大体的工作安排，如此，方能确保本单位工作有序开展。比如，市政府办的秘书科，就有一项工作任务，每周天的晚上，分别和市委办以及政府办各业务科室联系沟通，了解书记和各位副市长下周的工作安排，加上手头上掌握的市长下周需要安排的工作，然后排出市长下周工作的预安排，送市长审定后，付印分送有关领导和单位。案例一，就是一份周工作预安排，比较详细。从周一上午8：15分开始排，到周天晚上结束，参加什么活动，在什么地点，天气如何，上一场活动与下一场活动的时间间隔，还要充分考虑到车程时间。注意事项部分，标识一下近期还需要安排的工作，以便提醒领导及时安排。大家可以参阅参照。

案例一：

**近期工作预安排**

（12 月 30 日—1 月 23 日，送审稿）

<table>
<tr><td rowspan="5">12 月 30 日(星期一)<br>阴 12/21℃</td><td>上午 8:15</td><td></td></tr>
<tr><td>上午 9:30</td><td>参加市禁毒宣传教育活动<br>地点：市妇女儿童活动中心六层</td></tr>
<tr><td>上午 10:00</td><td>（略）</td></tr>
<tr><td>下午 3:00</td><td>（略）</td></tr>
<tr><td>晚上 7:00</td><td>（略）</td></tr>
<tr><td rowspan="4">12 月 31 日(星期二)<br>阴转多云 8/13℃</td><td>上午 8:00</td><td>全市四季度重点项目集中开竣工活动▲</td></tr>
<tr><td>下午 3:00</td><td>（略）</td></tr>
<tr><td>下午 3:30</td><td>（略）</td></tr>
<tr><td>下午 5:00</td><td>走访慰问金融机构一线工作人员</td></tr>
<tr><td rowspan="3">1 月 1 日（星期三）</td><td>上午</td><td rowspan="2">元旦放假</td></tr>
<tr><td>下午</td></tr>
<tr><td>晚上 8:00</td><td>研究政府工作报告<br>地点：市政府第二会议室</td></tr>
</table>

续表

| | | |
|---|---|---|
| 1月2日（星期四）<br>多云 12/19℃ | 上午 8:15 | （略） |
| | 上午 8:40 | （略） |
| | 上午 9:30 | （略） |
| | 下午 3:00 | （略） |
| 1月2日（星期四）<br>多云 12/19℃ | 晚上 6:00 | （略） |
| | 晚上 7:30 | （略） |
| 1月3日（星期五）<br>多云 13/20℃ | 上午 8:30 | 四届政协四次会议第一次全体会议<br>（开幕式，11:30 结束）▲<br>地点：市高级中学礼堂 |
| | 上午 11:00 | （略） |
| | 下午 2:30 | 参加市政协第六组分组讨论<br>地点：闽东宾馆二层多功能厅 |
| | 下午 4:10 | （略） |
| | 晚上 7:10 | （略） |
| 1月4日星期六）<br>小雨转阴 14/21℃ | 上午 8:30 | （略） |
| | 上午 10:00 | （略） |
| | 下午 2:30 | （略） |
| | 下午 4:30 | （略） |
| | 下午 5:00 | （略） |
| | 晚上 7:30 | （略） |
| | 晚上 8:30 | （略） |

续表

| | | |
|---|---|---|
| 1月5日（星期日）<br>阴 13/17℃ | 上午 8:30 | （略） |
| | 上午 10:10 | （略） |
| | 下午 3:00 | （略） |
| | 下午 5:00 | （略） |
| | 晚上 7:30 | （略） |

1. 近期市委拟召开 ×× 工作会议。

2. 近期拟调研 ××× 等有关工作。

3. 近期拟召开市政府专题会议（听取今年以来 ××× 等工作汇报）。

×× 市人民政府办公室

2019 年 12 月 29 日

## 二、学习计划

就学习而言，人生的过程，需要在不断的学习中渡过。记得在大学读书时，老师曾经说过："大学里学到的知识，将来走上社会能用上百分之二十就不错了，重要的是，从中要能够掌握自学的能力。"此生最佩服医生，这种职业尤其需要医生持续学习，否则，有可能误人性命。我在闽东技校任教时，曾经教过一门从未学过的课程《机械制图》，好在我有数学专业立体几何、空间解析几何的功底，接受任务后，我常常备课到深更半夜，学校没有机械制图的教具模型，我时常用萝卜切割成各种形状的模型，如此，通过一个学期的摸索，基本上掌握了这门课程的授课技巧，机械制图的一些概念，如主视图、剖视图等等，我依然记忆犹新，从中说明一个人自学能力的重要。虽然我们常说："计划赶不上变化"，但必要的工作计划，还是需要的，大到单位的工作计划，小到我们中小学时的学习计划，这些确实是我们成长过程中的必由之路。

案例二，是市政府党组理论学习中心组的年度学习计划。导语部分，阐述学习的目的是“为深入学习贯彻习近平新时代中国特色社会主义思想和党的十九大精神”，然后，根据有关文件精神或者按照有关文件精神，特制订本学习计划。正文主要有三大点。分别是指导思想、学习专题、学习要求。指导思想部分，从宏观全局的角度，阐述学习的总体要求。比如，“以马克思列宁主义、毛泽东思想、邓小平理论、‘三个代表’重要思想、科学发展观、习近平新时代中国特色社会主义思想为指导，把学习贯彻习近平新时代中国特色社会主义思想和党的十九大精神作为理论武装工作的首要政治任务，作为中心组学习的重中之重”。学习专题部分，分成十二专题，每个专题有学习要点、学习形式、学习时间、责任科室，在具体的写作过程中，可以依照需要来设计。比如，第一专题就是“深入学习习近平新时代中国特色社会主义思想和党的十九大精神”。学习要求部分，分别提出了三点要求：一是严格把关，落实学习制度；二是多措并举，提高学习质量；三是联系实际，有效转化学习成果。在写作过程中，要注意虚实结合。比如，严格把关，落实学习制度这一小点，具体的学习要求，就是“落实集体学习研讨的重点交流发言制度，强化政治理论、经济理论等学习研讨，全年集中学习不少于12次，其中专题研讨不少于4次。各中心组成员要强化个人自学，带头撰写心得体会、调研报告，全年撰写调研报告不少于1篇、心得体会不少于2篇”。否则，这个学习计划，就会很空洞，没有实质性的内容，执行过程中，就不好操作。

**案例二：**

## 中共××市人民政府办公室党组
## 理论学习中心组2019年度理论学习计划

为深入学习贯彻习近平新时代中国特色社会主义思想和党的十九

大精神，现根据《中国共产党党委（党组）理论学习中心组学习规则》《宁德市贯彻落实中国共产党党委（党组）理论学习中心组学习规则的实施意见》和《市政府办公室党组理论学习中心组学习制度》等有关要求，制定市政府办公室党组理论学习中心组2019年度理论学习计划如下：

一、指导思想

以马克思列宁主义、毛泽东思想、邓小平理论、“三个代表”重要思想、科学发展观、习近平新时代中国特色社会主义思想为指导，把学习贯彻习近平新时代中国特色社会主义思想和党的十九大精神作为理论武装工作的首要政治任务，作为中心组学习的重中之重，不断增强“四个意识”，坚定“四个自信”，坚决做到“两个维护”，切实用习近平新时代中国特色社会主义思想武装头脑、指导实践、推动工作，不折不扣地把习近平新时代中国特色社会主义思想贯穿和体现在全面实施“一二三”发展战略的全过程和各方面。

二、学习专题

第一专题：深入学习习近平新时代中国特色社会主义思想和党的十九大精神

学习要点：深入学习习近平新时代中国特色社会主义思想和党的十九大精神，树牢“四个意识”，坚定“四个自信”，坚决做到“两个维护”，勇于担当作为，以求真务实作风坚决把党中央决策部署落到实处，为开好2018年度民主生活会打牢思想基础。

学习形式：个人自学、专题学习研讨

学习时间：1月15日，为期半天

责任科室：干部科、机关党委

第二专题至第十二专题（略）

三、学习要求

（一）严格把关，落实学习制度。市政府办公室党组理论学习中心组要严格贯彻落实《中共宁德市委办公室关于进一步加强和改进党委（党组）理论学习中心组学习的通知》《中共市委办公室关于贯彻落实

〈中共福建省委办公厅关于进一步健全完善全省党委（党组）理论学习中心组学习机制的意见〉的通知》和《市政府办公室党组理论学习中心组学习制度》，特别是落实集体学习研讨的重点交流发言制度，强化政治理论、经济理论等学习研讨，全年集中学习不少于12次，其中专题研讨不少于4次。各中心组成员要强化个人自学，带头撰写心得体会、调研报告，全年撰写调研报告不少于1篇、心得体会不少于2篇。

（二）多措并举，提高学习质量。坚持读原著、学原文、悟原理，采取集体学习研讨、个人自学、专题辅导和列席市政府党组理论学习中心组学习等方式，多开展互动式、交流式学习。拓宽学习渠道，用好各种学习讲坛、读书会、报告会，充分利用互联网等新兴媒体搭建学习平台。根据经济社会发展需要，结合本职工作，有计划地学习新知识，不断完善知识结构、提高综合素质，提高运用科学理论分析和解决实际问题的能力。

（三）联系实际，有效转化成果。要大力弘扬理论联系实际马克思主义学风，紧密结合思想和工作实际，努力掌握马克思主义立场、观点、方法，学以致用、用以促学、学用相长，把学习成果转化为有效的政策举措。学习理论重在精准、重在管用。坚持问题导向，提高运用党的基本理论解决实际问题的能力，把学习理论同改革开放和“一二三”发展战略结合起来，把学习成果转化为有效的政策举措。

## 三、工作计划

案例三，作为工作计划，与我之前在本章第一节的第三大点讲述的宁德市住房公积金管理中心2018年度“清逾守信”行动计划实施方案有异曲同工之处，正因为如此，反而有必要进行对比梳理，从而让大家对工作计划的写作方法，有更深的理解。

## 案例三：

### ××市人民政府办公室
### 关于进一步贯彻落实省政府
### 打赢蓝天保卫战三年行动计划的通知

各县（市、区）人民政府、××经济技术开发区管委会，市直有关单位：

省政府《关于印发福建省打赢蓝天保卫战三年行动计划实施方案的通知》（闽政〔2018〕25号）于2018年11月印发实施以来，全市各级各部门高度重视，“三年行动计划”各项任务措施逐步推进，取得了一定成效。但从省生态环境厅公布的2月份城市空气质量来看，我市中心城区空气达标天数在设区市中排名第7，霞浦、福鼎在58个县级城市中排名靠后，打赢蓝天保卫战任务还相当艰巨。为推动省“三年行动计划”各项任务落细落实，切实打赢蓝天保卫战。现结合我市工作实际和当前工作重点，提出如下进一步贯彻落实意见，请认真抓好贯彻落实。

## 点　评：

导语部分，之前的活动方案是这样的：“为加强住房公积金贷款管理，降低贷款逾期率，防范资金风险，促进我市住房公积金安全运行，根据国务院《住房公积金管理条例》及《××市个人住房公积金贷款管理办法》等规定，按照省住建厅办公室《关于强化住房公积金个贷违约风险防范的提示函》（闽建办金函〔2017〕16号）要求，经研究，决定在全市开展清收住房公积金逾期贷款的清逾守信行动。特制定本行动计划。”而本行动计划的导语除了省政府的三年行动计划，还写出了目前我市空气质量的现状，这是为什么要打蓝天保卫战的原因。

一、提升认识，高度重视。打赢蓝天保卫战，是党的十九大作出的重大决策部署，是打好污染防治攻坚战的重中之重，事关满足人民日益增长的美好生活需要，事关全面建成小康社会、高质量发展落实赶超，事关市委全面实施“一二三”发展战略工作大局。各级各部门要全面贯彻落实习近平生态文明思想，树牢“四个意识”、增强“四个自信”、做到“两个维护”，严格落实生态环保“党政同责、一岗双责”要求，进一步提升打赢蓝天保卫战责任感和使命感。

**点　评：**

第一大点，之前的方案中体现指导思想，这里却是“提高认识，高度重视”。我以为写作方法虽然不同，但是方向是相同的，所谓殊途同归就是这个道理。

二、明确任务，对标推进。各级各部门要严格按照三年行动计划总体目标和任务要求，结合各自工作实际和当前工作重点，进一步细化工作方案，明确目标任务、责任单位和时间要求，全面推进打赢蓝天保卫战各项工作落实到位。

（一）细化大气污染物减排目标。到2020年，全市二氧化硫、氮氧化物重点工程减排量分别要达到3730吨、5900吨，各地要细化到各自的年度减排任务中。

……

（十五）集中供热范围内燃煤锅炉淘汰。福鼎、霞浦集中供热项目的管网覆盖地区禁止新建、扩建分散供热锅炉，已建成的分散供热锅炉要在集中供热项目建成后6个月内关停。

三、加强领导，强化保障。各级政府要把打赢蓝天保卫战放在重要位置，……各相关部门要按照管发展必须管环保、管行业必须管环保、管生产必须管环保的要求，紧盯打赢蓝天保卫战的目标任务，……

工作落实情况纳入党政领导生态环保目标责任书及污染防治攻坚战考核重要内容，对于工作不力、责任不实、污染严重、问题突出的地区，由市生态环境局会同有关部门公开约谈当地政府负责人；对于考核不合格、重点攻坚任务完成不到位或环境质量改善不到位的地区，将依法依规实行区域环评限批，取消市级有关生态文明荣誉称号，并实行量化问责。同时，对打赢蓝天保卫战工作中涌现出的先进典型将予以表彰奖励。

××市人民政府办公室

2019年3月28日

**点　评：**

之前的方案，是在第四大点中，采用排查准备阶段、催收实施阶段、总结阶段三个阶段来阐述工作目标和要求，但在这里却采取分成十五个小点阐述，而且把时间要求，分别在具体的小点内体现，这也是一种写作方法，无形中我们又学到了计划、方案不同的写作手法。至于第三大点与之前方案的最后一点类似，说明这类材料的最后一点，都必须有保障措施，换句话说，这是通用写作方法。

**四、年度计划**

案例四，是由发改委负责撰写的上年度国民经济和社会发展计划执行情况和本年度的计划。它实际上与政府工作报告是配套的，这样我们就有与市发改委经常在一起切磋的机会。比如，为了开好每季度的经济形势分析会，我们专门成立了由发改委、经贸委、商务局、统计局、财政局、人行等部门的文字工作人员参加的经济运行分析小组，大家轮流主持主办活动，有力促进了这项工作情况的沟通了解。每年度的政府工作报告与发改委、财政报告，开印之前，我们还要一起校对一遍数字，以避免出现数字打架的情况。

案例四，虽然是宁德市的国民经济和社会发展年度计划，但我们在机关企事业单位，通常也需要写出类似的年度发展计划，它的写作方法，还是可以借鉴的。这里分成两大点描述，分别是上年度的计划执行情况和本年度的计划安排，符合一般的工作计划套路。

**案例四：**

## ××市2018年国民经济和社会发展计划执行情况及2019年国民经济和社会发展计划

一、2018年国民经济和社会发展计划执行情况

2018年，全市上下认真贯彻落实中央和省里决策部署，紧紧围绕坚持高质量发展落实赶超的要求，凝心聚力、攻坚克难，经济运行呈现稳中向好、结构优化、质效提升态势。全市生产总值1942.8亿元、增长8.1%，其中第一产业295亿元、增长4.3%，第二产业968.95亿元、增长8.3%，第三产业678.85亿元、增长9.7%，三次产业结构调整为15.2:49.9:34.9；一般公共预算总收入200.77亿元、增长11.7%，地方一般公共预算收入120.42亿元、增长9.1%，增速均居全省首位。

（一）实体经济稳中向好。

（二）内外需求保持平稳。

（三）协同发展迈出新步伐。

（四）改革创新激发新活力。

（五）三大攻坚战扎实推进。

（六）社会民生稳步改善。

总体来看，全市经济运行基本面保持向好势头，市四届人大二次会议审议通过的大部分指标增幅达到或基本达到预期目标要求，但有4项指标增幅与预期目标存在差距。与此同时，当前经济社会发展还存

在部分传统产业增长低迷、小微企业“融资难、融资贵”、项目用地用海等要素制约大、民生领域短板多等问题，需要我们采取有效应对措施，努力加以解决。

点　评：

第一大点的导语部分，一般写大的指标完成情况，这里是全市生产总值、一二三产、财政收入。比如机关企事业单位的主要经济或发展指标，写作时也可以在导语中体现。然后分点阐述方方面面的发展情况，如果在具体的单位有哪些主要的工作类别，写作时，既可以按此类别撰写，也可以重新进行梳理组装成新的类别。比如，水利局有水利工程、中小河流治理、水土保持、河长制、水资源管理、防汛抗旱、水法规宣传等工作，写作时，可以考虑进行整合，分成三大点：一是水利工程项目；二是水行政管理；三是防汛抗旱。

二、2019 年国民经济和社会发展目标与任务

2019 年是新中国成立 70 周年，也是全面实施“一二三”发展战略、坚持高质量发展落实赶超、决胜全面建成小康社会的关键之年。市政府工作报告提出的主要指标预期目标为：全市生产总值增长 9.5% 以上；规上工业增加值增长 12% 以上；一般公共预算总收入增长 6%，地方一般公共预算收入增长 5%；固定资产投资增长 10%；进出口总值增长 6%；实际利用外资增长 5% 以上；社会消费品零售总额增长 10.5%；居民消费价格总水平涨幅控制在 3% 以内；城镇居民人均可支配收入增长 8.5%，农村居民人均可支配收入增长 9%；城镇登记失业率控制在 4% 以内；完成年度各项节能减排任务。

为完成好全年目标任务，必须牢牢把握坚持高质量发展落实赶超这一战略目标，坚持稳中求进工作总基调，全面实施“一二三”发展战略，重点抓好六个方面的重点工作：

（一）着力加快环三都澳大湾区建设。以环三都澳大湾区建设为引领，坚持沿海与山区联动，重点聚焦产业和基础设施，推动产城融合、山海联动发展，打造高质量发展落实赶超的主引擎。

全力加快三都澳开发。推进三都澳新区建设，加快启动区市政路网、防洪防潮排涝等配套设施建设，力争建成金蛇山市政填海造地工程；积极争取新区用海指标审批支持，拓展地方债券、政策性贷款等多元化建设资金渠道。以四大主导产业为龙头，持续推进全产业链布局，加快锂电新能源小镇、不锈钢新材料小镇建设，促进产城融合，打造富有竞争力的先进制造业集聚区。统筹加快溪南工业区开发，做好启动区用地、用林审批，加快2个五万吨码头及田螺岗水库、引水工程、疏港公路等项目前期工作，争取条件具备后适时建设。稳步推动三都澳港区扩大开放，争取漳湾作业区获准正式开放。

统筹推动周边湾区开发。

促进沿海山区联动发展。

（二）着力打造高质高效产业生态。

发挥工业“压舱石”作用。

提升服务业贡献度。

推动农业与建筑业加快发展。

加大产业招商力度。

（三）着力扩大重点领域投资。

狠抓重点项目推进。

加大制造业投资。

加大基础设施投资。

加大房地产开发投资。

（四）着力营造良好营商软环境。

深化“放管服”改革。

加大企业降本减负。

构建良好金融生态。

（五）着力打造山清水秀生态环境。

打好污染防治攻坚战。

加快培育绿色发展新动能。

深化城乡人居环境整治。

（六）着力增进民生福祉。

打好精准脱贫攻坚战。

完善就业和社会保障体系。

加快补齐教育事业短板。

稳步发展健康养老事业。

附件：宁德市2019年国民经济和社会发展计划主要指标表

**点　评：**

第二大点是年度的工作计划，导语部分需要写出经认真讨论确定的年度各项指标任务，如此才有方向。接下来的六大点，分别是当年需要抓好的六项重点工作。每大点分成几个小点，基本上涵盖了各项工作，这里特别提醒大家，要基本确保小点的题目和内容，包含在每一大点的题目和内容。这也是写作的基本要求。比如：第二点，着力打造高质高效产业生态，讲产业，接下来，发挥工业“压舱石”作用，提升服务业贡献度，推动农业与建筑业加快发展，加大产业招商力度四个小点，也是围绕产业展开叙述的。当然，作为一个单位的工作计划，还要有党风廉政建设方面的内容。此外，一个单位的中长期规划，写作时一定要有思维的前瞻性、内容的创新性、工作的指导性。由于规划内容丰富，涉及长远，一般篇幅较长，所以这里就不再展开叙述了。

## 第三节　总结类

这里，我再说说我的第二个外号。那是2006年的早春时节，市委组织部安排我参加省行政学院举办的县处级干部培训班脱产学习两个月。开班第一讲，恰好是来自国家人事部人事科学研究院院长的吴江教授授课，与我同名同姓，通过自我介绍这个环节，就很容易地让大家记住了我的名字，接下来，大家又知道我在政府办从事市政府主要领导综合文字材料的起草把关工作。由此，就有了一个“吴江教授”的外号。培训班结业时，班级培训总结的撰稿任务，就自然落在我这个既不是班委，也不是小组长的身上。据说，此稿写完后一路绿灯，还得到省委组织部分管这项工作领导的高度评价，说这是近些年最好的一篇培训工作总结。后续我们也可以分析一下这篇文稿的写作特点。现在，我们回过头来，谈谈总结的撰写心得。

总结，就是把已经做过的某一时期的工作，进行一次全面系统的检查评价，进行一次具体的分析研究，就是对工作实施结果给出总鉴定和总结论，以便使零星的、浮浅的、表面的、感性的认识，上升到全面的、系统的、本质的、理性的认识。由此可见，总结就是对以往工作实践的一种理性分析。

### 一、总结的类型

（一）从时间上看，有年度总结、半年总结、季度总结、月份总结。

（二）从内容上看，有工作总结、生产总结、学习总结、活动总结。

（三）从范围上看，有行业总结、单位总结、部门总结、个人总结。

（四）从性质上看，有综合性总结、专题性总结。

### 二、总结与计划、报告的关系

（一）总结与计划的关系。一是计划是在工作开始以前的打算，总结是在工作结束以后的鉴定。二是总结与计划既有区别又有关联。下一段的工作计划要根据上一段的总结制定。没有系统、全面、深刻的总结，不可能制定出符合实际、切实可行的计划。反之，总结要以上年度计划为依据，检查计划的执行情况，检验计划执行的准确程度。

（二）总结与报告的关系。总结不是《党政机关公文处理工作条例》规定的文种，因此，需要上报上级机关时，通常以报告的形式上报。

## 三、总结的写作特点

由于各单位工作情况不完全相同，总结的写作就不能千篇一律。我们分别用五个案例，对培训工作总结、专题工作总结、年度工作总结、主题教育总结讲话、主题教育总结五种类型的总结写作特点进行认真分析解读，从中找出可借鉴的写作方法。

（一）培训工作总结

案例一，是本节开头就说过的一篇培训班总结。这里主要以总结的框架结构为引子，让大家初步了解总结的基本要素。

### 案例一：

### 福建行政学院第 31 期县处级任职培训班总结

根据中共福建省委组织部，福建省人事厅，福建行政学院《关于福建行政学院 2006 年招生工作的通知》(闽行院文〔2006〕1 号)的精神，2 月 27 日至 4 月 28 日，福建行政学院主办了第 31 期县处级任职培训班。两个月来，在省委组织部、省人事厅的重视及学院的精心组织下，全体学员经过认真学习、积极思考、深入讨论、实地考察，圆满完成了学习任务，取得了很大收获，达到了预期的目的。现将本次培训班的情况汇报如下：

一、基本情况

本期培训班共有学员 54 人，其中男 47 人，女 7 人。来自九个设区市的 33 个单位和省直机关的 20 个单位，均为县处级干部，其中中共党员 52 人，无党派人士 2 人，平均年龄 45 岁。培训班从 2 月 27 日开班，历时两个月，主要围绕县处级公务员应具备的以“计划与组织”为核心的管理素质实施培训教学，培训的内容，大体上分为六个专题。第一专题……第六专题。

二、主要特点

（一）领导高度重视，学院精心安排（略）

（二）教学内容丰富，办学形式新颖（略）

（三）老师精心备课，师资力量雄厚（略）

（四）学员认真学习，课堂纪律严谨（略）

（五）班级活动活跃，体现团队精神（略）

三、主要收获

（一）提高了认识（略）

（二）增长了知识（略）

（三）开拓了视野（略）

（四）增进了友谊（略）

（五）交流了经验（略）

四、问题与建议（略）

福建行政学院第 31 期

县处级任职培训班全体学员

2006 年 4 月 28 日

**点　评：**

从案例一来看，导语部分，阐述举办这次培训班的由来及总的收获。这份总结框架结构分成基本情况、主要特点、主要收获、问题与建议四个大点。第一大点是基本情况，通常总结都必须对基本情况进行概述和叙述，所不同的只是有的比较简单，有的比较详细。这里的概述主要说明培训班人员情况和六个专题教学内容。第二大点，分成五个小点，说明培训班的特点，从领导、学院、教学、老师、学员、班级一一介绍，对培训班的工作进行分析、研究、概括、集中，从而全面系统地总结举办这期培训班有那些好的经验和做法，为今后的培训工作提供借鉴。第三大点分成五个小点介绍培训班的收获，把这次办班工作提升到一定的高度来认识。第四大点，提出问题与建议，针对存在的问题，提出改进措施的办法的建议。

（二）专题工作总结

案例二，是2009年省政府在宁德举办的第三届海峡两岸茶业博览会工作总结。由于此届茶博会，省政府是主办方，规格高、规模大，所以要求也高，记得，当时的市政府秘书长专门脱产抽调任筹委会的秘书长，足以说明市委、市政府对这一场活动的高度重视。从筹备到成功举办，倾注了上至领导、下到工作人员的许多心血和汗水。我们从总结报告中，也多多少少领略到这一项工作的风采。材料用了“十个最”对茶博会的特色与成效，做了高度的总结和概括，可以说十分难得。我们分大点点评一下这篇文稿。

**案例二：**

## 第三届海峡两岸茶业博览会工作总结

第三届海峡两岸茶业博览会于2009年11月15日至18日在我市隆重举行。在各主办、协办和承办单位的密切配合、共同努力和海内外茶业界朋友的大力支持和积极参与下，取得了圆满成功，真正办出了新特色、新水平、新成效，切实提升了闽茶的知名度、竞争力和产业水平，充分展示了海西的新形象、新风貌和美好前景，有力推动了两岸茶产业及社会经济的合作、交流与发展，得到了各级领导和与会嘉宾的称赞、肯定和一致好评。现将有关情况报告如下：

一、本届茶博会的特色与成效

本届茶博会内容丰富、形式多样、亮点突出，规模空前、气势宏大、成果丰硕，指挥有度、组织有序、协调有力，成效显著、反响巨大、影响深远。主要特点与成效概括为十个“最”：

（一）规格最高。

（二）规模最大。

（三）内涵最深。

（四）商机最浓。

（五）互动最强。

（六）影响最广。本届茶博会以茶为媒、以茶会友、以茶结缘，通过两岸、茶事、展览、商贸、文化、旅游等六个板块活动，在海内外产生了深远的影响。突出宣传造势，共有新华社、中央电视台、人民日报、香港文汇报、大公报、中新网、福建日报、福建电视台等76家重要媒体、330名记者，对展会盛况进行了全方位、多视角、大容量的宣传报道，扩大了影响面，提升了对外形象。特别是通过大范围的前期宣传，吸引了茶保龄球涌跃参展，使茶博会成为海内外影响最广的茶业专业展会之一。突出“山、海、茶”主题，开幕式文艺演出成功再现福建“海上茶叶之路”的风采，充分展示海西独具特色的茶艺、茶歌、茶舞和民俗文化精品，让来宾客商深刻感受和领略了福建及宁德茶文化的神奇魅力，扩大了闽茶的对外影响力。突出品牌推介、展销展示，对外宣传“坦洋工夫”“福鼎白茶”和“天山绿茶”等福建知名茶叶品牌，提升茶叶品牌的知名度和美誉度，扩大了闽茶的市场竞争力。突出重点、亮点、闪光点，通过茶博会配套设施建设、展会氛围营造、城市环境整治、大会组织协调等工作，尤其是在短短的一年筹备工作中，相继建成了会展酒店、会展扩建工程、东湖北公园、火车站站前广场、人民广场、高速公路宁德南北互通口扩建工程等市政设施以及万安路、华庭路、塔山路、尚德路、兰田西路、学院路、金马北路改造等市政道路，充分展示宁德发展新态势、城市新形象、干部新面貌，进一步提升宁德整体形象，扩大了宁德对外影响力。

（七）成效最好。

（八）茶旅最美。

（九）氛围最佳。

（十）服务最优。

总的来说，本届茶博会以茶为媒，秉承海峡两岸茶文化之脉，发挥“五缘”优势，推动海峡两岸及全国茶叶产销区的茶业交流、贸易合作，进一步提升了闽茶的国内外知名度和市场竞争力；以会为介，全方位宣传展示海峡西岸经济区和环三都澳区域的独特优势、巨大潜力和美好前景，进一步扩大了海峡西岸经济区的知名度和影响力。整个展会处处都有新亮点、新实效、新突破，得到各级领导和与会嘉宾的充分肯定和一致好评……

**点　评：**

总结的导语部分，对茶博会的成功举办给予很高的总评价。第一大点的“十个最”，是从茶博会的特点和亮点中提炼出来的，对今后的工作具有一定的指导意义。比如，第六小点影响最广，先讲采取六个板块活动，产生的影响，后以“四个突出”，分别从宣传造势、山海茶主题、品牌推广、重点亮点闪光点四个角度阐明扩大了宁德对外影响。这种写作方法，是先讲成效，后讲措施办法，与我们在第四章提出的“做法＋成效”的写作特点有相似之处，需要大家掌握。

二、本届茶博会的经验与体会

本届茶博会是我市举办的规模最大、规格最高的一次盛会，时间紧、内容多、任务重、要求高。全市各级各部门和参与茶博会各项活动的全体同志能够以饱满的热情、主动的姿态、高效的服务，全力以赴，协力合作，合力攻坚，确保了茶博会取得圆满成功。主要有以下五个方面经验与体会：

（一）领导重视、亲历亲为是保障。

（二）精心筹备、周密组织是前提。

（三）密切配合、团结协作是关键。

（四）优质服务、高效服务是根本。

（五）广泛参与、无私奉献是动力。

**点　评：**

第二大点，用“保障、前提、关键、根本、动力”五个关键词来概括经验与体会，比较用心而且实用。这种经验体会的写作方法，往往在年度工作总结，专题工作总结中用到。从中我们明确知道哪些是应该肯定的，哪些是在今后工作中应当继续发扬和坚持下去的。

三、本届茶博会的启示与建议

本届茶博会的成功举办，为我市今后举办各类大型会展活动积累了宝贵的经验、打下了坚实的基础，总结这些经验和做法，我们从中得到五点启示：

启示一：举办大型展会活动应进一步加强市场化运作。

启示二：举办大型展会活动应进一步扩大社会参与面。

启示三：举办大型展会活动应进一步推进接待精细化。

启示四：举办大型展会活动应进一步确保预案更完善。

启示五：举办大型展会活动应进一步提高专业化水平。

**点　评：**

第三大点是总结的升华部分，今后需要进一步提高工作质量和工作效率，把工作做得多快好省。比如，市场化运作、扩大社会参与面、接待精细化确实是我们在工作中需要改进的。这里只列出提纲，旨在让大家，找出规律性的方法，达到提高写作水平的目的。

### 三、年度工作总结

撰写年度工作总结，是机关企事业单位，每年都必须履行的一项重要工作任务。案例三，是市政府办的年终工作总结，这里仅以提纲进行剖析，希望能起到举一反三的作用。

标题部分，是“发文单位＋事由＋文种”，由发文单位，即宁德市人民政府办公室；关于2018年工作总结即事由，报告即文种。由于总结不是公文规定文种，这里以报告形式上报。

主送单位，是市政府并报市委，之前我在第六章的第二节介绍请示件时，曾经说过这个问题，这里采用市政府并报市委，意味着此公文由市政府主办，市委知晓就行。

导语部分，显得长些，分成两段，第一段介绍市政府办一年来采取的总体工作措施，即：2018年，在市委、市政府的正确领导下，市政府办认真贯彻落实习近平新时代中国特色社会主义思想和党的十九大以及十九届二中、三中全会精神，紧紧围绕全市中心工作，加快实施“一二三”发展战略，主动服务全市发展大局，坚持制度为先、规范管理、狠抓落实、务求实效，较好地完成了各项工作任务。第二段，介绍市政府办一年来取得的主要工作成绩。

正文部分，采用三段式阐述市政府一年来的工作情况，分别是：围绕中心，服务大局，切实提高政务服务质量；务实创新、精细管理，有效提升专项工作成效；改进作风、提升素质，全面加强机关自身建设三大点。每一大点中又分成若干小点，就职责范围内的各项工作给予充分肯定。

结尾部分，主要叙述差距及问题，提出下一步要怎么办。

### 案例三：

## ×× 市人民政府办公室<br>关于 20×× 年工作总结的报告

市政府并报市委：

20×× 年，在市委、市政府的正确领导下，市政府办公室认真贯彻落实习近平新时代中国特色社会主义思想和党的十九大以及十九届二中、三中全会精神，紧紧围绕全市中心工作，加快实施“一二三”发展战略，主动服务全市发展大局，坚持制度为先、规范管理、狠抓落实、务求实效，较好地完成了各项工作任务。

一年来，市政府办 ×× 荣立集体三等功 ×× 次，嘉奖 ×× 次；干部荣立个人二等功 ×× 人次、三等功 ×× 人次，受省部级、地厅级表彰超过 ×× 人次；在保障重点项目、重大活动上做了大量卓有成效的工作，有效推动协调上汽项目等重大项目顺利推进，有效保障第十六届省运会、第十届老健会开闭幕式等重大活动顺利进行；《我市服务业发展中的若干问题分析与对策建议》调研报告得到市主要领导的通报表彰，并要求各部门学习；“政务培训‘内引外联’模式”获市直机关创新项目一等奖；获评市直机关“提振精气神、争创新作为”十佳支部 ×× 个、十佳举措 ×× 个、十佳个人 ×× 人；全年审查出台规范性文件报送省政府和市人大常委会报备率与及时率达 100%；申报的创建“国家级普惠金融改革试验区”在绩效创新项目评选中居政府系列第一；将市级政务公开电子监察平台延伸至全市重大建设项目批准和实施领域政府信息公开栏目的做法被国办政府信息与政务公开办主办的《政务公开工作交流》（2018 年第 10 期）采用推广；《防处并重　多措并举　福建宁德积极推进应急体系建设》被国办主管的《中国应急管理》（2018 年第 4 期）作为典型基层经验采用；公共机构节能管理工作成效显著，选送 7 家创建单位通过国家级考核验收，总评全省第一。

一、围绕中心，服务大局，切实提高政务服务质量

（略）

二、务实创新、精细管理，有效提升专项工作成效

（略）

三、改进作风、提升素质，全面加强机关自身建设

（略）

一年来，办公室工作虽然取得了一定的成绩，但与市委、市政府的要求相比还存在一定差距，仍有需要改进和加强之处。新的一年，市政府办公室将始终坚持以习近平新时代中国特色社会主义思想为指导，带头树牢“四个意识”、坚定“四个自信”，切实把落实“两个维护”贯彻到履行职能职责的各个方面，持之以恒践行“五个坚持”，在市委市政府的坚强领导下，主动围绕中心、服务大局，全方位、高质量做好“三服务”工作，努力为全面实施“一二三”发展战略、坚持高质量发展落实赶超作出新的更大贡献！

## 四、主题教育工作总结

上世纪九十年代以来，中央在不同的历史时期，都会在全党组织开展“三讲”教育、“三个代表”重要思想教育、保持共产党员先进性教育、“三严三实”教育，还有2019年开展的“不忘初心、牢记使命”主题教育。因此，不论是动员讲话、工作计划方案，还是剖析检视、分阶段相关材料，无形中需求大幅上升，我希望大家要按照以不变应万变，万变不离其宗的原则，分类收集整理类似文章资料，从中学习借鉴。比如，案例四，是主题教育工作总结，以报告的形式报送市委主题教育领导小组。导语部分，除了阐述报送由来外，应以有关情况报告如下，作为进入正文部分的铺垫。正文的写作手法，接下来在每一大点的中间点评叙述。

## 案例四：

### 中共××市人民政府办公室党组关于报送“不忘初心、牢记使命”主题教育工作总结的报告

市委主题教育领导小组：

根据市委主题教育领导小组《关于认真做好“不忘初心、牢记使命”主题教育总结工作的通知》（××〔20××〕××号）精神，对市政府办公室党组主题教育工作开展情况进行全面客观总结，现就有关情况报告如下：

一、主要做法及成效

“不忘初心、牢记使命”主题教育启动以来，市政府办公室党组认真落实中央、省委和市委的部署要求，按照“不划阶段、不分环节”的要求，强化组织领导、深化理论学习、抓实调查研究、深入检视问题、狠抓整改落实，切实把学习教育、调查研究、检视问题、整改落实四项重点措施，取得了较好的成效。

（一）从“细”处下功夫，强化组织领导，确保主题教育推进有序、高效。市政府秘书长、办公室党组书记×××同志高度重视市政府办公室党组主题教育工作，8月底就要求相关科室提早谋划、提前部署，严格按照市委部署要求，扎实抓好主题教育工作。一是精心谋划制定方案。二是严督实导把好方向。三是健全机制高效运转。

（二）从“真”上下功夫，创新学习方式，增强学习教育吸引力、感染力。为解决工学矛盾，市政府办公室党组学习研讨与市政府党组同步进行、同时开展。一是丰富学习内容。二是丰富学习形式。三是丰富学习载体。

（三）从“准”上下功夫，坚持问题导向，增强调查研究针对性、实效性。

（四）从“广”上下功夫，坚持开门搞教育，确保检视问题更全面、

更精准。坚持广开言路、畅通渠道，坚持“问题实不实由群众提、效果好不好让群众评”，将征求意见建议贯穿主题教育全过程，研究制定《主题教育征求意见建议工作方案》。一是多种形式广泛征求意见。二是逐项分类梳理问题清单。三是对照党章党规查找差距。

（五）从“严”上下功夫，坚持高标准严要求，确保专题民主生活会开出高质量、新气象。

（六）从“实”上下功夫，坚持刀刃向内，确保整改落实动真格、见实效。从一开始就奔着问题去，坚持边学边改、边查边改、立行立改。一是扎实推进专项整治工作。二是开展“学回信、找差距、抓落实”行动。三是着力解决群众最急、最忧、最盼问题。

**点　评：**

第一大点，用“细、真、准、广、严、实”六字上下功夫，阐明从“组织领导、学习形式、问题导向、开门纳谏、民主生活会、刀刃向内”六个方面的做法及成效。一般来说，先写做法，后写成效。比如第三小点从“准”上下功夫中的小点，以多种形式广泛征求意见。采取个别访谈、召开座谈会、设立意见箱、印发征求意见函、梳理原有意见建议等5种方式，综合市政府党组征求意见方面内容，重点收集党组及处级党员干部贯彻落实“五个坚持”要求，做好“三服务”工作，当好市政府的“坚强前哨”和“巩固后院”等6个方面的意见建议，共收集肯定的意见5条，其他各类意见建议36条，经梳理归并为24条。

二、经验启示

市政府办公室党组主题教育能够取得实实在在的成效，最根本在于坚持以习近平新时代中国特色社会主义思想为指导，深入学习贯彻习近平总书记重要讲话和重要指示批示精神，认真贯彻落实中央和省委、市委的部署要求，坚持高站位部署、高质量推进、高标准落实，坚持从实际出发，积极探索创新，有序高效推进各项任务措施落地见效。

一是提高站位，明确责任是推动主题教育的根本要求。

二是因地制宜，创新方式是提升党内教育的重要途径。

三是四项举措，深度融合是强化学做结合的有力保障。

四是细节上小，事上入手是促进整改落实的有效手段。

**点　评：**

第二大点经验与启示的关键词是“根本要求、重要途径、有力保障、有效手段”。有一句歌词“似曾相识燕归来”。这一写法，大家是不是似曾相识。这一节案例二的茶博会总结中刚刚介绍了其经验与启示，即用了类似的“保障、前提、关键、根本、动力”五个关键词，这就告诉我们，大家在写作时，需要懂得触类旁通，举一反三，善于重新组装模仿，从中掌握驾驭语言的技巧。随着语言的变化，既可以推陈出新，又可以与时俱进。

三、存在的主要问题

主题教育开展以来，市政府办公室党组聚焦根本任务，牢牢把握“十二字”总要求，紧扣五大目标，坚持“贯穿始终”，以优良作风抓好主题教育各项工作落实，班子凝聚力、战斗力进一步增强，政治建设、思想建设、组织建设、党风廉政建设水平进一步提升，精神状态和工作状态进一步转变，主题教育的成效在党的建设、抓工作落实等方面逐渐显现，为圆满完成全年各项工作任务提供了强有力的组织保障。但是，经回头审视，还存在一些差距和不足。一是在学习的深度和效果上还存在差距。二是在为民服务解难题上有差距。三是在全面检视问题上还有差距。四是在整改落实上还有差距。

（略）

市政府办公室党组始终把思想统一到中央和省委、市委部署要求上来，深入贯彻落实省委“三四八”工作机制和“五抓五看”“八个坚定不移”具体部署，以及市委“五个想一想”“五个走前头”要求，认真履行政治责任、主体责任，以求真务实的作风，不断巩固拓展主题教育成果。

一是持续深化理论武装。

二是持续推进整改落实。

三是持续抓好制度建设。

特此报告。

中共 ×× 市人民政府办公室党组

20×× 年 ×× 月 ×× 日

点　评：

事物是在矛盾的斗争中发展的，旧的矛盾解决了，又会产生新的矛盾。因此，我们在总结时不能回避尚未克服的缺点和尚未解决的问题。比如，第三大点，实事求是地提出了四个方面的差距。同时，还应针对存在的问题，提出今后的改进意见或努力方向。比如，第三大点，提出了三点改进的意见措施。

总之，从这一份总结框架结构上看，沿着做法、成效、经验、启示、问题、改进的思路，操作叙述下来，逻辑性、条理性就比较流畅，希望大家能自我悟出其中的奥妙之处。

### 五、专题总结讲话

我在介绍第二章时，曾有过告示，即“我把领导讲话稿大致分成部署、宣传、礼仪、汇报、发言、报告、总结等七大类，其中宣传、礼仪将在第三章介绍；汇报、发言类将在第四章介绍；报告、总结类将在第九章介绍”。这既是文章写作过程中需要做到上下呼应，也算是“君子一言，驷马难追”的体现。由于，总结材料的套路，基本上差不多，这里解析一下案例五，重点阐述撰写总结讲话时需要注意的事项：一是讲话的标题与署名日期，应与所有讲话稿一样，以在什么总结会议上的讲话为标题。讲话人的名字，另起一行居中在标题之后，讲话日期之前一行。二是开头语，一般讲总结会议的目的，即深入学习贯彻……对巩固拓展教育成果……作出部署。同时，对巡回指导组莅会指导表示欢迎和感谢。三是正文部分，与一般总结不同，需要讲认识，然后就学习贯彻中央、省、市委总结会议精神，提出了三点贯彻意见。接下来，第二大点与第三大点，分别讲述主题教育的做法成效、经验启示、下一步打算，与前面四个案例的写作方法类似，这里就不再介绍了。

## 案例五：

### 在 ××× “不忘初心、牢记使命”<br>主题教育总结会上的讲话提纲

×××

（2020 年 × 月 ×× 日）

同志们：

今天，我们召开 ××× “不忘初心、牢记使命”主题教育总结会，深入学习贯彻习近平总书记在中央政治局“不忘初心、牢记使命”专题民主生活会和主题教育总结大会上的重要讲话精神以及省委、市委总结会精神，对 ××× 进行总结，对巩固拓展教育成果，持续推动“不忘初心、牢记使命”作出部署。市委第 × 巡回指导组 ××× 组长、××× 同志莅会指导。首先让我们对他们到来表示热烈的欢迎和衷心的感谢！现在，我讲三点意见：

一、提高思想认识，持续深入学习好、贯彻好中央、省委和市委总结会议精神。

1 月 8 日，党中央召开“不忘初心、牢记使命”主题教育总结大会。习近平总书记在会上的重要讲话，从新时代党和国家事业发展的全局

和战略高度，总结了主题教育“六点成果”和“六点经验”，并围绕持续推进，不忘初心、牢记使命强调了“六个必须”，充分体现了新时代中国共产党人恪守党的性质宗旨的高度自觉，充分表明了推进党的自我革命，牢记初心使命的鲜明态度，充分彰显了我们党永葆先进性和纯洁性的坚定决心。1 月 15 日，省委 ××× 书记在全省主题教育总结会上，就贯彻落实习总书记重要讲话精神，不断巩固主题教育成果，持续推动不忘初心、牢记使命等方面作了具体部署。1 月 17 日，市委 ××× 书记在全市主题教育总结会上，从深入学习贯彻中央和省委会议精神，用好主题教育经验成、永葆初心本色等方面提出了明确要求，作出了具体部署，我们要深入学习领会中央、省委和市委总结会议精神，全面抓好贯彻落实。

一要坚持学深悟透，推动讲话精神落地扎根

二要坚持常态长效，巩固拓展主题教育成果。

三要坚持自我革命，推动全面从严治党不断深入。

二、总结巩固主题教育经验做法，为构建新时代 ××× 工作凝聚强大正能量。

自去年 9 月 16 日，正式启动主题教育以来，在市委的正确领导下。（略）总的来说，主题教育开展以来的主要成效体现在五个方面：

一是聚焦“理论学习有收获”，践行初心使命的思想行动更加自觉。

二是聚焦“思想政治受洗礼”，坚决做到“两个维护”的态度更加鲜明。

三是聚焦“干事创业敢担当”，积极担当作为的精气神更加提振。

四是聚焦“为民服务解难题”，解决群众最急最忧最盼紧迫问题的成果更加丰硕。

五是聚焦“清正廉洁做表率”，风清气正的政治生态更加巩固。

总的来看，某某单位主题教育能够围绕主线（略）创造性推动各项任务措施落地生根见效。在这个过程中，我们积累的一些经验也得到一些启示，一是持之以恒坚持思想先行，政治引领；二是持之以恒坚持以上率下，上下联动；三是持之以恒坚持问题导向，狠抓落实；四是持之以恒坚持群众路线，群众评判；五是持之以恒坚持从严从实，巩固成效。

三、把不忘初心、牢记使命，作为加强党的建设的永恒课题和党员干部的终身课题，推动全面从严治党向纵深发展

一要坚持强化思想理论武装，始终用马克思主义中国化最新成果，统一思想、统一意志、统一行动。

二要坚持加强党的政治建设，始终在思想上、政治上、行动上同以习近平同志为核心的党中央保持高度一致。

三要坚持敢字为先、干字当头，始终发扬斗争精神，勇于担当作为。

四要坚持见长效长见效，推动不忘初心、牢记使命制度落实落地。

五要坚持刀刃向内推进自我革命，坚决把全面从严治党不断引向深入。

同志们（略）

## 第四节 制度类

凡是机关企事业单位，规章制度的建设是一项长抓不懈的工作。我在市政府办工作期间，曾经参与编撰过一本《宁德市人民政府规范与程序》，总共有规章制度篇、政务公文篇、政务工作篇、党风廉政篇、法律法规篇等五大篇章。600 多页，近 35 万字，由时任市长陈 ×× 作序。前不久，我到市政府办，又看到修编后的制度汇编。从中说明这一项工作，的确是机关企事业单位基础性的重要工作，而且需要随着形势的发展变化，及时修编完善。

我曾经在第一章第二节的框架层面，介绍过公文的结构框架，其中，有三种结构框架类型与制度类公文相关。这里，我们再温故而知新一下，以便让思维更快切入到制度类公文的写作。

第一种类型是“多段列条式”，就是把全文分成若干段，或三段、或四

段、或更多，直接按顺序号展开，无单独的开头和结尾。其常用的文种有：内容集中单一，篇幅简短的法规性文件。比如案例一。

**案例一：**

**××省行政事业单位**
**财务报销审批手续的若干规定**

第一条　为加强财务收支管理，规范财务报销审批手续，严肃财经纪律，根据《中华人民共和国会计法》和财政部《会计基础工作规范》等规定，制定本规定。

第二条　……

……

第十五条　本规定由××省财政厅负责解释。

第十六条　本规定自二〇一四年一月一日起施行。

第二种是“条款分列式”，即全篇分章，章下分条，条下分款，这是法律、章程、条例、规定、规则、办法、细则等公文的基本结构。比如案例二。

**案例二：**

**××省住房公积金管理暂行规定**

第一章　总　则

第一条　为建立和完善住房公积金制度，维护住房公积金所有者的合法权益，提高城镇职工购建住房的能力，根据国家有关规定，结合我省实际情况，制定本暂行规定。

第二条至第四条（略）

第二章　组织机构

第五条至第七条（略）

第八条

（一）至（四）（略）

第三章至第五章（略）

第六章　附　则

接下来，我介绍的市政府工作规则，也属于这种类型。在标题的下方，标明什么时间、什么会议通过。第一章总则部分，分成三条，分别阐明制定规则的根据、指导思想及准则。第二章组成人员职责，分别介绍市政府市长、副市长、秘书长职责。第三章至第六章，分别介绍政府职能、依法行政、民主决策、政务公开的要求。第七章至第九章，分别介绍监督制度、会议制度、公文审批制度。第十章至第十一章，分别介绍工作纪律、廉政和作风建设。全文共十一章六十三条。最后一条，写规则的适用范围。

**案例三：**

## ××市人民政府工作规则

（2019年4月29日××市人民政府第49次常务会议通过）

第一章　总　则

一、根据《中华人民共和国宪法》和《中华人民共和国地方各级人民代表大会和地方各级人民政府组织法》，参照《国务院工作规则》和《福建省人民政府工作规则》，结合本市实际，制定本规则。

二、市人民政府工作的指导思想是，在以习近平同志为核心的党中央坚强领导下，高举中国特色社会主义伟大旗帜，以马克思列宁主义、毛泽东思想、邓小平理论、“三个代表”重要思想、科学发展观、习近平新时代中国特色社会主义思想为指导，认真贯彻党的基本理论、基本路线、基本方略，树牢“四个意识”，坚定“四个自信”，坚决维护习近平总书记党中央的核心、全党的核心地位，坚决维护党中央权威和集中统一领导，坚决贯彻落实习近平总书记对福建、对××工作的重要指示批示精神，始终在思想上、政治上、行动上同以习近平同志为核心的党中央保持高度一致。坚持和加强党的全面领导，严格遵守宪法和法律，坚决落实党中央、国务院、省委、省人民政府和市委的决策部署，全面实施“一二三”发展战略，正确履行政府职能，建设人民满意的法治政府、创新政府、廉洁政府和服务型政府。

三、市人民政府工作的准则是，执政为民，依法行政，实事求是，民主公开，务实清廉。

## 第二章　组成人员职责

四、市人民政府组成人员要旗帜鲜明讲政治，严守政治纪律和政治规矩，模范遵守、自觉维护宪法和法律，认真履行职责，为民务实，勇于担当，勤勉廉洁。

五、市人民政府实行市长负责制。市长领导市人民政府的工作。副市长协助市长工作。

六、市长召集和主持市人民政府全体会议和市人民政府常务会议。市人民政府工作中的重大事项，必须经市人民政府全体会议或市人民政府常务会议讨论决定。

七、副市长按分工负责处理分管工作；受市长委托，负责其他方面的工作或专项任务，并可代表市人民政府进行外事活动。

八、秘书长在市长领导下，负责处理市人民政府的日常工作。

九、市长离开××出差、出访期间，受市长委托，由负责常务工作的副市长主持政府工作。

## 第三章　全面正确履行政府职能

第九至十六条（略）

## 第四章　坚持依法行政

第十七条至第二十一条（略）

## 第五章　实行科学民主决策

第二十二条至第二十六条（略）

## 第六章　推进政务公开

第二十七条至第三十条（略）

## 第七章　健全监督制度

第三十一条至第三十六条（略）

## 第八章　会议制度

第三十七条至第四十四条（略）

## 第九章　公文审批

第四十五至第四十八条

第十章　工作纪律

第四十九条至第五十四条

第十一章　廉政和作风建设

第五十五至第六十三条（略）

第三种类型是“撮要引入式”，就是概述全文中心内容，引出全文后，分条阐述。比如，案例四。

**案例四：**

**××市人民政府会议制度**

为进一步推进市政府会议制度化、规范化，切实提高会议质量和效率，着力提升政府依法依规和科学民主决策水平，本着“精简、高效、务实”的原则，根据《××市人民政府工作规则》有关规定，结合工作实际，特制定本制度。

一、市政府党组会议

（一）主持人：市政府党组书记或党组书记委托党组副书记

（二）参会人员

1. 出席人员：市政府党组全体成员。

2. 邀请人员：可邀请非党组成员的市政府班子成员列席。

3. 列席人员：根据工作需要指定有关人员列席。

（三）会议内容

1. 学习、宣传、贯彻执行党的理论和路线方针政策，贯彻落实党中央和上级党组织的决策部署；

2. 需要向上级请示报告的重要事项；

3. 重大决策、重大项目安排、大额资金使用等事项；

4. 有关意识形态工作、思想政治工作和精神文明建设方面的重要事项；

5. 党风廉政建设和反腐败工作方面的重要事项；

6. 其他应当由党组讨论和决定的重大问题。

（四）会议时间：原则上每月召开 1 次，遇有重要情况可随时召开。

（五）会议议题：由党组书记提出，或者由其他党组成员提出建议、党组书记综合考虑后确定。

根据《中共 ×× 市人民政府党组工作规则（试行）》规定，重大决策、重大项目安排、大额资金使用等议事事项，也可采用市政府常务会议形式召开。

（六）会议纪要：由市政府办综合协调科负责草拟并按程序送签，经市政府党组书记或会议主持人审签后印发。

（七）会议方案、会议通知、材料准备、会议记录、资料归档等工作由市政府办干部科负责。

（八）会场布置、会场服务由市政府办秘书科负责。

二、市政府全体会议

（一）主持人：市长或市长委托常务副市长

（二）参会人员：

1. 出席人员：市长、副市长、秘书长和市政府工作部门主要负责人。

2. 列席人员：各县（市、区）政府主要领导、市政府副秘书长、市政府办副主任及市政府其他单位主要负责人。

3. 邀请人员：市委、市人大常委会、市政协、市纪委、市法院、市检察院领导，市委有关部门、市人大常委会有关委室、市政协有关委室和各民主党派、工商联等单位、部门主要负责人。

（三）会议内容

1. 贯彻党中央、国务院和省委、省政府的部署以及市委的决议、决定和重要指示；

2. 讨论决定市政府工作中的重大事项；

3. 部署市政府的重要工作；

4. 通报国内外、省内外形势及市政府工作情况；

5. 讨论其他需要由市政府全体会议决定的重大事项。

（四）会议时间：一般每年召开一至二次，如遇重要情况可临时召开。

（五）议事规则：市政府全体会议必须有市政府全体组成人员半数以上出席才能举行。列席和邀请到会的人员，可以参加讨论，发表意见，但没有表决权。市政府全体会议决定事项，必须获得全体组成人员的过半数通过，方可有效。

（六）会议议题：由会议主持人确定。

（七）会议方案、会议通知、会场布置、材料发放等由市政府办秘书科负责。市政府办机关后勤保障科配合做好会场布置工作。

（八）材料准备：市领导讲话材料由综合协调科负责草拟送审、印制。其他材料由市政府办有关科室负责。

（九）会场秩序、会议考勤由市效能办负责。

（十）新闻报道：由市委宣传部负责通知新闻记者，新闻通稿由市政府办综合协调科草拟送审，新闻单位负责刊发。

三、市政府常务会议

（一）主持人：市长或市长委托常务副市长

（二）参会人员：

1. 出席人员：市长、副市长和秘书长。

2. 列席人员：市政府办主任、市监察局局长、市审计局局长、市政府法制办主任、市政府督查室主任全程列席，市政府有关副秘书长、市政府办有关副主任、市直有关部门和有关县（市、区）政府负责人根据议题需要列席。

3. 邀请人员：市人大常委会、市政协各一名领导。

（三）会议内容

1. 讨论决定市政府贯彻党中央、国务院和省委、省政府重要文件、重要会议精神、重要工作部署和国家法律法规，以及市委、市人民代表大会及其常务委员会决议、决定的措施和意见；

2. 讨论决定市政府工作中的重要事项；

3. 分析经济、社会发展态势，研究对策措施；

4. 讨论经济、社会发展规划、大额资金安排和重大项目投资建设有关事项；

5. 讨论决定市政府出台的地方性法规草案、政府规章及重要的规范性文件；

6. 讨论决定市政府各部门和县（市、区）政府请示市政府的重要事项；

7. 通报重要工作情况；

8. 讨论其他需要由市政府常务会议决定的重要事项。

（四）会议时间：一般每月召开两次，特殊情况可临时召开。

（五）议事规则：市政府常务会议必须有市政府常务会议组成人员半数以上出席方可召开，原则上要求组成人员全部出席。会议决定事项必须获得组成人员过半数通过，才能生效。会议决定事项可采用口头、举手或者其他方式通过，最后由会议主持人决定。

（六）会议议题：由会议主持人确定。

1. 凡需要提请市政府常务会议研究的议题，会议承办单位一般应提前7天按要求填写《市政府常务会议议题送审表》，经单位主要负责人签署意见并加盖公章确认后，连同“上会依据”等上会材料一并报送市政府办对应业务科室。相关科室负责对议题材料是否依法合规、行文规范、协调一致、列席单位、紧急程度、密级和保密期限、附件材料等进行审核后，送分管的市政府副秘书长或办公室副主任签署意见后呈分管副市长审签，并经市政府办公室主任、市政府秘书长审核，报市长批准后，方可列入议题。确因议题紧急需增列上会的，由签批（指示）领导或秘书长报请市长审示同意后由市政府办秘书科办理。

2. 拟提交会议讨论的议题，提请部门应事先做调查研究、广泛听取意见和主动协调会商，其内容涉及其他部门或地区的，特别是涉及投资、财政、税收、规划、金融、物价、外汇、编制等重大决策事项的问题，应在会前与相关部门和地区沟通协商，取得一致意见。分歧较大的，由分管副市长或委托相关副秘书长进行协调，研究成熟后报市长同意，方可列入议题。

3. 县（市、区）政府报请市政府审定的事项，原则上不直接提请会议研究，应由业务范围涉及该事项的市级部门提出意见建议，并以市级部门名义提交会议研究；县（市、区）报请事项涉及多个部门的，由牵头部门综合提出意见建议后提请会议研究。

4. 凡有下列情形之一的，原则上不予安排上会：(1) 属部门职责范围内或部门之间能够协调解决的事项；(2) 属分管副市长职权范围内或副市长之间能够协商解决的事项；(3) 分管副市长因故不能出席会议的，其分管工作的事项；(4) 会前未经充分协调、征求意见的，研究不成熟的事项；(5) 会前未经市政府法制办合法性审查的规范性文件；(6) 会前未经会议主持人同意而临时动议的事项；(7) 其他不符合会议议事范围的事项。

5. 会议议题及时间确定后，由市政府办秘书科通知相关部门（单位），会议相关材料于会前分发给市政府领导及拟邀请参会的市人大、市政协领导。

6. 列入会议讨论研究的议题，由议题提交单位主要负责人汇报，并印发书面汇报材料（包括议题会前协调情况等内容），汇报内容应简明扼要，突出重点。如需 PPT 演示，汇报单位应在会前做好衔接工作。

（七）会议方案、会议通知、会场布置、材料发放、会场秩序、会场服务由市政府办秘书科负责。

（八）会议纪要：由市政府办综合协调科负责起草并按程序送签，由市长签发。

（九）会议决定事项由市政府督查室负责督办、落实、反馈。对会议决定事项，市长、副市长、秘书长按照分工，认真组织实施；各有关部门和县（市、区）必须坚决贯彻执行，抓紧办理，在执行中如发生新情况、新问题，应及时向市政府报告。

（十）新闻报道：由市委宣传部负责通知新闻记者，新闻通稿由市政府办综合协调科草拟送审，新闻单位负责刊发。

（十一）材料归档：会议通知、参会名单、部门呈报的上会材料原件、原始会议记录、会议纪要等资料由市政府办秘书科、综合协调科转文电科管理和归档。

四、市政府专题会议

（一）主持人：市长、副市长。需要时，可委托市政府秘书长、副秘书长或市政府办主任、副主任召开专题会议。

（二）参会人员

市长、副市长、秘书长、有关副秘书长、市政府办有关副主任、市直有关部门和有关县（市、区）政府负责人及相关企事业单位负责人。

（三）会议内容：研究、协调和处理市政府工作中的专门问题。

（四）会议时间：不定期召开。

（五）会议议题：由市长或副市长确定。会议主办部门提出会议计划，报市政府办相关业务科室、经市政府分管副秘书长或办公室领导审核后，呈分管副市长审批。如需市长参加会议，须经市政府秘书长或办公室主任把关后报市长确定。

（六）会议通知、会场布置、材料发放、会议考勤、材料归档由市政府办相关业务科室负责。

（七）会议纪要：由会议主持人指定的政府办业务科室或市直部门负责草拟，按工作分工由市长或副市长决定签发；副市长召开专题会议讨论的事项需提交市政府常务会议进一步研究的，必须形成会议纪要或书面协调意见，作为市政府进一步研究时的决策参考。市政府秘书长、副秘书长和办公室主任、副主任受委托召开的专题协调会议，形成的协调意见一般不发会议纪要，确需发会议纪要的，会议纪要由市长或分管副市长签发；涉及两位以上副市长分管工作的，由常务副市长或市长签发。会议明确需要落实的事项由涉及的相关部门及时落实、反馈，市政府办相关业务科室负责跟踪、督促。需要由市政府督查室列入督查范围的重要事项，实施专项督查。

五、市长周工作例会

（一）主持人：市长或市长委托常务副市长

（二）参会人员：

1. 出席人员：市长、副市长、秘书长、市政府办主任。

2. 列席人员：市政府副秘书长、市政府办副主任、市政府督查室主任及市政府办相关科室负责人。

（三）会议内容

1. 学习党中央、国务院的路线、方针、政策和社会主义市场经济建设理论；

2. 传达省委、省政府及市委、市政府作出的重要工作部署和会议精神；

3. 通报上周市政府重点工作开展情况、本周工作预安排；

4. 就事关全市发展的重大问题进行研究和协商，统一认识；

5. 市长统筹部署近期重点工作，明确本周工作任务；

6. 讨论其他需要提交市长周工作例会研究的事项。

（四）会议时间：原则上每周一召开（遇特殊情况另行调整时间召开）。

（五）会议通知、会场布置由市政府办秘书科负责。

（六）会议记录：市政府办综合协调科负责会议记录，原则上不印发会议纪要。

（七）对会议明确的重点工作，由市政府督查室负责督促相关部门落实反馈。

六、市政府综合类及专门工作会议（含电视电话会议）

（一）主持人：市长、副市长、秘书长。

（二）参会人员：市长、有关副市长、秘书长和会议内容涉及的县（市、区）政府、市直部门（单位）负责人。

（三）会议内容：贯彻落实党中央、国务院及省委、省政府和市委的重大决策和重要工作部署；部署市政府全局性的重要工作，宣布重要决定。

（四）会议审批：经批准有关部门以市政府名义召开的全市性工作会议，由主办部门负责组织、草拟会议方案（包括会议名称、召开理由、主要内容、时间地点、代表人数、工作人员数、所需经费及列支渠道等），经市政府办有关科室审核，逐级报市政府领导审定，由市直有关部门及市政府办有关科室按领导签批意见承办。邀请县（市、区）政府主要负责同志出席且由市政府分管领导参加的会议，会议方案必须报市政府主要领导审批。各部门召开的年度工作会议，原则上每年不超过1次，会期不超过1天，参会人数不超过180人。应由各部门召开的全市性会议，一般不以市政府或市政府办公室名义召开。

（五）会务工作：会场布置、会议签到、文件发放、会议纪要、会场秩序、新闻报道、督办反馈、资料归档等工作由会议承办单位负责。电视电话会议，市数字办负责做好视频调试与保障工作，市政府机关后勤保障科配合做好会场布置工作。

我特地把案例四的全文放在这里，以便大家在撰写这一类型的制度类公文时参考。我稍微做一些解读：导语部分，简要说明制定这项制度的依据，即为进一步推进市政府会议制度化、规范化，切实提高会议质量和效率，着力提升政府依法依规和科学民主决策水平，本着“精简、高效、务实”的原则，根据《×× 市人民政府工作规则》有关规定，结合工作实际，特制定本制度。

正文部分，介绍市政府六种会议的名称、主持人、参会人员、会议内容、会议议题、会务工作等等。大家可以结合各自单位的实际，找到相对应会议的模式。比如，常务会议或市长办公会议，可能对应部门的班子会议、企业的总经理会议。出席、列席或参会、邀请人员，放到会议纪要中，就是相应的出席、列席或参会、邀请人员。会议通知、会议纪录、会场布置、会议签到、文件发放、会场秩序、新闻报道、督办反馈、资料归档等等，分工都非常明确，大家可以从中学习借鉴。通过撰写这一类型公文，或许也就掌握了制度类公文的写作技巧。

总之，规章制度类包括制度、章程、规则、守则、细则、条例、规定、公约等等，与上面的案例类似，以条文的形式列出，内容要求具有预见性、严谨性、约束性，文字要求具有明晰简洁、条理清楚的特点，写作方法大体采用上述的三种结构形式，这里就不再一一列举，请大家结合各种类型的实际情况，灵活加以把握。

## 练习题：

一、请代拟一份本单位年度工作总结。

二、市政府 ×× 副市长，拟于近日赴柘荣、福鼎、霞浦检查春耕生产，请代拟一份调研方案。

# 后 记

伴随着宁德撤地设市20周年庆典的脚步声，这本《公文写作实录》的修订工作，已接近尾声。回望过往，20多年的公文写作生涯，恰好与宁德的时代转折同频脉动，始终与宁德的发展改革紧紧相随。不管是在老行署的顶楼，还是在新政府大楼的九楼，我们笔尖流淌的每一个文字，无不闪耀着党的路线方针政策，无不体现着宁德向习总书记指引的“三大梦想”奋进，无不见证着宁德一次又一次的蜕变跃升。

近年来，我经常受邀到县（市、区）和市直单位讲授公文写作课程，我用一个个案例，一个个故事，启迪学员们的写作思维，架起与学员们联通的桥梁，颇受学员们的点赞。由此，萌生将教学用的讲义，编辑成书的想法。机缘巧合，2019年，正是本人的退休之年，又刚好网购了一部《北大授课》，系余秋雨先生在北京大学讲课时的课堂实录，受其启发，借鉴其思路，开启了撰写《公文写作实操宝典》的旅程。恰逢2020年春节前后新冠疫情暴发，困宅禁足，冥冥中，让我的写作时间充裕起来，怀揣既圆己梦，又助他人的动力，在思维的激烈碰撞交融中，废寝忘食，一鼓作气，初战告捷，于2020年的3月杀青，完成初稿。后续几经反复修剪、编辑、规范，终于有今天的书稿正式出镜亮相。

一路前行，要感谢的人很多。前后服务过的几任宁德市政府、市政府办和市直部门的领导，给过我无数的厚爱关心指导；宁德市政府办同仁们，给过我无数的支持帮助启迪，我得以在公文写作的海洋中，几经风雨，几经沉浮，终于上岸定居。在此一并表示感谢！

最后，感谢宁德市政府办老领导，市人大常委会刘水金副主任多年来的鼓励和指点，并在百忙中欣然为本书作序；感谢宁德市政府办同事路兴善先生、钱玲玲女士，宁德市住房公积金中心林英、詹嫄女士，宁德市幸福河湖促进会谢祥敦先生、宁德市旅发集团吴营光先生不厌其烦帮助校对勘正书稿。

2023 年 7 月 29 日

# 主要参考文献和书目

1. 习近平．摆脱贫困 [M]. 福州：福建人民出版社，2014.

2. 吕双波．新编公务员应用文 [M]. 哈尔滨：黑龙江科学出版社，2014.

3. 张浩．公文写作培训教程 [M]. 北京：海潮出版社，2014.

4. 岳海翔．最新公文写作培训教程 [M]. 北京：中国文史出版社，2017.

5. 本书编写组．公务员公文写作教材 [M]. 北京：国家行政学院出版社，2016.

6. 余秋雨．北大授课：中华文化四十七讲 [M]. 北京：北京联合出版公司，2017.

7.《党政机关公文处理条例》（中办发〔2012〕14 号，2012 年 4 月 16 日）。

8.《党政机关公文格式》（国家质量监督检验检疫总局、国家标准化管理委员会 2012 年 6 月 29 日发布　自 2012 年 7 月 1 日起实施）。